TOULOUSE. — IMPRIMERIE A. CHAUVIN ET FILS, RUE DES SALENQUES, 28.

DES
COURTIERS

Courtiers d'assurances maritimes
Courtiers interprètes-conducteurs de navires
Courtiers assermentés au tribunal de
commerce
Courtiers libres, etc.

PAR

JULES FABRE

AVOCAT A LA COUR D'APPEL DE PARIS

TOME SECOND

PARIS

ERNEST THORIN, ÉDITEUR

Libraire du Collège de France, de l'Ecole normale supérieure
des Écoles françaises d'Athènes et de Rome

7, RUE DE MÉDICIS, 7

1883

DES

COURTIERS

LIVRE III

Des courtiers de marchandises assermentés au tribunal de commerce

---

SECTION PREMIÈRE.

NOMINATION. — CARACTÈRE. — DISCIPLINE.

Sommaire.

360. — La loi du 18 juillet 1866 ayant déclaré libre la profession de courtier de marchandises, il s'ensuit que le courtage des
marchandises est accessible à tous ceux qui
remplissent les conditions voulues pour être
commerçants, et les opérations que font les
courtiers de marchandises ne se distinguent
plus aujourd'hui très nettement de celles que
l'on confie d'ordinaire aux commissionnaires,
aux représentants de commerce, aux dépositaires, etc.

361. — Le courtier de marchandises n'étant
plus qu'un simple commerçant, nous n'avons
pas à insister sur ses attributions, ses droits et
ses obligations, qui se confondent nécessairement
avec les obligations, les droits et les attribu-

tions de tout commerçant; mais nous avons vu
que la loi de 1866 avait conservé cependant,
pour leur confier exclusivement quelques-unes
des fonctions jadis attribuées aux courtiers
de commerce privilégiés, une certaine classe de
courtiers, inscrits sur un tableau à ce destiné,
et qui prennent le nom de *courtiers inscrits* ou
courtiers assermentés au tribunal de commerce.

Ces courtiers assermentés ont, encore aujour-
d'hui, un caractère et des fonctions d'une nature toute particulière que nous allons examiner.

362. — Mais d'abord demandons-nous ce qu'est
cette liste de courtiers inscrits, et de quelles
conditions la formation en est entourée.

La liste des courtiers assermentés est dressée par le tribunal de commerce, ou, à son
défaut, par le tribunal civil. L'art. 2 de la loi
de 1866 ne parle, il est vrai, que du tribunal
de commerce; mais il est évident qu'il ne faut
pas s'en tenir à la rigueur du texte, sinon on
serait obligé de décider qu'il n'y aura pas de
courtiers inscrits dans les villes où il n'y a pas
de tribunal consulaire, ce qui serait trop rigoureux et certainement contraire à l'intention du
législateur. Une circulaire ministérielle a d'ail-

lèurs levé toute difficulté sur ce point. « Quoique
» la loi, dit-elle, garde le silence à cet égard,
» il me paraît être dans son esprit que dans les
» villes où il n'existe pas de tribunal de com-
» merce, les attributions conférées au tribunal
» de commerce par la loi du 18 juillet 1866
» soient dévolues au tribunal civil jugeant
» commercialement (1). »

La liste ainsi dressée ne devrait, si l'on s'en
rapportait strictement aux termes de l'art. 2,
comprendre que des courtiers de marchandises
exerçant dans la localité où siège le tribunal;
mais il est évident que le législateur n'a eu en
vue, en s'exprimant de la sorte, que le *plerum-
que fit*, et que le tribunal peut porter sur la
liste, non seulement des courtiers habitant la
place où il siège, mais encore des courtiers
exerçant dans une place quelconque de son ressort. A décider autrement on créerait, en faveur
des courtiers résidant dans la ville où est installé le tribunal, un privilége qui se trouverait
en contradiction formelle avec l'esprit de la loi
de 1866 (2).

Au lieu de l'obligation de dresser au préalable

(1) Circul. min. du comm. du 20 novembre 1866.
(2) Bivort et Turlin, *Courtage des marchandises*, p. 48.

cette liste, il avait été question de confier aux tribunaux le droit de déléguer un courtier chaque fois que son intervention aurait été nécessaire, chaque fois, par exemple, qu'il y aurait eu lieu de procéder à une vente publique; mais ce mode d'agir eût présenté des inconvénients pratiques que l'exposé des motifs de la loi de 1866, pour justifier l'établissement d'une liste, signale dans les termes suivants :

« Une délégation donnée par le tribunal, ou
» même par le président du tribunal, dans cha-
» que vente, entraînerait des lenteurs, des
» pertes de temps et des frais qu'on a cru pou-
» voir éviter au commerce, en chargeant le
» tribunal de dresser, chaque année, un tableau
» où il placera les plus dignes, ceux qui, par
» leur expérience et leur moralité notoires, lui
» inspireront le plus de confiance, et parmi les-
» quels les parties pourront toujours choisir. Il
» n'y a pas à craindre que cette faculté puisse
» devenir l'occasion du rétablissement d'un pri-
» vilège, car le nombre ne sera pas limité; tout
» individu faisant habituellement le courtage,
» et connu par son expérience et sa probité,
» pourra y être inscrit. D'un autre côté, les
» tribunaux de commerce ont trop intérêt à
» assurer au commerce la sécurité dont il a

» besoin dans les ventes publiques; ils encour-
» raient une trop grande responsabilité envers
» les commerçants, dont ils tiennent leurs fonc-
» tions, pour qu'on puisse supposer que l'in-
» scription au tableau devienne un acte de com-
» plaisance, fait sans examen sévère. »

Devant ces considérations, on a donc décidé la formation préalable de la liste; et la désignation accidentelle d'un courtier pour procéder à une vente publique n'a été confiée au président du tribunal de commerce que dans le cas où une liste n'a pas été formée (l. 1866, art. 4, *in fine*).

Pour être portés sur la liste dressée par le tribunal, les courtiers de marchandises sont tenus de fournir certaines justifications : ils doivent, aux termes de l'art. 2 de la loi de 1866, justifier de leur moralité, au moyen d'un certificat délivré par le maire; de leur capacité professionnelle, au moyen de l'attestation de cinq commerçants électeurs consulaires, ou, s'il n'y a pas de tribunal de commerce dans la localité, de cinq des principaux négociants de la place; et enfin du paiement, une fois effectué, d'un droit d'inscription qui varie suivant l'importance commerciale de la place.

Ces justifications faites, le tribunal juge souverain de la moralité et de la capacité du candidat, accueille ou repousse la demande d'inscription.

Comme pour les courtiers d'assurances et les courtiers de navires, aucun individu en état de faillite, ou ayant fait abandon de biens ou atermoiement sans s'être depuis réhabilité, ou encore ne jouissant pas des droits de citoyen français, ne pourra être porté sur la liste des courtiers assermentés.

Le droit d'inscription imposé aux courtiers assermentés a été fixé pour un certain nombre de places par un décret du 22 décembre 1866. Ce droit est de 3,000 fr., maximum déterminé par la loi de 1866 (art. 2), pour les places de Bordeaux, Le Havre, Lyon, Marseille et Paris, et est réduit successivement aux chiffres de 2,500, 2,000, 1,500 et 1,000 francs pour les places énumérées dans le tableau annexé au décret auquel nous devons, pour ces indications, nous contenter de renvoyer.

Pour les places qui ne se trouvent pas comprises dans ce tableau, le décret du 22 décembre 1866 dispose que le droit d'inscription sera ultérieurement fixé sur la demande du tribunal de commerce, après avis de la chambre de commerce et du préfet.

C'est ainsi notamment qu'un arrêté du chef

du pouvoir exécutif de la République française, en date du 26 avril 1871, a fixé à 1,500 fr. le droit d'inscription que doivent payer les courtiers de marchandises de Versailles, et qu'un décret du 18 novembre 1874 a fixé les droits à payer par les mêmes courtiers dans les places de Roubaix, Dijon et Nancy.

L'obligation de payer ce droit d'inscription n'est d'ailleurs, en principe, que transitoire; elle cessera, dit l'art. 2 de la loi de 1866, à l'époque où sera amortie l'avance que le trésor a dû faire pour indemniser, lorsque la liberté du courtage a été proclamée, les titulaires d'offices dépossédés. Cette avance est réglée par l'art. 17 de la même loi, et les ressources nécessaires pour l'amortir sont déterminées par l'art. 18; elles comprennent : 1° le montant des droits d'inscription payés par les courtiers assermentés; 2° l'excédent du produit en principal et centimes additionnels établis au profit de l'Etat des taxes de certains patentables, tels que commissionnaires en marchandises, courtiers de marchandises, facteurs de denrées et marchandises, représentants de commerce, etc., sur le produit des taxes réalisées sur ces patentables en 1866.

En cas d'insuffisance de ces ressources, on aura recours à une loi particulière.

Tous les ans, il doit être dressé un compte spécial dans lequel les ressources déterminées par l'art. 18 sont appliquées :

1° Au service des annuités;

2° Aux intérêts de l'avance faite par le trésor sur le montant du quart de l'indemnité payé comptant ;

3° A l'amortissement de cette avance jusqu'à concurrence des ressources de l'année.

Ce compte doit faire l'objet d'un rapport spécial au président de la République et être communiqué aux Chambres (même loi, art. 19).

Le nombre des courtiers inscrits au tableau, avons-nous vu, n'est pas limité; le tribunal de commerce ou, à son défaut, le tribunal civil qui dresse la liste, peut y admettre autant de courtiers que bon lui semble.

Il ne s'ensuit pas cependant que pour être inscrit sur cette liste, il suffise de remplir les conditions et obligations que nous avons indiquées. Le tribunal reste, en effet, toujours maître de sa décision; il peut accorder ou refuser l'inscription, après examen des aptitudes et même de la moralité du postulant; et cette décision, qui est souveraine, n'est susceptible d'aucun recours.

Lorsque le courtier qui aspire à devenir

courtier assermenté a justifié de l'accomplissement des conditions requises, son nom peut être
inscrit sur la liste par le tribunal, et, dans la
huitaine qui suit cette inscription, il prête, devant le même tribunal, serment de remplir avec
honneur et probité les devoirs de sa profession.
Il compte dès lors au nombre des courtiers assermentés. A Paris, il doit ensuite, dans les
cinq jours qui suivent la prestation du serment,
donner ses nom, prénoms, adresse et l'indication des marchandises dont il s'occupe habituellement, à la chambre syndicale, qui l'invite à
se présenter devant elle et l'admet officiellement
au sein de la compagnie (1).

363. — Les courtiers peuvent s'associer entre
eux pour l'exploitation de leurs charges respectives. Toutefois un courtier assermenté ne peut contracter d'association qu'avec un autre courtier
assermenté. C'est ce qui a été décidé, du moins
pour les courtiers assermentés au tribunal de
commerce de la Seine, et nous croyons que cette
disposition doit régir les courtiers inscrits en
général.

(1) Règlement des courtiers assermentés au tribunal de commerce
de la Seine, du 18 avril 1867, art. 19.

Il n'en était pas ainsi antérieurement à la loi de 1866, et alors que les courtiers avaient exclusivement le caractère d'officiers publics : une association entre deux titulaires d'office pour l'exploitation de leurs charges était formellement interdite et frappée d'une nullité radicale, au point que même, après la loi de 1866, cette association ne pouvait produire aucun effet ni conférer aucun droit à l'un des associés contre l'autre (1).

364. — Le titre de courtier honoraire peut, lorsque les règlements particuliers qui régissent les compagnies l'autorisent, être accordé au courtier qui remplit les conditions voulues pour obtenir ce titre.

A Paris, le courtier qui veut obtenir l'honorariat doit justifier qu'il a exercé sa profession pendant vingt ans avec distinction, et qu'il a rendu des services importants. L'honorariat est conféré par l'assemblée générale des courtiers, après avis de la chambre syndicale et à la majorité des trois quarts des membres présents au vote. Il peut se perdre par une décision de la même assemblée et à la même majorité.

(1) Trib. comm. de la Seine, 23 juillet 1868, D. 71. 3. 69.

Les noms des courtiers honoraires sont inscrits au tableau de la compagnie ; les courtiers
honoraires peuvent être consultés par la chambre syndicale et assister, mais avec voix consultative seulement, à l'assemblé générale (1).

365. — Les courtiers assermentés sont des
commerçants, soumis dès lors à toutes les obligations qui incombent aux commerçants en général ; ils doivent donc d'abord tenir les livres
imposés à tous les commerçants, et ensuite certains livres particuliers que nous mentionne-
rons.

De ce caractère de commerçant qui appartient aux courtiers assermentés, il résulte que
les actes de courtage qu'ils accomplissent sont
des actes de commerce.

Il n'est pas douteux notamment que l'achat
d'une charge de courtier constitue un acte de
commerce, et que tous les accessoires de cet
achat, par exemple les emprunts qu'il nécessite,
ont un caractère commercial (V. n° 69).

366. — Mais si les courtiers assermentés sont
considérés comme commerçants dans la plupart

(1) Règlement précité, art. 26 à 28.

des opérations auxquelles ils se livrent, par
contre, lorsqu'ils procèdent aux ventes publiques, aux estimations de marchandises déposées dans un magasin général, etc.; en un mot,
aux attributions que la loi de 1866 leur a spécialement réservées, ils reprennent momentanément le caractère d'officier public. Dans
ces cas, en effet, ils agissent comme agiraient
des officiers publics, et la seule différence qui
existe entre eux et les courtiers jurés, c'est que
ceux-ci sont toujours officiers publics et ne peuvent être considérés que comme tels, et que
ceux-là, au contraire, réunissent en leur personne les deux qualités : la qualité de commerçants, lorsqu'ils se livrent à leurs opérations
de courtage, dans les ventes à l'amiable; la qualité d'officiers publics, quand ils accomplissent les fonctions que la loi leur attribue
d'une façon exclusive. Ce caractère public
n'est sans doute, pour employer une expression que nous trouvons dans l'exposé des motifs
de la loi de 1866, qu'une exception, presque un
accident dans une carrière privée et libre; mais
il n'en existe pas moins, ainsi que cela résulte
très nettement des travaux préparatoires de
cette loi.

Le même exposé des motifs, en effet, après

avoir constaté que les ventes publiques ne pouvaient être faites que par des officiers publics,
se demande si, après la proclamation de la liberté du courtage et la perte par les courtiers
du caractère public dont ils étaient revêtus, il
y a lieu de confier les ventes publiques aux
commissaires-priseurs, notaires, huissiers et
greffiers des justices de paix.

« Or, ajoute l'exposé, le taux élevé des droits
» de commission attribués aux officiers minis-
» tériels, et surtout le peu d'habitude qu'ils ont
» de s'occuper des affaires commerciales, le
» peu de relations qu'ils ont avec ceux qui achè-
» tent et vendent les marchandises du com-
» merce proprement dit, ont fait considérer
» qu'il serait préjudiciable de leur confier ces
» sortes de ventes. Dans ces circonstances,
» nous avons pensé qu'il serait bon et utile au
» commerce de conserver aux courtiers les
» ventes publiques de marchandises aux enchè-
» res et en gros dans les divers cas où la loi a
» voulu leur intervention, mais sous la condi-
» tion que ceux qui en seraient chargés eussent
» été habilités à cet effet par une délégation du
» tribunal de commerce, qui les investirait,
» pour ce cas spécial, du caractère public
» qu'exige la loi de l'an VII. »

Voilà qui nous parait bien précis, et nous n'hésitons pas à dire que, lorsqu'ils sont chargés des ventes pour lesquelles la loi a voulu leur intervention, les courtiers sont investis du caractère public qu'exige la loi de l'an VII.

Ce caractère public, qui a été reconnu par la jurisprudence (1), n'est pas atteint par le fait que les courtiers assermentés ont le droit de former entre eux des associations pour l'exploitation de leurs charges ; sans doute, en général, le titulaire d'un office peut, en principe, seul l'exploiter ; mais la règle souffre déjà une exception en ce qui concerne les agents de change, qui sont certainement des officiers publics et qui, cependant, peuvent s'adjoindre des associés ; cette même règle fléchit également dans le cas

(1) Motifs d'un arrêt de la Cour de Paris du 11 janvier 1881 (inédit).

«... Considérant qu'après avoir, dans l'article premier, posé le principe de la liberté du courtage, la loi du 18 juillet 1866 a organisé, par ses art. 2 et 3, une corporation spéciale de courtiers ; que, selon les termes employés par le rapporteur de la loi, ces courtiers sont, par suite de la délégation du tribunal de commerce, investis du caractère public qu'exige la loi de l'an VII, et ce, pour les opérations qui leur sont attribuées... »

V. dans le même sens les motifs d'un arrêt cité plus loin (n° 429) de la Cour de Paris, 10 juin 1875, *Teul. et Camb.* 1876, 156, et ceux d'un jugement du tribunal civil de la Seine, en date du 17 mai 1882 (V. n° 445).

qui nous occupe, et d'autant plus naturellement
que nous avons reconnu que le caractère public
n'appartient aux courtiers assermentés que
d'une façon accidentelle et dans l'exercice de
certaines fonctions, alors que, dans la majeure
partie de leurs opérations, ils sont de simples
commerçants.

367. — Si les courtiers assermentés sont des
officiers publics, l'art 89, C. comm., aux termes
duquel le courtier qui fait faillite doit être
poursuivi comme banqueroutier, continue-t-il
à être applicable aux courtiers assermentés?
Nous ne le pensons pas. La disposition de
l'art. 89, C. comm., est rigoureuse et exceptionnelle; elle ne doit donc être appliquée qu'avec réserve. Or, cette rigueur, qui se comprend à merveille lorsqu'un officier public tombe en faillite,
n'est plus indispensable lorsque ce n'est qu'accidentellement que le failli exerce des fonctions
publiques, et c'est le cas des courtiers assermentés.

368. — Les courtiers assermentés forment,
dans chaque place où ils exercent, une association qui prend le nom de *compagnie*.
La compagnie se réunit au moins une fois

tous les ans pour délibérer sur les objets qui l'intéressent et nommer la chambre syndicale qui la représente et la dirige.

En cas d'insuffisance sur une place du nombre des courtiers assermentés, c'est le tribunal de commerce, et à son défaut le tribunal civil, qui remplissent les fonctions de chambre syndicale.

L'organisation et les pouvoirs de l'assemblée générale sont fixés par des règlements intérieurs rédigés par la compagnie elle-même.

L'organisation et les pouvoirs de la chambre syndicale sont déterminés par des règlements particuliers, dressés par le tribunal de commerce du lieu où la compagnie est instituée, et soumis à l'approbation du ministre du commerce.

Nous ne pouvons pas entrer dans le détail de ces divers règlements : nous voulons seulement noter au passage les principales dispositions du règlement du tribunal de commerce de la Seine, en date du 15 décembre 1866, qui a constitué la chambre syndicale des courtiers assermentés de Paris.

Aux termes de la loi, la chambre syndicale est élue tous les ans au mois d'août; elle se compose de trois membres au moins et de douze au plus, sans toutefois que le nombre de ses membres puisse excéder la moitié du nombre des membres de la compagnie.

La compagnie tout entière nomme, en assemblée générale, au scrutin individuel, un président, un syndic rapporteur, et un secrétaire, qui, avec les autres membres, nommés au scrutin de liste, composent la chambre syndicale. Pour être élu membre de la chambre, il faut compter au moins deux années d'inscription : le président doit en compter au moins quatre.

Les attributions administratives des chambres syndicales sont aussi larges que possible ; elles n'ont d'autres limites que les prescriptions des lois en vigueur et le respect des intérêts de tous ; du moment qu'une mesure édictée par la chambre syndicale est conforme à la loi et ne porte atteinte au droit de personne, on peut dire que cette mesure est régulièrement prise et doit être appliquée ; c'est ainsi, par exemple, qu'une chambre syndicale de courtiers assermentés a le droit, pour faciliter les transactions commerciales et protéger les droits des membres de la compagnie, d'ordonner, dans des circonstances particulières, l'affichage du tableau dans les cafés et établissements où les négociants ont l'habitude de se réunir (1). Les chambres syndicales sont en outre chargées d'assurer la constatation loyale et régulière du cours des marchandises dans la forme prescrite par les règlements d'administration publi-

(1) Cass. 17 mai 1881, D. 82. 1. 102.

«... Sur le moyen tiré de la violation de l'arr. du 29 germinal an IX, des lois et règlements sur la police intérieure des bourses de commerce et les attributions des chambres syndicales de courtiers, et du principe de la propriété des noms ;

» Attendu qu'il est constaté en fait, par l'arrêt attaqué, que la Bourse instituée à Dijon n'a pas d'édifice particulièrement affecté à son usage ; que les négociants de la ville se réunissent habituellement dans la rue dite rue Bossuet et dans deux cafés adjacents devenus le centre de leurs opérations ;

» Qu'une décision de la chambre syndicale, approuvée par une délibération de l'assemblée générale des courtiers assermentés, en date du 29 septembre 1879, a ordonné l'affichage, dans ces deux cafés, du tableau contenant les noms et demeures des membres de la corporation ;

» Attendu qu'aucun texte de loi n'interdit un pareil mode de publicité, alors que l'absence de tout édifice affecté à la tenue de la Bourse ne permet de donner qu'une exécution incomplète aux dispositions de l'art. 10 de l'arrêté du 29 germinal an IX ;

» Attendu, d'autre part, que la chambre syndicale a agi dans la limite de ses attributions en prenant une mesure ayant pour but et pour effet de faciliter les transactions commerciales et de protéger les droits et privilèges des courtiers assermentés ;

» Attendu enfin que le demandeur en cassation était sans droit pour se soustraire personnellement à l'accomplissement d'un acte réglementaire, intéressant la corporation dont il était membre, et qui ne fait que prescrire une publication spéciale dans les lieux où lui-même exerce sa profession... »

que qui régissent cette attribution des courtiers assermentés.

Aux termes du règlement intérieur (art. 15) de la Chambre des courtiers assermentés au tribunal de commerce de la Seine, la chambre syndicale a aussi pour mission de correspondre avec toutes autorités pour les questions qui intéressent la compagnie ou qui sont déférées à son examen.

Tout courtier frappé d'une peine disciplinaire ne peut entrer à la chambre pendant un temps déterminé : pendant l'année qui suit la décision, si la peine est celle de l'avertissement; pendant deux années, s'il a encouru la radiation temporaire. Le courtier qui est frappé de cette dernière peine ne peut jamais être président de la chambre.

Les chambres syndicales sont instituées pour exercer sur les compagnies de courtiers un pouvoir de surveillance et d'administration; elles tiennent la main à ce que les courtiers remplissent avec honneur et probité les devoirs de leur profession; elles veillent à l'exécution des lois et règlements qui les régissent, à la défense des droits et prérogatives des courtiers inscrits ; elles ont aussi pour mission de connaître comme amiables compositeurs des

contestations qui peuvent s'élever entre les
membres de la Compagnie, à l'occasion de
l'exercice de leurs fonctions. L'arrêté du 29
germinal an IX (art. 16) avait précédemment
conféré une attribution similaire à la chambre
syndicale des agents de change. Si les
parties, disait cet arrêté, ne veulent pas se
conformer à la décision de la chambre, le tribunal de commerce prononce, s'il s'agit d'intérêts
civils; et l'affaire est soumise au procureur de la
République, s'il s'agit d'un fait de police et de
contraventions aux lois et règlements, le tout,
bien entendu, sans préjudice du droit des parties.
Cette disposition de l'arrêté de germinal est
applicable aux compagnies des courtiers assermentés.

Les chambres syndicales exercent enfin sur
les membres de la compagnie un pouvoir disciplinaire.

369. — Aux termes de l'art. 3 de la loi de
1866, les peines dont sont passibles les courtiers
assermentés sont l'avertissement, la radiation
temporaire et la radiation définitive.

Ce sont là des peines simplement disciplinaires, dans toute l'acception de ce mot; elles sont
applicables aux diverses infractions dont les

courtiers peuvent se rendre coupables, mais, bien entendu, sans préjudice des actions civiles à intenter par les tiers intéressés, ou même des actions pénales à intenter par le parquet.

Les règlements particuliers des tribunaux de commerce déterminent les infractions qui peuvent être commises par les courtiers, et les diverses peines disciplinaires qui sont la sanction de ces infractions.

Nous reproduisons les art. 8, 9 et 10 du règlement du tribunal de commerce de la Seine, qui statuent comme suit :

« Art. 8. Est passible de l'avertissement le » courtier qui ne s'est pas présenté pour la » constatation du cours des marchandises à son » tour d'inscription, ou lorsqu'il a été appelé » par la chambre syndicale, s'il ne fournit point » d'excuses valables;

» Le courtier qui refuse les renseignements » qui lui sont demandés par la chambre pour » la constatation du cours des marchandises;

» Le courtier convaincu d'irrévérence envers » un ou plusieurs membres de la chambre dans » l'exercice ou à l'occasion de leurs fonctions.

» Art. 9. Est passible de la radiation temporaire le courtier qui, indépendamment des » livres prescrits par les art. 8 et 9, C. com., ne

» tient pas un livre spécial revêtu des formes
» prescrites par l'art. 11 du même Code, et men-
» tionnant jour par jour, et par ordre de date,
» sans ratures, interlignes, ni transpositions,
» et sans abréviations ni chiffres, toutes les
» conditions des opérations de courtage faites
» par son entremise ;

» Celui qui se rend coupable d'injures graves
» envers un ou plusieurs membres de la cham-
» bre syndicale dans l'exercice ou à l'occasion
» de leurs fonctions ;

» Celui qui manque à l'observation des lois
» et règlements qui régissent les courtiers ;

» Celui qui, dans la même année, aura déjà
» encouru trois fois la peine de l'avertissement ;

» La radiation temporaire ne peut être pro-
» noncée pour moins de quinze jours ni plus de
» trois mois. »

« Art. 10. Est passible de la radiation défini-
» tive le courtier inscrit qui, sans en avoir
» prévenu les parties auxquelles il aura servi
» d'intermédiaire se sera chargé d'une opération
» de courtage, pour une affaire où il avait
» un intérêt personnel ;

» Celui qui aura subi une condamnation pour
» une cause touchant à son honneur ou à sa
» considération ;

» Celui qui aura formé une association avec
» une personne autre qu'un courtier inscrit
» pour l'exercice de la profession de courtier ;

» Celui qui aura déjà subi trois fois la peine
» de la radiation temporaire pourra être radié
» définitivement. »

La rédaction de ce dernier paragraphe prouve bien que ce n'est là qu'une faculté dont peut user la chambre syndicale, mais non pas une obligation qui lui est imposée.

Le paragraphe 1 de cet article 10 est emprunté à la loi de 1866 (art. 7) qui avait, le premier, prononcé la peine disciplinaire de la radiation définitive contre le courtier qui, sans en prévenir les parties qui lui ont confié leurs intérêts, se charge d'une opération de courtage pour une affaire où il a un intérêt personnel. La loi de 1866 (même article) décide en outre que, dans ce cas, le courtier doit être poursuivi devant le tribunal correctionnel et frappé d'une amende de 500 à 3,000 francs, sans préjudice des réparations civiles. Mais pour que ces deux peines correctionnelles et disciplinaires puissent être prononcées, il faut que tous les éléments du délit tel que le décrit de la loi soient réunis ; si l'un de ces éléments faisait défaut, il n'y aurait pas de délit. Il faut donc :

1° qu'il s'agisse d'une opération de courtage;
2° que dans cette opération le courtier ait
un intérêt personnel direct ou indirect; et
3° que les parties qui se sont adressées au
courtier n'aient pas été mises au courant de
cet intérêt personnel. La loi dit : *les parties*; mais
il résulte des travaux préparatoires, qu'il suffit
que l'une des parties n'ait pas été prévenue
pour que le troisième élément du délit soit constant.

La loi de 1866 (art. 6) prononce également
la peine de la radiation définitive contre le courtier qui, chargé de procéder à une vente publique ou à une estimation de marchandises, se
sera rendu acquéreur pour son compte des
marchandises dont la vente ou l'estimation lui
avait été confiée. Dans ce cas, le tribunal
de commerce peut être saisi directement de
l'infraction, soit sur la plainte d'une partie
intéressée, soit d'office, et il prononce disciplinairement et sans appel.

Le courtier poursuivi disciplinairement devant la chambre doit être entendu par elle. La
décision, qui sera toujours motivée, lui est
notifiée par le président en présence de la
chambre assemblée. Il peut en obtenir une
expédition:

370. — Les décisions des chambres syndicales peuvent être déférées au tribunal de commerce, par voie de simple requête adressée aux président et membres de ce tribunal (1. 1866, art. 3).

Si le nombre des courtiers n'est pas suffisant pour constituer une chambre syndicale, et le pouvoir disciplinaire étant exercé alors par le tribunal de commerce, les décisions qui interviennent sont susceptibles d'appel; on ne doit pas, en effet, d'une part, priver le courtier des deux degrés de juridiction auxquels il a droit; et, d'autre part, nous remarquons qu'à l'art. 6, la loi de 1866, citant un cas particulier dans lequel le tribunal de commerce statue disciplinairement, prend soin d'ajouter qu'il statue sans appel; d'où nous concluons que lorsqu'il statue disciplinairement, en la place d'une chambre syndicale qui n'existe pas, il ne le peut faire qu'à charge d'appel, la loi n'ayant pas édicté spécialement en ce cas une exception à ce qui est le droit commun.

SECTION II.

ATTRIBUTIONS DES COURTIERS DE MARCHANDISES ASSERMENTÉS AU TRIBUNAL DE COMMERCE.

§ 1.

Attributions en général. — Ventes publiques.

SOMMAIRE.

371. Les attributions des courtiers assermentés sont règlementées par la loi de 1866; localités dans lesquelles ils peuvent les exercer.
372. VENTES PUBLIQUES MOBILIÈRES.
373. Ce qu'on entend par ventes publiques; publicité exigée.
374. Législation concernant les ventes publiques.
375. Les ventes publiques se divisent en ventes de marchandises et ventes de meubles, ou effets mobiliers en général.
376. *Ventes publiques de marchandises;* elles se distinguent en ventes en gros et ventes en détail.
377. Ce qu'on entend par *marchandises.*
378. Ce qu'on entend par *ventes en gros ;* fixation de la valeur des lots.
379. Division des ventes publiques de marchandises en *ventes volontaires* et *ventes judiciaires.*
380. Des ventes volontaires ; loi de 1858.
381. Tableaux annexés; modifications successives.
382. *Quid* des marchandises exotiques destinées à la réexportation ?

383. Des ventes judiciaires.

384. Ventes des marchandises non inscrites au tableau.

385. Ventes après décès, cessation de commerce, et dans les autres cas de nécessité.

386. Ventes après faillite et ventes sur saisie exécution.

387. Ventes de marchandises dépendant d'une succession acceptée sous bénéfice d'inventaire.

388. Ventes ayant un caractère spécial qui ne permet de les ranger ni parmi les ventes volontaires, ni parmi les ventes judiciaires : ventes après protêt de warrant, ventes après protêt de nantissement ou de gage commercial, ventes sur folle enchère.

389. *Ventes publiques de meubles ou effets mobiliers* : ces ventes ne rentrent pas dans les attributions des courtiers.

390. Quelles sont, dans les différentes ventes publiques, les attributions des courtiers assermentés ?

391. 1º *Ventes exclusivement réservées aux courtiers* : ventes volontaires, aux enchères et en gros, de marchandises inscrites au tableau.

392. Ventes des marchandises exotiques destinées à la réexportation.

393. Ventes sur protêt de warrant.

394. *Quid* s'il n'y a pas de courtiers ?

395. 2º *Ventes interdites aux courtiers* : ventes par autorité de justice, sur saisie exécution.

396. Ventes volontaires et en détail de marchandises.

397. Ventes de meubles ou effets mobiliers.

398. Ventes d'objets déposés au mont-de-piété.

399. 3º *Ventes auxquelles les courtiers ont le droit de procéder concurremment avec les autres officiers publics* : observation commune à ces sortes de vente.

400. Ventes des marchandises non inscrites au tableau ; ventes faites par lots moindres que ceux dont la valeur est fixée au tableau.

371. — Les attributions des courtiers assermentés sont réglementées par les art. 4, 5 et 9 de la loi de 1866 : elles comprennent certaines

ventes publiques, l'estimation des marchandises
déposées dans les magasins généraux, la fixation
du cours légal des marchandises.

Ces attributions, les courtiers les exercent, non
seulement dans le lieu où ils résident, mais
encore dans toutes les localités où il n'existe
pas de courtiers, pourvu toutefois que ces localités dépendent du ressort du tribunal de commerce auprès duquel ils sont assermentés
(L. 28 mai 1858, art. 2).

372. VENTES PUBLIQUES MOBILIÈRES. — L'art. 4
de la loi de 1866 est ainsi conçu : « Les ventes
» publiques de marchandises aux enchères et
» en gros qui, dans les divers cas prévus par
» la loi, doivent être faites par un courtier, ne
» pourront être confiées qu'à un courtier ins-
» crit sur la liste dressée conformément à
» l'art. 2, ou à défaut de liste, désigné, sur la re-
» quête des parties intéressées, par le président
» du tribunal de commerce. »

Aux termes de cet article, les ventes publiques de marchandises, confiées précédemment
aux anciens courtiers de commerce, doivent
être faites maintenant par l'entremise des courtiers assermentés, qui se trouvent par suite soumis à la législation qui régit ces sortes de ventes.

373 — Cette matière des ventes publiques mobilières a souvent appelé l'attention du législateur, et demeure cependant encore fort délicate.

Et d'abord, qu'entend-on par ventes publiques ?

On appelle ventes publiques celles qui doivent se faire aux enchères avec une publicité déterminée, ayant pour but d'inviter le public à se rendre acquéreur des objets mis en vente, sous la réserve parfois de certaines garanties particulières. La publicité réside donc essentiellement dans le libre concours du public aux enchères et dans le droit ouvert à tout individu solvable de se porter acquéreur, sans qu'elle puisse résulter soit du fait seul que des enchères sont portées, soit de ces circonstances que la vente est faite en public et dans un lieu accessible au public. C'est ainsi qu'une vente d'animaux, faite par un comice agricole dans un lieu public, en présence du public, mais au profit seulement d'une catégorie restreinte d'acquéreurs, les membres du comice, ne serait pas une vente publique (1).

(1) Paris, 13 juillet 1875, D., 76. 2. 189.

« ... Considérant que le comice agricole de l'arrondissement de Reims, après avoir acheté à Gorcom (Hollande), par les soins du

**374. — Les ventes publiques, d'abord régle-
mentées par les décrets des 22 novembre 1811
et 17 avril 1812, et par les ordonnances des**

comice central de la Marne, douze génisses et un taurillon de race
pure hollandaise, les a vendus aux enchères le 30 novembre 1872 par
le ministère de Lajoye, courtier de commerce, à quelques-uns des
membres dudit comice qui, d'après une condition expressément stipulée et publiée, étaient seuls admis à la vente et n'avaient à payer
aucun frais d'enchères ;

» Que cette double opération d'achat et de revente, à laquelle était
étrangère toute pensée de lucre et de spéculation, n'a eu d'autre but
que de favoriser et d'encourager les progrès de l'agriculture, conformément aux principes mêmes de l'institution du comice ;

» Qu'elle ne présente, dès lors, aucun caractère commercial et ne
comporte pas l'intervention des courtiers que la loi du 28 mai 1858
investit du droit de procéder à toute vente volontaire aux enchères,
en gros, des marchandises comprises au tableau annexé à ladite loi
et dressé plus tard par le décret du 30 mai 1863 ; mais qu'elle se place
également en dehors des attributions des commissaires-priseurs que
les lois des 27 ventôse an IX et 25 juin 1841 chargent des ventes
publiques aux enchères d'effets mobiliers ;

» Que, par ces mots : *ventes publiques*, il faut, en effet, entendre,
non les ventes faites avec publicité, mais seulement celles qui ont
lieu avec le libre concours de tout individu solvable admis à se porter enchérisseur ;

» Que, dans l'espèce, la vente des bestiaux a été poursuivie sans
cette participation du public aux enchères, puisque les membres du
comice de Reims y ont dû être et y ont été effectivement seuls
admis ;

» Que, d'autre part, par suite de l'achat qui en a été fait en Hollande, au nom et des deniers de l'association, ces bestiaux sont devenus la propriété particulière et indivise des sociétaires constitués
en comice agricole,

» Qu'à ce titre de copropriétaires, ils ont eu le droit incontestable
d'adopter, pour faire cesser leur état d'indivision, telle forme de li-

1er juillet 1818 et 9 avril 1819, sont régies au-jourd'hui par la loi du 25 juin 1841, par celle du 28 mai 1858 et par celle du 3 juillet 1861.

Le décret du 22 novembre 1811 investissait les anciens courtiers de commerce du droit de faire, dans tous les cas, même à Paris, les ventes publiques de marchandises aux enchères et à la Bourse, avec l'autorisation du tribunal de commerce donnée sur requête.

Par le décret du 17 avril 1812, on réglementa les dispositions du décret de 1811; un tableau était dressé des marchandises que les courtiers de commerce de Paris pouvaient vendre, et le soin était laissé aux chambres et tribunaux de commerce des départements d'établir des états analogues pour les autres places.

citation entre eux seuls qui leur a paru le mieux convenir au but de l'institution ;

» Qu'ils ont pu notamment, sans porter atteinte aux attributions des commissaires-priseurs, charger de procéder aux enchères telles qu'ils les ont réglées, soit les membres du comice, soit un manda-taire étranger, courtier de commerce ou autre ;

» Qu'il importe peu que Lajoye, pour la vente faite par ses soins et le procès verbal qu'il en a dressé, se soit conformé aux règles prescrites pour les opérations proprement dites de courtage;

» Que cette circonstance ne modifie point la nature de l'acte ;

» Qu'il suffit d'établir qu'il ne rentrait pas dans le droit exclusif des appelants pour que leur action doive être, par cela même, reje-tée, à défaut de droit et d'intérêt... »

V. dans le même sens, Paris 21 juin 1875, *eod. loco.*

Le décret de 1812, en énonçant les différentes formalités à remplir, portait que les marchandises à vendre seraient divisées par lots, et que ces lots ne pourraient être, d'après l'évaluation approximative et selon le cours moyen des marchandises, au-dessous de 2,000 fr. pour la place de Paris, et de 1,000 fr. pour les autres places de commerce. Le décret ajoutait que les tribunaux de commerce pouvaient fixer un taux plus élevé, sans toutefois excéder le chiffre de 5,000 fr.

L'ordonnance du 1er juillet 1818 déterminait les mesures à prendre pour apporter au tableau dressé par le décret 1812 les modifications nécessaires, et celle du 9 avril 1819 permettait, dans certaines circonstances, la vente hors de la Bourse et la diminution des lotissements.

La loi du 25 juin 1841, remettant en vigueur les anciennes prohibitions d'un règlement de 1758, interdit formellement les ventes en détail des marchandises neuves, à cri public, soit aux enchères, soit au rabais, soit à prix fixe proclamé, avec ou sans l'assistance des officiers ministériels. Cette disposition rigoureuse recevait exception lorsqu'il s'agissait de ventes ordonnées ou autorisées par justice dans certains cas précisés ou laissés à l'appréciation des tribunaux.

Quant aux ventes aux enchères et en gros de marchandises neuves, elles continuaient à être régies par la législation antérieure.

Survint la loi du 28 mai 1858; elle eut pour but de supprimer, pour les ventes volontaires, mais pour ces ventes seulement, la nécessité d'une autorisation préalable; elle dispose donc que les ventes volontaires aux enchères et en gros des marchandises comprises au tableau peuvent avoir lieu par le ministère des courtiers sans autorisation du tribunal de commerce. En ce qui concernait les ventes publiques judiciaires, c'est-à-dire celles qui sont ordonnées ou autorisées par justice, il n'avait pas été innové; mais la loi du 3 juillet 1861 décida que ces ventes seraient faites par le ministère des courtiers, le tribunal ou le juge qui les autorise ou les ordonne gardant la faculté de désigner, pour y procéder, une autre classe d'officiers publics.

375. — Il résulte de ces différentes lois que les ventes publiques mobilières se divisent en deux grandes classes : les ventes de marchandises et les ventes de meubles, ou effets mobiliers en général.

376. *Ventes publiques de marchandises.* — Les ventes publiques de marchandises se distinguent en ventes en gros, et ventes en détail.

377. — On appelle *marchandises* tout ce qui fait l'objet d'un commerce, toutes les choses qu'un commerçant a achetées et qu'il possède en magasin avec l'intention de les revendre. C'est donc plutôt à la destination de ces choses, au but que se propose celui qui les détient et aux opérations habituelles auxquelles il se livre qu'à la nature même de ces choses qu'il faut s'attacher pour leur reconnaître ou leur refuser le caractère de marchandises.

Nous rangerons, par suite, au nombre des marchandises, d'abord les choses neuves, de toute espèce et de toute provenance, ·qui font l'objet du négoce d'un commerçant ; ensuite, les choses qui, conservées en magasin, ont été détériorées par le temps, ou atteintes de défauts qui les ont fait mettre au rebut. C'est ainsi que l'on a considéré avec raison comme marchandises des bois de construction destinés à l'usage de la marine militaire, bien qu'ils portassent les traces des mutilations faites par les vérificateurs qui les avaient refusés (1). Il faut enfin

(1) Caen, 23 mars 1850, D., 52, 2, 142.

compter au nombre des marchandises certaines
choses vieilles, comme de vieux meubles, de
vieux livres, de vieux bijoux, qui se trouvent,
non pas chez un particulier les possédant pour
son usage ou son agrément personnel, mais
chez un commerçant dont le négoce consiste
justement à acheter et à revendre ces sortes
d'objets.

378. — Les ventes publiques, en détail, de
marchandises sont, comme nous l'avons vu
plus haut, interdites en principe (l. 25 juin
1841, art. 1). Occupons-nous donc spécialement
des ventes en gros.

Qu'entend-on par *ventes en gros?* On conçoit
qu'il était impossible que le législateur le déter-
minât d'une façon précise pour chaque sorte de
marchandises; le décret du 17 avril 1812 avait
bien fixé (art. 6) la valeur que devait avoir
chaque lot de marchandises mis en vente pour
que cette vente fût considérée comme étant en
gros; il avait décidé ainsi qu'à Paris les lots
devaient être d'une valeur d'au moins 2,000 fr.
et de 1,000 fr. sur les autres places.

Mais on comprit bien vite qu'une fixation définitive en argent de la valeur des lots ne répondait
pas au but que l'on se proposait d'atteindre : il

arrive en effet, que, selon le cours plus ou moins élevé de telle ou telle marchandise, selon les besoins commerciaux de telle ou telle place, un lot d'un chiffre déterminé peut être alternativement un lot de détail ou un lot de gros.

La loi de 1858 n'a pas fixé le minimum des lots pouvant être mis en vente ; mais le décret du 30 mai 1863 décide (art. 25) que les lots ne peuvent être, en principe, au-dessous de 500 fr., en laissant toutefois au ministre du commerce la faculté d'abaisser ce minimum pour certaines classes de marchandises. Un arrêté ministériel du même jour a fixé le minimum des lotissements pour les différentes marchandises inscrites sur le tableau annexé au décret. Ajoutons que lorsqu'il s'agit d'une des ventes autorisées ou ordonnées par justice, ventes dont nous allons étudier le caractère, le tribunal est maître de fixer la valeur et la composition des lots et d'abaisser le lotissement ; et les commissaires-priseurs , par exemple , officiers publics spécialement chargés des ventes au détail dans les cas prévus par la loi, ne seraient pas fondés à prétendre que les lots de marchandises étaient formés de telle façon que la vente était une véritable vente au détail pour laquelle ils n'auraient pas dû subir la concurrence des courtiers (1).

(1) Rennes, 16 avril 1861 ; D., 62. 2. 86.

« ... Considérant, en droit, qu'aux termes de l'art. 5 de la loi du 25. juin 1841, lorsque les tribunaux de commerce, en exécution de cet article, autorisent un commerçant à vendre ses marchandises aux enchères, par suite de cessation de commerce, ils doivent décider, d'après les lois et règlements d'attribution, qui, des courtiers ou des commissaires-priseurs, sera chargé de la vente, et qu'il résulte de ces lois et règlements d'attribution, notamment de l'art. 5 de l'ordonnance du 9 avril 1819, que, s'il s'agit d'une vente destinée aux particuliers consommateurs, c'est aux commissaires-priseurs seuls qu'il appartient d'y procéder ; que, s'il s'agit, au contraire, d'une vente spécialement destinée aux autres commerçants, elle rentre dans les attributions des courtiers de commerce ;

» Considérant, en fait, que Cardozo de Bethencourt, en demandant au tribunal de commerce de Nantes l'autorisation de faire vendre à la Bourse, par le ministère d'un courtier et par lots de vingt-cinq bouteilles, une certaine quantité de vins de Madère, de Portugal et d'Espagne, paraît avoir eu principalement pour but de mettre ces vins à la portée des débitants, limonadiers et restaurateurs de la ville de Nantes et de leur en faciliter l'acquisition ; que telle a été aussi la pensée des premiers juges en autorisant cette vente par lots de vingt-cinq bouteilles, ainsi qu'ils le déclarent eux-mêmes dans le jugement dont est appel ; qu'en supposant, comme le prétendent les appelants, qu'une partie de ces vins ait été achetée par des particuliers consommateurs, ce n'est pas au résultat de la vente, résultat qui ne pouvait être connu du tribunal lorsqu'il l'a autorisée, qu'il faut s'attacher pour en constater le caractère dominant, mais au but qu'on se proposait et à la classe des acheteurs qu'on avait principalement en vue ; qu'ainsi les commissaires-priseurs sont mal fondés à soutenir que cette vente rentrait exclusivement dans leurs attributions ;

» Considérant qu'on objecte en vain qu'aux termes de l'art. 25 du décret du 12 mars 1859, les courtiers ne peuvent procéder qu'aux ven-

379. — Les ventes publiques de marchandises
se distinguent en *ventes volontaires* et *ventes
judiciaires*.

380. — Les ventes volontaires sont celles auxquelles il est procédé en vertu d'une détermination libre du vendeur, et sans qu'il y ait besoin d'une intervention quelconque du pouvoir
judiciaire.

Nous avons dit que jusqu'à la loi de 1858 on
ne pouvait procéder aux ventes publiques volontaires qu'après une autorisation préalable du
tribunal de commerce. La loi de 1858 a supprimé la nécessité de cette autorisation et consacré le droit de vendre publiquement, par ministère de courtiers, les marchandises neuves.

381. — Mais toutes les marchandises ne
peuvent pas être vendues publiquement sans
autorisation préalable; cette disposition concerne seulement celles qui sont comprises au

tes dont les lots sont d'une valeur de 500 fr. au moins ; que cet article
ne concerne que les ventes volontaires de marchandises en gros autorisées par la loi du 28 mai 1858 sans permission préalable des tribunaux ; qu'il est étranger aux ventes réglées par l'art. 5 de la loi du
25 juin 1841, ventes dont l'appréciation, quant à leur autorisation et
à la composition de leurs lots, est entièrement réservée à la pru-
dence et à la lumière des tribunaux de commerce... »

tableau. En édictant cette restriction, le législateur a voulu exclure du nombre des marchandises dont la vente était autorisée par la loi les
marchandises fabriquées. On pourrait craindre,
en effet, que des ventes trop fréquentes ou trop
considérables de marchandises fabriquées ne
fissent du tort au commerce de détail et n'ame-
nassent des crises industrielles, et c'est pour
les prévenir que le législateur a cru devoir li-
miter les catégories de marchandises dont il
autorisait la vente.

L'inscription au tableau est indispensable
pour que les marchandises puissent être vendues sans autorisation préalable; peu importerait que les marchandises à vendre, qui seraient
bien des marchandises, en ce sens qu'elles seraient susceptibles de faire l'objet d'un commerce, ne dépendissent pas en fait d'un commerce déterminé; du moment qu'elles sont
comprises au tableau, la loi est satisfaite.

La Cour de cassation a même décidé, par application de ce principe, que du moment qu'il
était justifié que les marchandises vendues
étaient portées aux tableaux, les courtiers chargés de la vente avaient régulièrement opéré,
et dans l'espèce jugée par la Cour suprême, il
s'agissait d'un lot de vieux cuivres, vieux fers

et vieux cordages provenant de réparations faites à un navire hors de service (1).

Les vieux cuivres, les vieux fers et les vieux cordages étant portés au tableau, la décision de la cour de Cassation ne pouvait pas être dou= teuse. Il faudrait juger de même, aujourd'hui; en effet, la nomenclature du 30 mai 1863, qui a remplacé tous les tableaux antérieurs, comprend implicitement les mêmes objets; qu'est-ce que du vieux cuivre, sinon du cuivre? Qu'est-ce

(1) Cass., 11 février 1863 ; D., 63. 1. 69.

« ... Attendu que si, à l'origine de leur institution, les courtiers n'étaient chargés que de s'entremettre entre les vendeurs et les acheteurs, et de constater des ventes opérées par leur entremise, ils ont été autorisés par les articles de lois ci-dessus visés (décr. 22 novembre 1811, 17 avril 1812 ; ordonn. roy., 1er juillet 1818 et 9 avril 1819 ; l. 25 juin 1841) à faire, tant à la Bourse qu'ailleurs, des ventes publiques de marchandises aux enchères et en gros avec l'autorisation des tribunaux de commerce ;

» Attendu qu'il est justifié que les marchandises dont le courtier Jausions a opéré la vente publique, aux enchères et en gros, en vertu de jugement du tribunal de commerce du Havre, étaient por- tées sur les tableaux dressés en conformité du décret du 17 avril 1812 et de l'ordonnance du 1er juillet 1818 ; qu'aucune disposition des lois et règlements sur la matière n'exige, pour faire rentrer les mar- chandises à vendre dans les attributions des courtiers que ces mar- chandises dépendent d'un commerce déterminé, d'où il suit qu'en déclarant le courtier Jausions sans droit pour procéder à la vente dont il s'agit et en le condamnant, pour un acte licite de son minis- tère, à des dommages-intérêts envers les commissaires-priseurs du Havre, le jugement attaqué a formellement violé les textes de lois ci-dessus visés... »

qu'un lot de vieux cordages, sinon du chanvre ? Qu'est-ce que du vieux fer, sinon du fer ? Or, le cuivre, le chanvre et le fer étant portés au tableau, la vente volontaire de ces objets peut se faire sans qu'il y ait besoin d'autorisation préalable.

Les tableaux ont subi nécessairement de fréquentes modifications. Le décret de 1812 en établissait un pour la ville de Paris, en laissant aux chambres de commerce des autres places le soin de dresser les leurs, sauf l'approbation du ministre de commerce. L'ordonnance de 1818 prévoit le cas où des changements pourraient être introduits dans le tableau établi pour Paris et décide que le tribunal et la chambre de commerce concourront à ces changements.

La loi de 1858 a, elle aussi, autorisé la vente volontaire aux enchères et en gros, mais seulement des marchandises portées au tableau annexé. « Ce tableau, » dit l'art. 1, « peut être modifié soit » d'une manière générale, soit pour une ou plu- » sieurs villes, par un décret rendu dans la » forme des règlements d'administration publi- » que, et après avis des chambres de commer- ce ; » et de fait, le tableau annexé à la loi de 1858, qui ne comprenait qu'une énumération très restreinte, a été d'abord modifié pour la ville du

Havre, spécialement par un décret du 8 mai 1861, ensuite pour la France entière, par un décret du même jour qui inscrivait à ce tableau les navires, agrès et apparaux et les sucres raffinés; puis enfin, considérablement amplifié par le décret du 30 mai 1863, le dernier rendu sur la matière.

Nous renvoyons au tableau annexé à ce décret pour l'énumération des marchandises que les courtiers ont le droit de vendre ; elles y sont nominativement inscrites, et un arrêté ministériel du même jour a fixé la valeur des lots qu'il faut faire de ces marchandises pour que la vente conserve son caractère de vente en gros.

382. — Le décret du 30 mai 1863 autorise en outre la vente de toutes les marchandises exotiques quelconques destinées à la réexportation (art. 1, *in fine*). La loi de 1858 déjà avait en tête de son tableau, et dans un paragraphe spécial, mentionné, sous la rubrique *marchandises exotiques*, les denrées alimentaires, les matières premières et tout produit quelconque destiné à la réexportation. Le décret de 1863 simplifie et généralise à la fois; ses termes sont formels : toute marchandise, quelle qu'en soit la nature et la valeur, qui vient de l'étranger et

qui doit être réexportée, peut être vendue publiquement, pourvu, bien entendu, qu'il s'agisse d'une vente en gros.

383. — Les ventes publiques judiciaires sont celles qui ne peuvent être faites sans avoir été au préalable autorisées ou ordonnées par justice.

384. — Au rang de ces ventes nous placerons d'abord celles qui portent sur des marchandises non inscrites au tableau, à l'égard desquelles la législation antérieure à 1858 subsiste en ce sens qu'une autorisation de justice est exigée (1);

(1) Cass., 18 novembre 1862 ; D., 62. 1. 529.

«... Attendu que la loi du 28 mai 1858, en dispensant de l'autorisation du tribunal de commerce la vente de certaines marchandises formant le tableau annexé à cette loi, a laissé en dehors de ses prescriptions les ventes de marchandises non comprises dans ce dernier tableau, mais comprises dans les tableaux antérieurs, ces dernières ventes restant soumises à la nécessité de l'autorisation du tribunal de commerce ;

» Qu'en effet, ladite loi ne s'occupe que de la vente des marchandises, dont elle dresse le tableau, pour les dispenser de la nécessité de l'autorisation ; qu'elle ne statue rien sur les autres et les laisse par conséquent soumises au droit ancien ; que si, par son art. 8, elle abroge les règlements antérieurs, ce n'est qu'en ce qui concerne les ventes régies par l'art. 1 ; qu'elle maintient, au contraire, les mêmes règlements en ce qui touche les ventes publiques de marchandises faites par autorité de justice, ce qui ne peut s'encette autorisation est donnée par jugement rendu sur requête, ladite requête contenant un état détaillé des marchandises à vendre. Le jugement doit constater le fait qui a donné lieu à la vente.

Nous n'avons pas à insister sur ce que sont ces tableaux; nous venons de nous en expliquer avec détail; signalons seulement un arrêt isolé, qui décide qu'il ne faut pas considérer comme non inscrites au tableau des marchandises qui, mentionnées dans les tableaux dressés en vertu de la législation antérieure à 1863, ont été omises au décret du 30 mai de cette même année (1). Nous ne saurions approuver cette décision; le tableau du 30 mai 1863 n'a pas été simplement un tableau complémentaire; le travail déjà fait a été totalement recommencé; nous n'en voulons pour preuve que ce fait que le tableau de 1863

tendre que des ventes restant soumises à l'autorisation des tribunaux de commerce, puisque les décret et ordonnances maritimes en vigueur disposent exclusivement sur ces sortes de ventes;

» Et attendu qu'il n'est pas contesté que les marchandises vendues par le courtier Lefrançois étaient comprises au tableau dressé pour la place du Havre en exécution de la législation antérieure à 1858; que cette vente a été faite en vertu d'une autorisation du tribunal de commerce du Havre, conformément à ladite législation non abrogée en cette partie par la loi du 28 mai 1858.

» D'où il suit... »

(1) Rouen, 26 février 1863, *Rec. Rouen*, 1862, p. 165.

contient des marchandises déjà inscrites aux tableaux antérieurs.

385. — Parmi les ventes judiciaires, nous compterons ensuite celles qui ont lieu après décès, cessation de commerce, et dans tous les autres cas de nécessité dont l'appréciation est laissée aux tribunaux.

Nous n'avons pas à insister sur les ventes après décès; il va sans dire seulement que pour qu'elles puissent être confiées à des courtiers, il faut qu'elles portent sur des marchandises neuves et qu'elles soient faites en gros.

Les ventes après cessation de commerce ne sont pas seulement celles qui ont lieu lorsque cette cessation est définitive ; une cessation même momentanée est suffisante, pourvu qu'à ce moment elle soit réelle et de bonne foi (1); c'est ainsi qu'un commerçant qui, exploitant simultanément deux industries, renonce à l'une d'elles pour s'en tenir exclusivement à l'autre, se trouve, quant aux marchandises neuves dépendant de l'industrie qu'il n'exploite plus, dans un des cas de cessation de commerce prévus par la loi (2). « Les lois, » disait le garde des

(1) Paris, 6 décemb. 1855 ; D., 56. 2. 31.
(2) Metz, 25 mars 1858 ; D., 59. 2. 10.

sceaux lors de la discussion de la loi du 25 juin 1841, « doivent toujours être entendues » loyalement, et, comme le projet que nous » discutons parle de cessation de commerce ; » il embrasse tous les cas où, à raison de cette » cessation, il y a nécessité de vendre des mar- » chandises. »

La loi parle ensuite des autres cas de nécessité dont l'appréciation est soumise au tribunal de commerce. L'expression est trop large pour être bien précise. Elle comprend certainement tout d'abord les ventes autorisées ou ordonnées par la justice consulaire, dans les divers cas prévus par le code de commerce (l. du 3 juillet 1861, art. 2). Nous ne pouvons pas énumérer ici tous ces cas; signalons seulement, avec l'exposé des motifs de la loi de 1841 :

1° Les ventes faites à la requête du voiturier qui a à réclamer le prix de voiture pour des objets transportés, dont la réception est refusée ou contestée ;

2° Celles à la requête du capitaine de navire qui, en cours de voyage, est obligé de vendre partie de son chargement pour radouber son navire ou acheter des victuailles, ou bien qui, sur le refus du consignataire de recevoir les marchandises, veut les faire vendre jusqu'à concurrence du prix du fret.

Nous n'insisterons pas sur les ventes faites par le courtier à la requête du voiturier pour sûreté du prix de la voiture. Disons seulement que cette faculté de faire vendre les marchandises dont la réception est refusée ou contestée ne s'applique, au cas où le destinataire n'est pas trouvé, que si les marchandises sont susceptibles de s'avarier.

Le voiturier peut demander et obtenir l'autorisation de vendre sans mettre préalablement le destinataire en demeure de prendre livraison et faire procéder à la vente sans signifier à l'expéditeur l'ordonnance d'autorisation (1).

Les ventes auxquelles, dans certains cas prévus et précisés par les art. 234 et 305, C. com., peuvent faire procéder en cours de voyage les capitaines de navires sont faites dans les formes ordinaires des ventes publiques; nous étudierons plus loin ces formes.

Il peut se présenter enfin d'autres cas de nécessité dans lesquels il y aura lieu, pour la justice consulaire, d'autoriser la vente, aux enchères et en gros, de marchandises non

---

(1) Paris, 8 mai 1857 ; D., vᵒ *Voirie par ch. de fer*, nᵛ 483.

portées au tableau; on comprend qu'il est impossible de les énoncer limitativement : le tribunal de commerce, appelé à donner l'autorisation, statue dans la plénitude de sa liberté d'appréciation. Ajoutons seulement aux cas que nous venons d'examiner et à titre d'exemple : une expropriation pour cause d'utilité publique, une fin de bail, si toutefois cette fin de bail doit amener la cessation au moins temporaire du commerce, par suite de l'impossibilité où se trouverait le négociant de trouver un nouveau local (1), une gêne momentanée, un encombrement de marchandises (2), la liquidation d'une société, etc.

386. — Il faut comprendre aussi, parmi les ventes publiques judiciaires, celles auxquelles il est procédé après faillite ou bien sur saisie-exécution.

En ce qui concerne les ventes après faillite, nous observerons qu'il peut aussi y être procédé à l'amiable; mais alors la vente a plutôt le caractère d'une vente volontaire que celui d'une vente judiciaire.

(1) Dijon, 6 août 1880 ; S., 81. 2. 264.
(2) Caen, 23 mars 1850; D., 52. 2. 142.

387. — Nous signalerons enfin, parmi les ventes judiciaires, celles qui portent sur les marchandises dépendant d'une succession acceptée sous bénéfice d'inventaire (1). On peut dire, en effet, qu'ici l'on se trouvera parfois dans un véritable cas de nécessité, lorsque, par exemple, les marchandises risqueront de dépérir ou d'entraîner pour leur conservation des frais exagérés (art. 796, C. civ.). Dans ce cas spécial, l'autorisation de vendre doit être donnée, non plus par les tribunaux consulaires, mais bien par les tribunaux civils. L'art. 986, C. pr. civ., dit en effet que lorsqu'il y a lieu d'autoriser l'héritier bénéficiaire à vendre les effets mobiliers dépendant d'une succession, la requête à fin de vente doit être adressée au président du tribunal de première instance dans le ressort duquel la succession est ouverte. Le texte est bien précis et doit, ce nous semble, être respecté (2).

388. — A côté des ventes volontaires et des ventes judiciaires, il est une catégorie d'autres ventes qu'il est difficile de compter au nombre

(1) Rouen, 29 août 1838 ; Dall., v° *Ventes publ. de march. neuves*, n° 88.

(2) Rouen, 1er août 1845 ; D., 46. 2. 13.

des premières, étant donné les circonstances
dans lesquelles il y est procédé, et qui ne sont
pas pourtant des secondes, puisqu'il y est procédé sans autorisation préalable de justice :
nous voulons parler des ventes après protêt de
warrant, après protêt de nantissement ou de
gage commercial, ou encore sur folle enchère.

Nous n'avons pas à traiter ici en détail des
caractères et des effets du warrant; la matière
est complètement épuisée ailleurs (1); rappelons
seulement les dispositions principales qui régissent cette institution de création récente.

On appelle *warrant* le bulletin de gage annexé au récépissé qui constate un dépôt de marchandises dans un magasin général, et dont
l'endossement, séparé du récépissé, confère un
droit de nantissement sur la marchandise déposée (2). D'où il suit que lorsque le propriétaire
de cette marchandise a besoin d'argent, il lui
suffit d'endosser, selon les cas, le warrant ou
le récépissé à l'ordre du prêteur auquel il veut
en transférer la propriété.

---

(1) V. notamment Bacquet, *Des magasins généraux et warrants ;*
Bivort et Turlin, *op. cit.*, p. 165 et suiv. ; Damaschino, *Traité des
magasins généraux*, et aussi Dalloz, Appendice du *Code de commerce
annoté*.

(2) Dall., vᵒ *Warrants et chèques*, nᵒˢ 1 et suiv.

La loi du 28 mai 1858 *sur les magasins géné-raux et les warrants* énumère les différentes énonciations que doivent contenir le récépissé et le warrant; il suffit, pour s'en rendre compte, de se reporter au texte.

Si, à l'échéance, la somme garantie par la marchandise déposée n'est pas payée, il y a lieu de faire dresser le protêt de warrant et de procéder à la vente de cette marchandise.

Cette sorte de vente est spécialement réglementée par l'art. 7 de la loi de 1858. A défaut de paiement à l'échéance, dit cet article, le porteur du warrant séparé du récépissé peut, huit jours après le protêt, et sans aucune formalité de justice, faire procéder à la vente publique aux enchères et en gros de la marchandise engagée. Dans le cas où le souscripteur primitif du warrant l'a remboursé, il peut faire procéder à la vente de la marchandise, comme il vient d'être dit, contre le porteur du récépissé, huit jours après l'échéance et sans qu'il soit besoin d'aucune mise en demeure.

Les ventes sur protêt de nantissement ou de gage commercial sont celles auxquelles il est procédé à défaut de paiement de la dette à son échéance, et huit jours après une simple signification faite au débiteur et au tiers bailleur de gage, s'il y en a un (art. 93, C. com.). Ce délai de huitaine qui doit s'écouler entre la signification et la vente est un délai minimum; il peut être augmenté d'un commun accord entre les parties.

Enfin, les ventes sur folle enchère sont celles que régit l'art. 27 du décret du 12 mars 1859, qui dispose que, faute par l'adjudicataire de payer le prix dans les délais fixés, la marchandise est revendue à la folle enchère à ses risques et périls, trois jours après la sommation qui lui a été faite, et sans qu'il soit besoin de jugement.

389. *Ventes publiques de meubles ou effets mobiliers.* — La seconde grande catégorie des ventes publiques, c'est-à-dire les ventes publiques de meubles ou d'effets mobiliers, ne rentrant pas en principe dans les attributions des courtiers assermentés, nous n'y insisterons pas ; elles appartiennent en effet aux commissaires-priseurs, aux notaires, aux huissiers et aux greffiers de justice de paix.

390. — Quelles sont, dans les différentes ventes publiques mobilières que nous venons d'exa-

miner, les attributions que la loi confère aux
courtiers assermentés aux tribunaux de commerce?

Il y a lieu, à ce point de vue, de distinguer
les ventes publiques en trois catégories : celles
qui sont exclusivement réservées aux courtiers
assermentés ; celles qui leur sont absolument
interdites ; celles enfin auxquelles ils ont le droit
de procéder, mais concurremment avec les autres officiers publics.

391. 1° *Ventes publiques exclusivement réservées aux courtiers assermentés.* — Nous rangerons d'abord parmi ces ventes, les ventes publiques volontaires, aux enchères et en gros,
des marchandises inscrites au tableau.

L'ancienne jurisprudence accordait aux courtiers de commerce attribution exclusive des
ventes de marchandises comprises dans les tableaux dressés par les tribunaux de commerce (1).

La loi du 25 juin 1841, consacrant les droits
des courtiers, disposait que les ventes publiques

(1) Cass., 24 août 1836 ; D., v° *Vente publ. de march. neuves*, n° 14 ;
V. aussi Cass., 13 février 1838, *eod. loco* ; Paris, 6 juill. 1838, *eod.
loco.*

aux enchères de marchandises en gros conti-
nueraient à être faites par le ministère des courtiers, dans les cas, aux conditions et selon les
formes indiqués par la législation antérieure.

La loi du 28 mai 1858 a dit de son côté que
les ventes volontaires, aux enchères, en gros,
des marchandises comprises aux tableaux peut
avoir lieu par le ministère des courtiers, sans
autorisation du tribunal de commerce.

Ce texte confirme-t-il le droit privatif des
courtiers de commerce ? La question a pu se
poser en présence de ces mots de l'art. 1er : la
vente *peut* avoir lieu par le ministère des courtiers; il semblerait, au premier abord, qu'il y a
dans ces termes attribution d'une faculté et non
d'un droit privatif en faveur des courtiers. Mais
un examen attentif du but de la loi et des travaux préparatoires lève la difficulté. Les mots :
la vente peut avoir lieu, se rapportent simplement à la fin du paragraphe qui ajoute : *sans
autorisation du tribunal de commerce.*

C'était en effet uniquement pour supprimer
l'autorisation préalable du tribunal de commerce que la loi de 1858 a été proposée et votée.

Et en ce qui concerne les attributions maintenues aux courtiers, M. Ancel, rapporteur de
la loi au Corps législatif, disait d'une part :

» Les ventes publiques volontaires seront con-
» fiées aux courtiers qui possèdent en effet,
» *seuls*, les connaissances spéciales qu'exigent
» ces grandes opérations. L'art. 2 étend *leur*
» *privilège* à toutes les localités dépendant du
» ressort du tribunal de commerce où il n'existe
» pas de courtiers..... »

Et un peu plus loin : « Nous avons entendu,
» d'accord avec le conseil d'Etat, que les attri-
» butions actuelles des courtiers ne fussent, en
» ce qui concerne les ventes, *aucunement dimi-*
» *nuées ;* c'est-à-dire que les ventes publiques
» volontaires créées par la loi actuelle se feront
» par leur ministère et qu'ils conserveront en-
» tiers les droits d'intervention que leur as-
» surent, dans toutes autres ventes, les lois
» antérieures. »

Voilà qui nous semble bien clair : le droit
privatif des courtiers a donc été strictement
respecté par la loi de 1858; et maintenant, lorsque nous lisons, à l'art. 4 de la loi du 18 juillet
1866, que les ventes publiques de marchandises
aux enchères et en gros, qui, dans les divers
cas prévus par la loi, doivent être faites par un
courtier, *ne pourront être confiées qu'à un*
courtier inscrit, nous avons certainement le
droit de penser que les courtiers assermentés ont

hérité, en matière de ventes publiques, des prérogatives que la législation antérieure conférait
aux anciens courtiers de commerce.

392. — Nous réserverons en second lieu aux
courtiers assermentés les ventes de marchandises exotiques quelconques, destinées à la réexportation dont nous avons déjà parlé (n° 382).
L'art. 1 du décret du 30 mai 1863 met en effet
sur la même ligne les marchandises portées au
tableau et les marchandises exotiques dont s'a-
git; il semble donc bien que les droits accordés
pour la vente des unes doivent être les mêmes
que ceux qui sont accordés pour la vente des
autres.

393. — Les ventes sur protêt de warrant
doivent aussi être exclusivement confiées aux
courtiers, quelles que soient d'ailleurs les marchandises qu'il s'agisse de vendre. L'art. 7 de la
loi du 28 mai 1858 sur les magasins généraux
dit, en effet, que lorsque le porteur du warrant
fait vendre la marchandise, il doit être procédé
à cette vente dans la forme et par les officiers
publics indiqués dans la loi du 28 mai 1858,
sur les ventes publiques de marchandises en
gros; or, les seuls officiers publics dont parle

cette loi, ce sont les courtiers ; en présence de termes aussi clairs, il ne semble pas que l'on puisse conserver le moindre doute sur le caractère privatif de leur droit.

394. — Remarquons d'ailleurs que malgré le privilège des courtiers, il est certain que si une vente publique doit être effectuée dans un endroit ou il n'y a pas de courtiers assermentés, il y a lieu de faire appel au ministère des autres officiers publics. La jurisprudence avait établi, antérieurement à la loi de 1841, qu'à défaut de courtiers, et même pour les ventes qui étaient de leur compétence exclusive, les autres officiers publics ordinairement appelés à se charger des ventes publiques mobilières, tels que commissaires-priseurs , huissiers, greffiers de justice de paix.... pouvaient être valablement chargés. La loi du 25 juin 1841 a consacré cette règle dans son art. 10, et la loi de 1858 n'a pas innové à cet égard.

395. 2º *Ventes publiques interdites aux courtiers.* — Dans cette seconde catégorie, nous comprenons les ventes publiques auxquelles les courtiers assermentés ne peuvent en aucun cas procéder, sans d'ailleurs que nous ayons à exa-

miner en détail les droits respectifs des différentes autres classes d'officiers publics.

Les courtiers ne peuvent jamais être chargés, s'agît-il de marchandises, des ventes publiques par autorité de justice, après saisie-exécution (1), qui rentrent dans les attributions des commissaires-priseurs ou des huissiers; les courtiers, à la différence de ces derniers, ne sont pas, en principe, des officiers chargés de faire exécuter les décisions de justice, même celles qui trouvent leur sanction dans la vente des marchandises du débiteur. En toute circonstance, ils agissent plutôt dans l'intérêt du commerce, et c'est à ce titre seulement que les ventes de marchandises leur ont été confiées à l'origine et maintenues par la suite.

396. — Les ventes publiques au détail des marchandises ont été, nous l'avons déjà vu, interdites par la loi du 25 juin 1841 ; ces sortes de ventes, en effet, si elles étaient autorisées, seraient de nature à causer au commerce régulier le plus grand préjudice. Mais il ne fallait pas pousser à l'extrême le principe posé; aussi des exceptions à la règle générale ont-elles été

(1) Cass., 18 juin 1850; D., 50, 1. 187.

édictées ; et les tribunaux de commerce peuvent-
ils, quand ils le jugent convenable, autoriser
des ventes publiques et au détail des marchandises. Prenons bien garde seulement que
cette autorisation judiciaire est indispensable pour que les courtiers soient compétents ;
ils ne peuvent jamais, en effet, procéder à
une vente publique volontaire et au détail
de marchandises. C'est pourquoi il a été jugé
notamment que les commissaires-priseurs ont,
à l'exclusion des courtiers assermentés, qualité
pour vendre des chevaux d'attelage. Quelle que
soit la valeur de chaque cheval, une vente de
cette nature est toujours considérée comme une
vente au détail (1).

(1) Paris, 31 janvier 1876, *Teulet et Camberlin*, 1876, p. 417, par
adoption des motifs d'un jugement du Tribunal de la Seine du
21 avril 1874.
« ... Attendu que si la législation relative aux courtiers de commerce et aux ventes pour lesquelles qualité leur était conférée a
subi de nombreuses variations, ces variations ont porté exclusivement sur la nomenclature des objets qui pouvaient être compris
dans les ventes, sur le point de savoir dans quels cas elles pouvaient
être faites sans autorisation du Tribunal de commerce, dans quels
cas, au contraire, cette autorisation serait requise, enfin sur le
minimum de la valeur des lots à établir pour la vente ;
» Que ces variations n'ont pas affecté la condition essentielle à
laquelle était subordonné le droit des courtiers, à savoir, qu'il s'agît
de ventes en gros ;
» Attendu, par conséquent, que toute vente autre que les ventes

397. — Lorsqu'il ne s'agit plus de marchandises, mais de meubles ou effets mobiliers, les

en gros échappe à leur compétence ; qu'il s'agit seulement de déterminer le caractère de ces ventes ;

» Attendu que l'ordonnance des 9 et 23 avril 1819 avait interdit aux courtiers « la vente des articles pièce à pièce ou en lots, à la portée immédiate des particuliers conjointement, » et ne les avait autorisés à vendre que des objets « en nombre ou quantité suffisante, d'après les usages, pour ne pas contrarier les opérations du commerce en détail; »

» Attendu qu'il résulte de ce texte, qui est, il est vrai, abrogé, mais dont le principe a été maintenu dans toutes les lois relatives aux courtiers de commerce, que la vente d'un objet isolé, constituant une unité indivisible, ne saurait être rangée parmi les ventes en gros ; que, par conséquent, il n'est pas possible de considérer comme telle la vente d'un cheval, ni même celle d'un attelage qui, à raison de sa situation, n'est pas susceptible de division et ne forme pour ce motif qu'une pièce ;

» Attendu qu'il n'y a aucune assimilation à établir entre une vente semblable et celle d'un poids fractionnaire de substances alimentaires, médicinales ou tinctoriales ; qu'en admettant que cette dernière pût, dans certains cas, être réputée vente en gros, cela tiendrait à ce que le tout dont la quantité vendue formerait fraction ne constituerait pas une unité réelle, mais une unité de convention ; que, tout en procédant de la division d'un groupe artificiel, elle ne peut être livrée à la consommation que moyennant une subdivision ultérieure ;

» Attendu que s'il est vrai que les chevaux sont, dans le commerce, et doivent être considérés comme marchandises, il est constant que ces marchandises ne rentrent dans les attributions des courtiers qu'autant qu'elles sont vendues en gros ; que c'est là l'exigence dominante et invariable du législateur ; qu'au reste, si, dans ses diverses dispositions, il a associé les expressions de vente en gros et de marchandises, c'est que les objets vendus en gros sont nécessairement pour un usage commercial, puisqu'ils ne peuvent arriver au

courtiers assermentés, qui sont institués pour
agrandir le champ des négociations commerciales et faciliter les transactions par l'accomplissement des ventes publiques de marchandises
ne peuvent à aucun titre être chargés d'y procéder (V. toutefois n° 401).

Il faut donc, pour que leur compétence soit reconnue, qu'il s'agisse en principe de marchandises dans toute l'acception du terme. Tout ce qui
n'est pas compris sous cette dénomination ne peut
être vendu par eux; c'est ainsi qu'un mobilier
commercial ou industriel dont un commerçant
voudrait se défaire, ne pouvant pas rentrer dans
la classe des marchandises, ne doit pas être mis
en vente par l'intermédiaire d'un courtier, mais

consommateur que par l'intermédiaire d'un détaillant; qu'ainsi les
termes « vente en gros » impliquent celui de « marchandises, » et
que ce dernier terme n'ajoute, en réalité, rien aux premiers;

» Attendu, en fait, que les ventes successives de chevaux isolés
ou réunis par attelage constituent des ventes au détail, et que le pros-
pectus même répandu par le directeur du Tattersal industriel indique
qu'elles s'adressent surtout aux particuliers;

» Sur la demande en garantie formée par le comte d'Aure contre
Lamboi :

» Attendu que si le comte d'Aure a fait procéder aux ventes de
chevaux dont s'agit par le ministère de Lamboi, c'est sur l'affirma-
tion de celui-ci que ces ventes rentraient dans les attributions des
courtiers de commerce; que l'erreur sous l'empire de laquelle le
comte d'Aure a agi est donc imputable à Lamboi; que ce dernier
doit garantir le comte d'Aure des conséquences de cette erreur... »

bien par le ministère d'un commissaire-priseur; il en serait de même des marchandises vieilles, si toutefois il s'agit de marchandises ouvrées, dont un commerçant ne pourrait plus faire usage pour les besoins de son négoce et qu'il vendrait uniquement pour s'en débarrasser; des objets de ce genre ne sont plus, à proprement parler, des marchandises. Il ne faudrait pas croire, en effet, que toute vente faite par un négociant rentre dans les nécessités de son commerce; on ne peut comprendre dans les nécessités du commerce que les ventes qui ont pour objet des marchandises achetées pour être revendues et encore assez neuves pour servir à l'usage auquel elles étaient primitivement destinées.

C'est en vertu de la même théorie que la vente des meubles et effets mobiliers d'un failli est refusée au courtier pour être réservée au commissaire-priseur; ces meubles et effets ne constituent à aucun titre une marchandise.

398. — Nous n'avons pas besoin de dire que le courtier n'a jamais qualité pour procéder aux ventes des objets déposés en nantissement au mont-de-piété; ces ventes sont exclusivement de la compétence des commissaires-priseurs.

399. 3° *Ventes publiques auxquelles les courtiers ont le droit de procéder concurremment
avec les autres officiers publics.* — Notons tout
d'abord que dans toutes les circonstances où
un autre officier public qu'un courtier, soit,
par exemple, un commissaire-priseur, un
huissier, un greffier de justice de paix, agit à
la place d'un courtier, en vertu du droit de
concurrence qui lui est accordé, il est soumis
à toutes les dispositions qui régissent les courtiers et doit en conséquence observer les formes
qui leur sont imposées, appliquer les tarifs
auxquels ils ont droit et encourir, s'il y a lieu,
les responsabilités qui leur incombent. Nous
étudierons plus loin ces formes, ces responsabilités et ces tarifs.

400. — C'est d'abord pour les ventes de marchandises non inscrites au tableau et pour
les ventes de marchandises faites avec des lôtis-
sements inférieurs à ceux que fixe la nomenclature que les courtiers assermentés doivent
subir la concurrence des autres officiers publics. Ces sortes de ventes, nous l'avons dit,
doivent être nécessairement précédées d'une
autorisation de justice, qui est accordée aux
termes de la loi, en cas de décès, de cessation

de commerce ou dans tous les autres cas de
nécessité laissés à l'appréciation des tribunaux
consulaires, tenus d'ailleurs de spécifier dans
leur sentence le fait qui donne lieu à la vente.

Lorsque le tribunal de commerce autorise la
vente de marchandises non portées au tableau,
il est maître de fixer la valeur et la composition
des lots et décide souverainement alors si cette
valeur et cette composition sont de nature à
donner à la vente le caractère d'une vente en
gros rentrant dans la compétence des courtiers.
Si même il y a intérêt ou nécessité à ce que les
marchandises portées au tableau soient vendues par lots inférieurs à ceux dont la nomenclature fixe la valeur, le tribunal de commerce
est libre d'abaisser autant que bon lui semble la
valeur de chaque lot, au risque même de donner
à la vente publique une apparence de vente au
détail.

401. — Nous rangerons ensuite parmi les
ventes publiques qui ne sont pas spécialement
réservées aux courtiers les ventes après acceptation de succession sous bénéfice d'inventaire,
les ventes après protêt de nantissement, ou de
gage commercial, et les ventes après faillite.

Nous n'avons pas à revenir sur les premières;

en ce qui concerne les secondes, les courtiers sont compétents, aux termes de l'art. 93, C. com., tel qu'il a été remanié par la loi du 23 mai 1863. Peu importe d'ailleurs, du moment que le gage est commercial, que les objets qui le constituent soient des marchandises ou des effets mobiliers.

La compétence des courtiers avait été contestée par la jurisprudence, qui décidait, notamment, que les commissaires-priseurs avaient seuls le droit de vendre même des marchandises remises en gage, lorsque la vente en avait été ordonnée par justice à la requête du créancier gagiste (1). La loi de 1863 a d'abord supprimé

---

(1) Nous reproduisons ici, une décision fort importante rendue en ce sens, en faisant remarquer toutefois qu'elle n'a plus aujourd'hui qu'un intérêt historique.

Cass., 18 juin 1850; D., 50. 1. 187.

«... Attendu qu'il s'agissait, dans la cause, d'une vente aux enchères publiques de vins faisant l'objet d'un contrat de nantissement, vente ordonnée conformément à l'art. 2078, C. civ., par un jugement du Tribunal civil de Bordeaux, et présentant tous les caractères d'une vente forcée;

» Attendu qu'aux termes des art. 1 de la loi du 27 ventôse an IX, et 89 de la loi du 28 avril 1816, les ventes publiques aux enchères des effets mobiliers doivent être opérées exclusivement par les commissaires-priseurs dans les villes où ils sont établis; que ces mots : *effets mobiliers*, embrassent tous les biens qui sont meubles par nature, et notamment les marchandises; que le droit des commissaires-priseurs se trouve particulièrement rappelé et consacré de nouveau par l'art. 625, C. pr. civ., au titre des saisies-exécutions;

» Attendu qu'aucune loi n'a conféré aux courtiers seuls, ou en

la nécessité d'une autorisation préalable, puis
proclamé la compétence des courtiers, mais con-

concurrence avec les commissaires-priseurs, la mission de procéder
à la vente forcée, aux enchères publiques, des meubles ou marchandises ; qu'à la différence des commissaires-priseurs, les courtiers de
commerce ne sont pas des officiers ministériels chargés de ramener
à exécution les décisions de justice ; qu'ils sont les agents spéciaux
du commerce, les intermédiaires chargés d'en faciliter ou d'en constater les transactions : que si, à raison même de ces attributions,
ils sont autorisés à faire la vente de certaines marchandises, à la
Bourse et aux enchères publiques, cette autorisation ne leur est
accordée qu'à raison du caractère purement volontaire de ces ventes, et ne peut pas être étendue aux ventes par voie d'exécution ;
qu'aux termes de l'art. 492, C. comm., de 1807 (486 nouveau), les
syndics, en cas de faillite, peuvent vendre, à leur choix, les marchandises du failli à l'amiable ou aux enchères publiques, à la
Bourse, par les courtiers; que cette option donnée aux syndics
laisse à la vente aux enchères publiques le caractère d'une vente
volontaire dont les courtiers peuvent être les agents, quelle qu'en
soit d'ailleurs la forme ;

» Attendu que si le décret du 22 novembre 1811, portait que les
ventes publiques de marchandises peuvent être faites, dans tous les
cas, par les courtiers, ces expressions générales se trouvent naturellement limitées par les termes mêmes de ce décret, qui ne s'applique qu'aux ventes publiques à la Bourse, c'est-à-dire aux ventes
facultatives et volontaires faites hors des cas de faillite ; que le décret du 17 avril 1812, qui règle le mode d'exécution du décret de
1811, est plus explicite encore ; qu'il limite les ventes publiques,
dont les courtiers sont les instruments, à certaines marchandises
comprises dans les tableaux ou états dressés à Paris par l'administration, dans les départements par les tribunaux et chambres de
commerce ; qu'il exige, avant l'autorisation du tribunal, une déclaration des négociants, fabricants ou commissionnaires qui deman-
dent la faculté de vendre, portant sur l'origine des marchandises,
sur les causes de la vente, causes dont le tribunal de commerce

curremment toutefois avec les autres officiers publics. La désignation d'un de ces autres offi-

reste toujours l'appréciateur souverain ; que ce décret règle un mode de publicité particulier à cette vente, le lotissement à faire, établit pour chaque lot un maximum ou un minimum, renvoie à la juridiction commerciale toutes les difficultés auxquelles les enchères pourraient donner lieu ; que ces diverses prescriptions, compatibles avec une vente volontaire subordonnée à l'autorisation du Tribunal de commerce, sont toutes inconciliables avec les droits d'une exécution forcée qui, dans son principe, ses développements et ses conclusions, n'admet ni de pareilles limitations ni de pareils tempéraments ;

» Attendu que l'ordonnance du 9 avril 1819, en permettant au tribunal de commerce d'abaisser le maximum et le minimum des lots, sous la réserve, néanmoins, qu'il ne pourra pas autoriser la vente des articles pièce à pièce, ou en lots à la portée immédiate des particuliers consommateurs, mais seulement en nombre et quantité suffisante, d'après les usages, pour ne pas contrarier les opérations de commerce en détail, fait clairement ressortir la pensée de cette législation, dont le but n'a pas été de refaire le titre du Code de procédure civile sur les saisies-exécutions, mais de réglementer les ventes volontaires aux enchères publiques, par les commerçants, des marchandises de leur commerce, faites sous l'influence dominante de certaines causes accidentelles et urgentes ; que le législateur a voulu concilier les intérêts de ces commerçants et les intérêts du commerce en détail, dont le mouvement régulier aurait pu être troublé par ces apparitions brusques et fréquentes, sur la place, d'une quantité considérable de marchandises vendues aux enchères et à des prix dépréciés, et que c'est pour parer à ce danger que ces ventes ont été soumises à une autorisation préalable et à des conditions restrictives qui ont toujours été considérées comme des mesures d'ordre public et d'intérêt général ; que, de tout ce qui vient d'être dit, il suit qu'en refusant aux courtiers de Bordeaux le droit de procéder à une vente publique et forcée de marchandises, et en maintenant les commissaires-priseurs dans le droit exclusif de pro-

ciers publics est faite, s'il y a lieu, par le président du tribunal de commerce à la requête
des parties.

Nous devons insister sur les ventes après
faillite.

Aux termes de la loi du 28 mai 1838, le juge-
commissaire décidait si la vente des objets mobiliers du failli devait être faite par l'intermédiaire d'un courtier ou de tout autre officier
public, tel que commissaire-priseur, greffier
de justice de paix, huissier, notaire, etc.; la
loi du 25 juin 1841 a accueilli les réclamations
que cette disposition avait soulevées, et fait une
distinction très précise.

S'il s'agit de la vente des marchandises du
commerçant failli, le juge-commissaire de la
faillite peut désigner un courtier ou un autre
officier; mais s'il s'agit de la vente des meubles
et effets mobiliers du failli, les commissaires-
priseurs, huissiers, greffiers de justices de paix
et notaires sont seuls compétents, à l'exclusion
des courtiers.

céder à cette vente, l'arrêt attaqué, loin d'avoir violé les textes de
lois invoqués, en a fait, au contraire, une juste application... »
V. le rapport présenté par M. le conseiller Glandaz, à l'occasion
de l'affaire terminée par cet arrêt ; et *dans le même sens* : Bordeaux,
28 juillet 1857; D., 57. 2. 198.

Remarquons d'ailleurs que, dans l'un et l'autre cas, un jugemement d'autorisation préalable n'est pas exigé (art. 486, C. com.), et que le juge-commissaire a seulement le droit de désigner la classe des officiers publics qui devra procéder à la vente, la désignation de l'officier lui-même appartenant au syndic (art. 486, C. com., *in fine*).

Lorsque le courtier procède à la vente des marchandises d'un failli, il peut, exceptionnellement, le faire au détail, sans être tenu par conséquent de former des lots d'un minimum quelconque, et même si les marchandises à vendre ne sont pas portées au tableau.

En effet, antérieurement à la loi de 1838 sur les faillites et à celle de 1841 sur les ventes publiques, les courtiers avaient le droit de vendre en gros les marchandises du failli; si donc ces deux lois, en réglementant la vente des marchandises au détail, ont mentionné de nouveau les courtiers en les mettant sur la même ligne que les autres officiers publics, c'est certainement dans le but de leur accorder les mêmes droits qu'à ceux-ci, et notamment celui, tout exceptionnel, de la vente au détail des marchandises (1).

_____

(1) Dall., v° *Vente publ. de march. neuves*, n°⁸ 84 et 85 ; Galouzeau

Jusqu'à la loi de 1858, la jurisprudence refusait au courtier le droit d'être désigné pour aller vendre sur place les marchandises d'un failli, même si l'établissement commercial de ce dernier, situé hors des murs de la ville, était cependant dans le ressort du tribunal où le courtier exerçait. On interprétait rigoureusement la règle qui obligeait les courtiers à vendre à la Bourse près de laquelle ils étaient institués, et l'on décidait que toute commune autre que celle où se trouvait cette Bourse leur était interdite (1). Par tempérament, cependant, on avait fini par admettre que les courtiers exerçant dans une place où il existait une Bourse pouvaient y vendre sur échantillon les marchandises d'un failli déposées dans d'autres communes, et notamment dans les communes du ressort où il n'existait pas de Bourse (2).

La loi de 1858, comme nous l'avons vu précédemment, a fait cesser cette interprétation rigoureuse, et les courtiers ont maintenant le

de Villepin, *Comment. de la loi de* 1841, nᵒˢ 37 et suiv... Bivort et Turlin, *op. cit.*, p. 140. — *Contrà*, Paris, 16 mars 1829 ; D., *eod. loco.*

(1) Cass., 10 mars 1840 ; D., vᵒ *Vente publ. de march. neuves*, nᵒ 15 ; Paris, 30 janvier 1852 ; D., 53. 2. 42.

(2) Cass., 29 mars 1858 ; D., 58. 1. 172.

droit d'exercer dans toutes les localités du ressort du tribunal dépourvues de courtiers.

Un courtier assermenté peut donc être désigné pour procéder à la vente des marchandises du failli, non seulement, bien entendu, si cette vente doit avoir lieu dans la ville où il exerce sa profession, mais encore dans toute localité dépendant du ressort du même tribunal de commerce où il n'existerait pas de courtiers. Au cas, en effet, où des courtiers seraient institués dans cette autre localité, ce serait à l'un d'eux que la vente appartiendrait; c'est l'application de la règle générale qui régit la compétence territoriale des courtiers.

402. — Les ventes de marchandises avariées, par suite d'événements de mer, appartiennent aux courtiers assermentés, en vertu des dispositions des art. 51 et 52, de la loi du 21 avril 1819; mais ils n'exercent pas de ce chef un droit privatif; ils sont en concurrence avec les autres officiers publics chargés des ventes.

Ces ventes s'effectuent sous le contrôle et la surveillance du receveur des domaines.

403. — Nous avons signalé, en passant en revue les différentes sortes de ventes publiques,

celles auxquelles il est procédé sur folle enchère, lorsque l'adjudicataire ne paie pas son
prix dans les délais prescrits par les conditions
de la vente. Ces ventes appartiennent naturellement à l'officier public qui a procédé à la
vente originaire, dans laquelle l'acquéreur n'a
pas payé son prix.

404. *Formalités relatives aux ventes publiques.* — Les ventes publiques ne peuvent avoir
lieu en principe, et ce principe ne souffre pas
d'exceptions, que par l'intermédiaire et sous la
surveillance d'un officier public; l'art. 1 de la
loi du 22 pluviôse an VII est formel à cet
égard, et la jurisprudence n'a jamais hésité (1).

405. — Aux termes du décret de 1812, on ne
pouvait procéder à ces sortes de ventes qu'à la
Bourse; mais cette disposition ne tarda pas à
soulever de nombreuses difficultés; aussi l'ordonnance du 9 avril 1819 avait-elle déjà autorisé les tribunaux de commerce à permettre la
vente dans d'autres locaux que la Bourse, s'ils
estimaient que l'état ou la nature de la marchandise ne permît pas qu'elle fût exposée en vente

---

(1) Voir notamment Trib. de Vassy, 5 mars 1874, *Gaz. des Trib.*,
8 avril 1874.

à la Bourse, ni qu'elle y fût vendue sur échantillons. La loi de 1858 s'exprime ainsi sur ce point : « Il est procédé aux ventes dans des lo» caux spécialement autorisés à cet effet, après » avis de la chambre et du tribunal de com» merce » (art. 6).

Il résulte du rapport présenté par la commission du Corps législatif que, d'un commun accord avec le Gouvernement, il a été décidé que ces locaux seraient la Bourse ou toute autre salle désignée dans laquelle on pourrait vendre les marchandises sur échantillons. Pour la désignation des salles autres que la Bourse, il faut remplir les formalités exigées pour l'ouverture des magasins généraux, c'est-à-dire que l'ouverture d'une salle de vente publique doit être précédée aujourd'hui, et depuis la loi du 31 août 1870, qui a modifié en cela le décret du 12 mars 1859, d'un simple arrêté préfectoral, pris après avis de la chambre de commerce, à son défaut, de la chambre consultative des arts et manufactures, ou, à défaut de l'une ou de l'autre, du tribunal de commerce.

Un cautionnement variant entre 20,000 et 100,000 fr. doit être exigé de la personne qui sollicite l'autorisation d'ouvrir une salle de vente publique. Ce cautionnement peut être fourni en espèces, qui sont déposées à la caisse des consignations; il peut être également fourni en valeurs publiques françaises, rentes ou obligations cotées à la Bourse; ces valeurs sont également déposées à la caisse; le cautionnement peut encore être fourni par une première hypothèque sur des immeubles d'une valeur double de la somme garantie. « Cette valeur sera estimée par le directeur de l'enregistrement et des domaines sur les bases établies pour la perception des droits de mutation en cas de décès. Pour la conservation de cette garantie, une inscription sera prise dans l'intérêt des tiers, à la diligence et au nom du directeur de l'enregistrement et des domaines » (l. 31 août 1870, art. 2, §§ 3 et 4).

406. — Si la marchandise ne peut être déplacée sans préjudice pour le vendeur, et si, d'autre part, la vente ne peut avoir lieu que sur le vu de cette marchandise, le courtier peut vendre sur place. La même faculté lui est donnée s'il n'existe ni Bourse ni salle de vente publique dans la commune où la marchandise est déposée (Décr. 12 mars 1859 et 30 mai 1863).

407. — Les formalités que les courtiers as-

sermentés doivent accomplir pour procéder aux ventes publiques sont nombreuses et doivent être ponctuellement observées.

408. — Aux termes de l'art. 2 de la loi du 22 pluviôse an VII, non abrogée sur ce point, les courtiers doivent faire avant la vente une déclaration sur timbre au bureau de l'enregistrement du lieu dans lequel il doit y être procédé. Cette déclaration, qui a pour but de mettre l'administration de l'enregistrement à même d'exercer une surveillance qui lui assure la perception des droits imposés, contiendra les noms, qualités et domicile du courtier, ceux du vendeur, et l'indication du lieu et du jour de la vente; elle sera signée par le courtier. Si la vente doit se continuer plusieurs jours consécutifs, ou même à des jours séparés, une seule déclaration est nécessaire, à la condition toutefois qu'elle indique bien nettement ces différents jours.

409. — Les ventes publiques doivent être annoncées par voie d'affiches et d'insertions dans les journaux; ces affiches et insertions mentionnent les lieu, jours, heures et conditions de la vente, la nature et la quantité des marchandises mises en vente; le tout doit être fait au moins

trois jours avant la vente. S'il s'agit de ventes autorisées ou ordonnées par justice, la décision judiciaire qui a ordonné ou autorisé sera mentionnée sur les affiches. Ces affiches indiqueront en outre que, faute par l'adjudicataire de payer le prix dans les délais fixés, la marchandise sera revendue sur folle enchère, trois jours après la sommation qui lui aura été faite, et sans qu'il soit besoin de jugement.

Les affiches sont apposées aux portes de la Bourse, de la salle de vente, si ce n'est pas la Bourse, et du magasin où les marchandises sont déposées.

410. — Deux jours au moins avant la vente, les marchandises doivent être exposées, et le public est admis à les examiner et vérifier ; toutes facilités, ajoute le décret de 1859, doivent lui être données à cet égard. Par dérogation à cette disposition, le décret du 30 mai 1863 a disposé (art. 21) que le président du tribunal de commerce du lieu de la vente peut, sur requête motivée, accorder dispense de l'exposition, lorsqu'il s'agit de marchandises qui, à cause de leur nature ou de leur état d'avarie, ne pourraient y être soumises sans inconvénients. Le président du tribunal est seul juge de la question de

savoir s'il doit ou non accorder la dispense demandée. En tout cas, ajoute l'article, des mesures doivent être prises pour que le public
puisse examiner les marchandises avant la
vente.

Un décret du 23 mai 1863 a décidé que, par
exception à la règle générale posée par le décret de 1859, les ventes publiques en gros des
cuirs verts, à Paris, pourraient avoir lieu mensuellement et d'avance sans exhibition matérielle ni exhibition préalable ; mais, dans ce cas
encore, il faut une autorisation spéciale donnée
sur requête par le président du tribunal de commerce de la Seine.

En dehors de ces cas exceptionnels, l'exposition
préalable des marchandises est une formalité
essentielle ; son omission entraînerait la nullité
de la vente, et cette nullité, étant d'ordre public, pourrait être relevée et prononcée d'office
par les tribunaux. Si l'on pouvait, en effet, se
dispenser de soumettre au public les marchandises dont la vente doit être effectuée, il serait
à craindre que les ventes publiques n'eussent
pour objet des marchandises non existantes et
ne devinssent alors des ventes à terme, n'ayant

plus que le caractère d'une spéculation ou d'un jeu que le législateur ne peut réglementer (1).

411. — Les marchandises à vendre sont mises par lots. Le minimum de ces lots est, en principe, de 500 fr.; mais dans chaque localité, et pour certaines classes de marchandises, un arrêté du ministre du commerce, rendu après avis de la chambre de commerce ou de la chambre consultative des arts et manufactures, peut élever ou abaisser ce minimum; et, en fait, un arrêté ministériel du 30 mai 1863 a déterminé

(1) Paris, 10 août 1861 ; D., 62. 2. 68.

« ... Considérant que le règlement général d'administration publique du 12 mars 1859, complément de la loi du 28 mai 1858 sur les magasins généraux, et de la loi du même jour sur les ventes publiques de marchandises en gros, et pris en conséquence de l'art. 14 de la première de ces lois et de l'art. 7 de la seconde, dans le but de prévenir les contestations entre les acheteurs et les vendeurs, des méprises et tromperies sur la nature des marchandises vendues , afin d'assurer une parfaite loyauté dans les ventes et de mettre obstacle à des ventes , de pur jeu, de marchandises n'existant pas dans les mains des vendeurs, a, d'une manière générale, par ses art. 20 , 21 et 23 , ordonné l'exposition publique préalable, après annonces , des marchandises mises aux enchères ; que les dispositions absolues desdits articles, d'ordre public, ne peuvent être méconnues sans entraîner la nullité des ventes opérées sans les garanties impoées par la législation ; que le tribunal a justement , d'office, refusé d'admettre les conclusions prises par les parties sur une vente entachée de nullité pour infraction à un règlement d'ordre public... »

. V. dans le même sens, Bordeaux, 13 juin 1873 ; *Droit*, 1873, no 252.

la valeur des lots pour chacune des marchandises comprises dans le tableau annexé au décret de 1863.

Si les marchandises sont avariées, les lots peuvent être faits d'une valeur au-dessous du minimum fixé ; mais il faut dans ce cas une autorisation spéciale donnée sur requête par le président du tribunal de commerce du lieu de la vente, qui peut toujours désigner un expert pour faire constater l'avarie.

Pour les ventes après protêt de warrant, de nantissement ou de gage constitués en n'importe quelle marchandise, le minimum des lots est fixé à 100 fr. Ajoutons même que dans les ventes judiciaires en général, le tribunal peut autoriser la formation de lots d'une valeur inférieure à 100 fr.

Exceptionnellement, lorsque les marchandises sont en grenier ou en chantier, la formation en lots est purement facultative.

Si les marchandises à vendre ne sont pas portées au tableau, — et nous avons vu que dans ce cas la vente est possible à la condition d'être autorisée par le tribunal de commerce, — on comprend que l'on n'a pas pu déterminer à l'avance le minimum des lots ; alors le tribunal de commerce qui a autorisé la vente est souverain ap-

préciateur de la composition et de la valeur de
ces lots; il les détermine donc, et la vente faite
conformément à cette détermination conserve
bien le caractère de vente en gros, alors surtout qu'il est constant, en fait, que cette vente
s'adresse à des négociants et non pas directement à des consommateurs; peu importerait
d'ailleurs qu'une partie des marchandises ait
été réellement achetée par des particuliers consommateurs (1); ceux-ci ont bien le droit de se
rendre acquéreurs des marchandises mises en
vente, puisque la vente est publique.

412. — Après la formation des lots, s'il y a
lieu, et antérieurement à la vente, il doit être
dressé, par les soins du courtier qui le signe, un
catalogue des denrées et marchandises mises
en vente. Ce catalogue, qui est à la disposition
du public, énonce, dit le décret du 12 mars
1859, les marques, numéros, nature et quantité
de chaque lot de marchandises, les magasins où
olles sont déposées, les jours et les heures où
elles peuvent être examinées, et le lieu, le jour
et les heures où elles seront vendues. Le catalogue mentionne également les époques de

(1) Rennes, 16 avril 1861 ; D , 62. 2. 86.

livraison, les conditions de paiement, les tares, avaries et toutes les autres indications et conditions qui doivent être la base et la règle du contrat entre les vendeurs et les acheteurs, notamment le jugement qui a autorisé ou ordonné la vente, s'il ne s'agit pas d'une vente purement volontaire.

Si, comme cela se peut faire dans les cas que nous avons signalés, il n'est pas formé de lots de marchandises, le catalogue l'indique, en spécifiant la cause qui a empêché la formation des lots et la manière dont la livraison sera opérée.

Sur le catalogue le courtier inscrit, au moment même de la vente, et en regard de chaque lot, les nom et domicile de l'acheteur, ainsi que le prix d'adjudication.

L'accomplissement de ces diverses formalités, antérieures à la vente, réglementées aujourd'hui par les décrets du 12 mars 1859 et du 30 mai 1863, ne présentant aucune difficulté sérieuse, nous nous sommes borné à reproduire presque textuellement la teneur des décrets.

413. — Au jour et à l'heure indiqués, et dans le lieu déterminé, le courtier assermenté procède à la vente publique.

Il n'est pas nécessaire que les marchandises soient présentes; elles ont été exposées dans un endroit spécifié et soumises ainsi à l'examen du public; cela suffit. Un échantillon de la marchandise peut d'ailleurs être placé sur le bureau et mis à la portée des acheteurs; mais ce n'est pas là une formalité essentielle. Notons toutefois que la vente sur échantillon ne peut se faire qu'à la Bourse, ou dans une salle de ventes publiques.

La vente se fait aux enchères, qui sont mises par l'acheteur et reçues par le courtier; lorsque les enchères ont cessé, le courtier prononce l'adjudication du lot mis en vente. Jusqu'à ce que cette adjudication ait été prononcée, le vendeur peut retirer sa marchandise, à moins cependant que parmi les conditions de la vente il s'en trouve une aux termes de laquelle l'adjudication doit être prononcée même sur une seule enchère. Cette condition ne sera applicable, en tout cas, que si elle a été mentionnée au catalogue (1).

414. — Après la vente, procès-verbal en est

(1) Circ. min. de l'agriculture, 12 avril 1859. — Bivort et Turlin, *op. cit.*, p. 155.

dressé sur papier timbré ; puis, le courtier transcrit sur un registre spécial, ou *répertoire*, timbré, coté et paraphé par le président du tribunal civil de l'arrondissement, les principales mentions de ce procès-verbal, telles que la date de la vente, la nature des marchandises vendues, les noms des adjudicataires, etc.

Une expédition du répertoire est déposée à la fin de chaque année au greffe du même tribunal civil.

En tête de son procès-verbal, le courtier transcrit la déclaration préalable qu'il a dû faire à l'enregistrement ; il indique si la vente a été ordonnée ou autorisée par justice, et, dans ce cas, mentionne la décision judiciaire rendue ; il énumère les lots vendus, et, si l'on n'a pas formé de lots parce que les marchandises se trouvaient dans un grenier ou en chantier, il indique cette circonstance particulière ; il mentionne en regard de chaque lot adjugé et en toutes lettres le nom et le domicile de l'acheteur et le prix d'adjudication ; il répète ce même prix, en chiffres, hors de la ligne ; puis le courtier et deux témoins domiciliés signent le procès-verbal.

Le courtier doit faire enregistrer ce procès-verbal dans les dix jours qui suivront la vente

(l. 28 juin 1861, art. 17) au bureau d'enregistrement de son domicile.

La loi du 22 frimaire an VII assignait quatre jours seulement pour l'enregistrement des procès-verbaux des ventes de meubles et d'objets mobiliers. Mais les courtiers de Paris, appuyés par la Chambre de commerce, ont demandé qu'on étendît le délai d'enregistrement de leurs procès-verbaux de vente. Ils ont fait remarquer que le pesage ou le mesurage des marchandises ne peut être terminé dans les quatre jours lorsque les lots sont considérables et nombreux, et qu'alors ils sont exposés à faire des évaluations arbitraires et erronées qui pourraient engager leur responsabilité. Cette réclamation a été entendue; et la loi de finances de 1861, généralisant la mesure demandée par les courtiers de Paris, a accordé à tous les courtiers le délai de dix jours.

En faisant enregistrer son procès-verbal le courtier doit déclarer au pied de la minute s'il a ou non reçu d'une partie intéressée quelconque opposition à la vente ou au versement du prix entre les mains des vendeurs.

Le droit d'enregistrement des procès-verbaux de ventes publiques en général est, aux termes de l'art. 4 de la loi de 1858 de dix centimes plus deux dixièmes, soit 12 centimes, par 100 fr.; ce même droit a été étendu aux ventes publiques régies par la loi de 1861 et aux ventes d'objets donnés en gage (1).

En ce qui concerne les ventes publiques de débris de navires ou de marchandises avariées, la loi du 28 février 1872 contient une disposition spéciale; aux termes de la loi du 21 avril 1818, ces sortes de ventes étaient tarifées au droit fixe; la loi de 1872 lui substitue le droit gradué, et, en vertu des art. 1 et 2 de cette loi, quand il s'agit d'actes ou procès verbaux de ventes de débris de navires ou de marchandise avariées par suite d'événements de mer, la quotité du droit est déterminée par le prix exprimé en y ajoutant toutes les charges en capital; et le taux de ce droit est fixé ainsi qu'il suit : à 5 fr. pour les sommes ou valeurs de 5,000 fr. et au-dessous, et pour les actes ne contenant aucune énonciation de sommes et valeurs ni dispositions susceptibles d'évaluation; à 10 fr. pour les sommes ou valeurs supérieures à 5,000 fr., mais n'excédant pas 10,000 fr.; à 20 fr. pour les sommes ou valeurs supérieures

_____

(1) V. Instr. de l'adm. de l'enregistrement des 1er août 1861 et 11 juin 1863.

à 10,000 fr., mais n'excédant pas 20,000 fr., et ensuite à raison de 20 fr. par chaque somme ou valeur de 20,000 fr. ou fraction de 20,000 fr.

415. — Telles sont les formalités dont les ventes publiques doivent être entourées; celles de ces formalités qui sont essentielles, la déclaration préalable, l'apposition des affiches, l'exposition des marchandises, la rédaction du catalogue et le dressement du procès-verbal, doivent être particulièrement observées. Sinon, outre la nullité de la vente qui pourrait être prononcée par les tribunaux civils, et les dommages-intérêts qui n'en seraient que la suite, il y aurait lieu d'appliquer l'art. 7 de la loi du 22 pluviôse an VII.

Nous dirons les cas d'application de cet article, lorsque nous examinerons les obligations des courtiers assermentés, et les sanctions auxquelles s'exposent ceux qui ne les observent pas.

416. — Le produit des ventes est, en vertu d'un usage constant, touché par le courtier, puis remis par lui aux vendeurs; si des oppositions sont formées sur ces sommes, le courtier n'est pas tenu de les garder par-devers lui; il peut les verser à la caisse des dépôts et consignations.

417. — Faute par l'adjudicataire de payer le prix dans des délais fixés, la marchandise est revendue à la folle enchère et à ses risques et périls, trois jours après la sommation qui lui a été faite de payer, et sans qu'il soit besoin de jugement. Cette disposition du décret de 1812 (art. 9) a été reproduite par le décret de 1859 (art. 27). Les formalités pour parvenir à la revente sur folle enchère sont les mêmes que celles qu'il fallait' remplir pour la vente, c'est-à-dire qu'il faut renouveler les déclarations, les affiches, les expositions, etc.

418. — « Les contestations relatives aux ven- » tes, » dit l'art. 5 de la loi du 28 mai 1858, « sont » portées devant les tribunaux de commerce. »

Il résulte de cet article que toutes les difficultés concernant la réglementation et les formalités des ventes publiques doivent être soumises aux tribunaux consulaires.

Mais faut-il faire rentrer dans ces difficultés et attribuer aux tribunaux de commerce les contestations qui peuvent s'élever entre courtiers assermentés et les autres officiers publics, ou bien entre ces mêmes courtiers ou toute autre personne, au sujet de leurs attributions respectives, en matière de ventes ?

Nous ne le croyons pas; il ne s'agit, en effet, dans l'espèce, ni d'une contestation entre commerçants, ni d'une contestation soulevée à l'occasion d'un acte de commerce; c'est bien d'une usurpation de fonctions que les courtiers se plaignent; or, comme il n'existe pas de texte spécial qui saisisse les tribunaux consulaires, les tribunaux de droit commun sont compétents. Il a été jugé en ce sens que si les courtiers assermentés réclament des dommages-intérêts aux facteurs à la Halle, qui ne sont et n'ont jamais été à aucun titre des officiers publics, et les réclament parce que ces facteurs ont procédé sans droit à des ventes publiques ne rentrant pas dans leurs attributions, le tribunal civil est seul régulièrement saisi (1);

(1) Paris, 11 janvier 1881 (inédit).

« ... Considérant qu'après avoir, dans son article 1er, posé le principe de la liberté du courtage, la loi du 18 juillet 1866 a organisé, par ses art. 2 et 3, une corporation spéciale de courtiers; que, selon les termes employés par le rapporteur de la loi, ces courtiers sont, par suite de la délégation du tribunal de commerce, investis du caractère public qu'exige la loi de l'an VII, et ce, pour les opérations qui leur sont attribuées; que Bellone agit, dans l'instance, comme président de la corporation des courtiers, habilités selon les prescriptions de la loi susvisée;

» Considérant qu'en cette qualité il a donné aux appelants, facteurs aux halles, assignation devant le tribunal de la Seine, pour, premièrement, se voir faire défense de procéder à la vente publique en gros de marchandises neuves ou denrées alimen-

c'était bien, dans l'espèce, la réparation du dommage causé par une véritable immixtion dans des fonctions qui n'appartiennent pas aux facteurs que les courtiers poursuivaient ; et une semblable difficulté n'a jamais été de la compétence de la juridiction commerciale.

taires non présentes sur le carreau des halles ; deuxièmement, s'entendre condamner, savoir : 1° pour l'avenir, à payer 1,000 fr. à titre de dommages-intérêts à raison de chaque contravention constatée ; 2° à payer 10,000 fr. à titre de dommages-intérêts pour le préjudice causé antérieurement ;

» Considérant que cette demande a pour cause la revendication d'une attribution de cette nature de vente publique que l'intimé ès noms prétend avoir été faite par la loi du 18 juillet 1866 aux courtiers habilités, à l'exception de tous autres délégataires de l'autorité publique, notamment des facteurs aux halles ;

» Qu'il allègue que le privilège de ces derniers doit se restreindre à la vente publique des comestibles frais présents sur le carreau des halles sans insertion ni affiches préalables ;

» Que l'intimé ès noms demande donc la réparation du dommage qu'il allègue lui avoir été causé par les appelants à raison de leur immixtion, selon lui illicite, dans des actes attribués au ministère de service public dont sa corporation serait investie par les lois des 22 pluviôse an VII et 18 juillet 1866 ;

» Considérant qu'en l'état des prétentions des parties elles n'agissent ni comme commerçantes, ni à raison d'un acte de commerce, mais comme délégataires de l'autorité publique pour des actes qui seraient attribués à cette qualité et pour fixer leurs attributions légales ; que, dans ces circonstances, le tribunal civil était seul compétent pour connaître du délit ou quasi-délit civil imputé aux appelants... »

§ 2.

*Estimation des marchandises déposées dans les magasins gé-
néraux. — Constatation du cours des marchandises.*

Sommaire.

419. — Estimation des marchandises déposées dans les magasins généraux. — L'art. 5 de la
loi du 18 juillet 1866 est ainsi conçu : « A
» défaut d'experts désignés d'accord entre les

» parties, les courtiers inscrits pourront être
» requis pour l'estimation des marchandises
» déposées dans les magasins généraux. »

L'attribution que la loi confère aux courtiers
assermentés est très nettement définie par le
texte. On conçoit à merveille que, pour faciliter le développement des warrants, il était
utile d'entourer cette institution nouvelle de
toutes les garanties désirables et notamment de
fournir le moyen de déterminer exactement la
valeur des marchandises déposées dans les magasins généraux. Sans doute, on a bien fait de
laisser aux parties le droit de désigner d'accord
l'expert qui sera chargé de cette estimation;
mais, à défaut de désignation, la loi a décidé
que les courtiers assermentés, c'est-à-dire ceux
auxquels l'inscription sur la liste dressée par le
tribunal de commerce donne une autorité et
une compétence particulières, pourraient être
requis de faire ces estimations.

On comprend, sans que nous ayons besoin
d'y insister, que les courtiers doivent apporter
le plus grand soin à l'accomplissement de ces
estimations, puisqu'elles servent de base à
l'établissement des warrants; il serait peut-être
imprudent, par exemple, de se contenter de
l'examen d'un simple échantillon de la mar-

chandise au lieu de l'examen de la marchandise
elle-même (V. n° 440).

420. — Cette attribution des courtiers assermentés ne leur est pas exclusivement réservée,
puisque la loi dit qu'ils ne l'exercent qu'à défaut d'experts désignés par les parties ; mais
quand ils sont régulièrement appelés, peuvent-
ils s'y soustraire ? Nous ne le croyons pas. Le
texte dit, en effet, qu'ils pourront être requis ;
on ne se soustrait pas à une réquisition ; d'autre
part, nous lisons dans l'exposé des motifs de
la loi ces lignes décisives : « Les parties pourront, si cela leur convient, requérir un des
courtiers inscrits sur le tableau, et celui-ci ne
pourra s'y refuser. »

On a soutenu cependant que la rigueur de
cette règle devait fléchir si le courtier établissait que les marchandises qu'il s'agit d'estimer n'étaient pas de celles dont il s'occupe
ordinairement : on ne peut, disait-on, obliger un
courtier en sucres à estimer des farines et à
assumer la responsabilité d'un acte pour lequel
il se reconnaît impropre (1).

Il nous semble difficile de concilier cette théo-

_____

(1) Bivort et Turlin, *op. cit.*, p. 109.

rie, si juste qu'elle soit en apparence, avec le passage de l'exposé des motifs que nous venons de citer. Ajoutons que la difficulté ne peut guère se présenter en fait. Il est, en effet, de l'intérêt de tous que le courtier choisi pour faire l'estimation ait acquis les aptitudes nécessaires pour la faire aussi complète et aussi exacte que possible.

421. — Constatation du cours des marchandises. — Aux termes de l'art. 9 de la loi de 1866, « dans chaque ville où il existe une » Bourse de commerce, le cours des marchan- » dises sera constaté par les courtiers inscrits, » réunis, s'il y a lieu, à un certain nombre de » courtiers non inscrits et de négociants de la » place, dans la forme qui sera prescrite par » un règlement d'administration publique. »

422. — La constatation du cours des marchandises est l'enregistrement du résultat des négociations et transactions commerciales qui s'opèrent sur les marchandises; cette opération est faite dans l'intérêt général; elle sert de règle aux commerçants dans leurs opérations; elle renseigne les particuliers; elle est nécessaire au gouvernement pour qu'il prenne, s'il y

a lieu, certaines mesures exceptionnelles; à la justice, pour qu'elle puisse statuer sur les contestations auxquelles donnent lieu les transactions commerciales; enfin, à de nombreuses administrations publiques, telles que douane, marine, intendance militaire, directions financières... qui ont recours, pour s'éclairer, à cette source précieuse de renseignements impartiaux. Il importe donc que cette constatation soit faite avec le plus grand soin et la plus parfaite exactitude (1).

423. — Cette constatation se fait dans toutes les villes où est instituée une Bourse, et, à cette Bourse même, dans un local affecté à cet usage. A Paris, elle a lieu tous les jours, à la Bourse, dans les bureaux de la chambre syndicale des courtiers assermentés (2).

Les courtiers de marchandises, tels qu'ils étaient institués avant la loi de 1866, avaient seuls le droit de constater le cours des marchandises. La liberté du courtage semblait devoir détruire les garanties résultant à la fois du caractère public des courtiers et de la

(1) *Man. des court.*, n° 181.
(2) Règl. intérieur, art. 20.

grande expérience qu'ils avaient acquise, dans l'exercice de leurs fonctions privilégiées, des négociations commerciales. Le projet de loi proposait de charger, dans chaque localité du soin de constater les cours, une commission spéciale choisie par la chambre ou par le tribunal de commerce, présidée par un délégué de l'autorité, et composée de courtiers et de négociants pris parmi les plus notables et les plus respectables. Mais à la discussion on substitua un système plus simple à celui que le gouvernement avait présenté, et l'on décida que les courtiers assermentés seraient chargés de la constatation des cours.

Dans les villes où il n'existe pas de courtiers assermentés, cette opération est confiée à des courtiers non inscrits, ou à des négociants désignés par la chambre de commerce.

424. — La mission de constater les cours n'est pas un privilège exclusif dont soient investis les courtiers assermentés; en effet, la loi dit que pour constater les cours des marchandises les courtiers inscrits seront réunis, s'il y a lieu, à un certain nombre de courtiers non inscrits ou de négociants de la place.

Le but de cette faculté d'adjoindre des cour-

tiers non inscrits ou des négociants aux courtiers
assermentés est facile à comprendre : il y a
grand intérêt à réunir, pour la constatation des
cours, tous les hommes expérimentés dans toutes
les branches de commerce ou d'industrie qui
s'exercent sur la place; de cette façon le cours
des marchandises présente toutes les garanties
d'exactitude et d'authenticité désirables. C'est
donc lorsque les courtiers assermentés ne s'occupent pas généralement de tous les genres de
commerce de la place où il sont institués qu'il
y a lieu de leur adjoindre des courtiers non
inscrits ou des négociants.

C'est la chambre de commerce qui, après avis
conforme de la chambre syndicale, décide cette
adjonction. Elle fixe, dit l'art. 2 du décret du
22 décembre 1866 portant règlement d'administration publique annoncé par l'art. 9 de loi du
18 juillet 1866, le nombre des courtiers non
inscrits et de négociants de la place qui feront
partie de la réunion chargée de constater le
cours, et elle les désigne.

Ces courtiers non inscrits et ces négociants
ne sont désignés que pour un an et ne peuvent
l'être de nouveau qu'après une année d'intervalle. En cas de vacance dans le cours de l'année, résultant de décès, de démission ou de

déchéance à la suite de trois absences successives et sans excuses, il est immédiatement procédé à la désignation du remplaçant.

425. — La compagnie des courtiers, divisée
en autant de sections qu'il y a de spécialités de
marchandises dont il faut constater les cours, ou
réunie en assemblée générale, procède à cette
constatation, sous la présidence du président
de la chambre syndicale ; s'il n'y a pas de chambre syndicale, la présidence appartient à un
membre désigné annuellement par la chambre
de commerce. Les décisions sont prises à la majorité des membres présents ; en cas de partage,
la voix du président est prépondérante.

426. — Les réclamations auxquelles donne
lieu la rédaction du cours sont jugées par la
chambre syndicale, et, s'il n'y a pas de réclamation, le cours est affiché à la Bourse. A Paris,
on en transmet un exemplaire, chaque semaine,
au ministre du commerce, au préfet de la Seine
et aux présidents du tribunal et de la chambre
de commerce.

427. — L'acte qui constate les cours des
marchandises est-il authentique ? La question

était controversée. Dans le sens de l'affirmative, on s'appuyait sur les termes de l'art. 1317, C. civ., qui définit l'acte authentique celui qui a été reçu par officiers publics avec les solennités requises, et l'on disait que les courtiers étant des officiers publics, et la constatation des cours étant entourée des formalités prescrites par la loi, toutes les conditions pour donner à un acte le caractère authentique se trouvaient remplies (1). Pour la négative, on répondait que, par solennités requises, l'art. 1317, C. civ., n'avait pas entendu les simples formalités exigées pour la constatation des cours (2). Aujourd'hui la question, qui n'a jamais eu d'ailleurs qu'un intérêt secondaire, ne nous paraît plus devoir soulever de difficulté : les courtiers assermentés ne sont plus en effet, dans le sens absolu de l'art. 1317, des officiers publics et n'ont pas qualité par suite pour donner le caractère de l'authenticité légale à tous les actes qui émanent d'eux.

Le caractère distinctif de l'acte qui constate les cours est d'être, dans toute la force du terme, un acte officiel.

428. — La publication du cours des marchan-

_____

(1) Dall., v° *Bourse de comm.*, n° 148.
(2) Mollot, *op. cit.*, n° 478.

dises par la voie des journaux ne viole pas les lois qui protègent la propriété littéraire, et, par suite, ne porte pas atteinte aux droits des courtiers assermentés. La constatation des cours est exigée en effet, nous l'avons vu, dans un but d'intérêt général; la publication qui en est faite appartient donc plutôt au public qu'aux courtiers en particulier; en faisant cette constatation, les courtiers accomplissent une obligation que la loi leur impose et qui ne peut être assimilée à l'œuvre libre d'un auteur toujours maître de ses productions; l'acte qui publie les cours ne peut avoir, à aucun titre, le caractère d'une propriété privée, incompatible avec la nature essentielle de ce document (1).

SECTION III.

OBLIGATIONS ET RESPONSABILITÉ DES COURTIERS DE MARCHANDISES ASSERMENTÉS AU TRIBUNAL DE COMMERCE.

SOMMAIRE.

429. Caractère des courtiers lorsqu'ils font de simples opérations de courtage : à la fois commerçants et mandataires; conséquences.

(1) Cass., 12 août 1843 ; D., v° *Prop. litt.*, n° 123 ; *contrà* Durand de Saint-Amand, p. 370.

429. — Lorsqu'ils se livrent à des opérations de courtage, les courtiers assermentés sont de simples commerçants; mais, en raison même du caractère spécial de ces opérations, ils sont aussi les mandataires des parties qu'ils mettent en présence.

De leur qualité de commerçants, il résulte pour les courtiers assermentés qu'ils sont tenus

de toutes les obligations et de toutes les responsabilités qui incombent aux commerçants en
général.

La qualité de mandataire les soumet, en outre, aux obligations et aux responsabilités imposées par la loi civile aux mandataires : accomplir dans son entier le mandat donné, en
rendre compte au mandant, etc. (V. art. 1991
et suiv., C. civ.)

La mission du courtier, faisant des actes
de courtage, consiste uniquement à mettre les
parties en présence; ceci fait, les droits de courtage lui sont dus, et le reste ne le concerne plus.
Peu importerait donc que le marché n'eût pas
de suites, ou que les marchandises livrées ne
répondissent ni comme qualité, ni comme quantité aux marchandises réellement vendues; le
courtier ne serait pas responsable (1). Si cepen

(1) Paris, 10 juin 1875, *Teul. et Camb.*, 1876. 156.

« ... Considérant qu'Aubé et consorts, courtiers de marchandises
inscrits sur la liste dressée par le Tribunal de commerce de la Seine,
en conformité de l'art. 2 de la loi du 18 juillet 1866, ont procédé, en
Bourse, d'ordre et pour le compte de l'Etat, à la vente publique aux
enchères de 130 balles de haricots faisant l'objet du litige, qu'ils ont
donc agi uniquement comme courtiers intermédiaires entre le vendeur
et l'acheteur, qu'ils ne pouvaient êtré garants de l'exécution du marché ainsi qu'il est exprimé en l'art. 86, C. com., toujours en vigueur,
au moins en ce qui concerne les courtiers inscrits, lesquels, dans les
ventes publiques, agissent, comme avant la loi précitée du 18 juil

dant il avait commis une faute lourde; si, par exemple, il avait mis en présence des parties qu'il savait être insolvables, sa responsabilité serait engagée (1). C'est l'application de l'art. 1992, C. civ., qui décide que les mandataires répondent, non seulement de leur dol, mais encore des fautes qu'ils commettent dans leur gestion. Disons d'ailleurs que la question de savoir s'il y a eu ou non faute de la part du courtier est une pure question de fait réservée à l'appréciation des tribunaux.

430. — En tant que commerçants, les courtiers assermentés sont soumis, comme les courtiers privilégiés d'ailleurs, à l'obligation de payer patente. Ils figurent dans la loi sous la dénomination de courtiers de marchandises et paient, outre le droit proportionnel du dixième de la valeur locative, un droit fixe qui se com-

let 1866, en vertu de leur office public (art. 4, L. 18 juillet 1866) ;

» Que, par suite, à moins de faute personnelle commise dans l'accomplissement de leur mandat, ils ne sauraient être l'objet d'un recours de la part de l'acheteur à raison de la valeur ou de la quotité ou de la qualité de la marchandise vendue ;

» Qu'enfin, et par voie de conséquence, ils ne seraient pas admissibles à demander en leur nom l'exécution du contrat ;

» Que ces règles sont de doctrine et de jurisprudence constantes... »

(1) Paris, 2 mai 1874 ; D., 77. 2. 45.

pose, comme pour les courtiers d'assurances et les courtiers de navires, d'une taxe déterminée et d'une taxe supplémentaire dans certains cas.

A Paris, la taxe déterminée est de 200 fr. et la taxe supplémentaire de 10 fr.; dans les villes de 50,001 âmes et au-dessus, la première est de 150 fr. et la seconde de 8 fr.; dans les villes de 30,001 à 50,000 âmes et dans celles de 15,001 à 30,000 âmes, qui ont un entrepôt réel, 100 fr. et 5 fr.; dans les villes de 15,001 à 30,000 âmes et dans celles de 15,000 âmes et au-dessous, qui ont un entrepôt réel, 75 fr. et 5 fr.; dans toutes les autres communes enfin, 50 fr. et 5 fr. (l. 15 juillet 1880, tableau B.)

431. — Pour les opérations qui leur sont réservées : ventes publiques, estimation de marchandises, etc., les courtiers assermentés sont soumis à des obligations spéciales qui n'incombent pas aux courtiers de marchandises en général.

Ce sont ces obligations que nous devons examiner; toutes les fois qu'elles seront enfreintes, il en résultera une responsabilité qui sera, selon les cas, civile, disciplinaire ou même pénale.

432. — Le courtier assermenté doit tenir des livres et les conserver pendant dix ans. Ce sont d'abord les livres imposés à tout commerçant : livre-journal, copie de lettres et livre d'inventaire (art. 8 et 9, C. com.). Il doit, en outre, tenir un registre spécial, coté, paraphé et visé, soit par un juge au tribunal de commerce, soit par le maire ou par un adjoint (art. 11 même code), et sur ce registre, il mentionnera, jour par jour et par ordre de dates, sans ratures, inter·lignes, ni transpositions et sans abréviations ni chiffres, les indications relatives aux ventes publiques, qui seront faites par son intermédiaire.

Le courtier doit enfin tenir un répertoire des procès-verbaux des ventes publiques auxquelles il procède et des actes faits en conséquence de ces ventes (l. 16 juin 1824, art. 11). Aux termes d'une décision ministérielle du 9 août 1867 et d'une instruction administrative du 15 janvier 1868, ce répertoire sera soumis, tous les trimestres, au visa des receveurs de l'enregistrement.

L'infraction à l'obligation de tenir les livres que nous venons d'énumérer peut faire encourir aux courtiers assermentés des responsabilités civiles; en cas de faillite même, elle pourrait

entraîner la banqueroute et ses conséquences
pénales; enfin, au point de vue disciplinaire, le
règlement des courtiers assermentés près le tribunal de commerce de la Seine prononce la
peine de la radiation temporaire contre le
courtier qui ne tient pas régulièrement son
registre spécial des différentes opérations qu'il
accomplit (art. 9).

433. — Le courtier assermenté est tenu de
remplir avec la plus grande exactitude les fonctions qui lui sont confiées; tout manquement
peut entraîner, selon les circonstances, l'une
ou l'autre des sanctions, ou toutes les sanctions
que nous avons précédemment énumérées :
civile, pénale et disciplinaire. Ainsi, nous lisons,
dans le règlement des courtiers assermentés
près le tribunal de commerce de la Seine, que
la peine de l'avertissement peut être prononcée
contre le courtier qui ne se sera pas présenté
pour la constatation du cours des marchandises
à son tour d'inscription, sauf excuses valables,
dont la chambre syndicale est juge (art. 8), et,
dans une formule générale, que les courtiers
qui manquent à l'observation des lois et règlements les régissant sont passibles de la radiation temporaire.

434. — Les formalités prescrites pour les ventes publiques doivent être particulièrement observées avec le soin le plus minutieux; ces formalités, nous les avons énumérées (v. n°s 404 et suiv.); il est inutile d'y revenir; examinons seulement les conséquences que le défaut de l'une ou l'autre des formalités pourrait entraîner contre le courtier.

L'art. 7 de la loi du 28 pluviôse an VII est ainsi conçu :

« Les contraventions aux dispositions ci-des-
» sus (celles qui réglementent les formalités des
» ventes publiques) seront punies par les amen-
» des ci-après :

» De cent francs, contre tout officier public
» qui aurait procédé à une vente sans en avoir
» fait la déclaration ;

» De vingt-cinq francs, pour défaut de trans-
» cription, en tête du procès-verbal, de la décla-
» ration faite au bureau d'enregistrement ;

» De cent francs, pour chaque article adjugé
» et non porté au procès-verbal de vente, outre
» la restitution du droit ;

» De cent francs aussi, pour chaque altéra-
» tion de prix des articles adjugés faite dans le
» procès-verbal, indépendamment de la restitu-
» tion du droit et des peines de faux ;

» Et de quinze francs, pour chaque article
» dont le prix ne serait pas écrit en toutes let-
» tres au procès-verbal.

» Les autres contraventions que pourraient
» commettre les officiers publics contre les dis-
» positions de la loi sur l'enregistrement seront
» punies par les amendes et restitutions qu'elle
» prononce.... »

Cet article est toujours applicable pour les
contraventions aux formalités qu'il vise. Cela
résulte de l'art. 2 de la loi de 1858 ainsi conçu :
« Les courtiers se conforment aux dispositions
» prescrites par la loi du 22 pluviôse an VII,
» concernant les ventes publiques de meubles. »

Le texte ne fait aucune distinction; la loi de
l'an VII, applicable en ce qu'elle précise les formalités à remplir, ne l'est donc pas moins en ce
qui concerne les sanctions qu'elle édicte. Mais
d'autres formalités que celles de la loi de
l'an VII sont imposées aux courtiers; ainsi, par
exemple, le procès-verbal doit être enregistré
dans les dix jours; si ce délai est dépassé, il y
a lieu d'appliquer l'art. 10 de la loi du 16 juin
1824, qui prononce une amende de 10 fr., quelle
que soit d'ailleurs la durée du retard.

435. — Nous avons dit aussi que les courtiers

assermentés ne pouvaient vendre publiquement,
sans autorisation préalable du tribunal de commerce, que les marchandises portées au tableau
annexé au décret de 1863, et qu'ils devaient,
pour la formation des lots mis en vente, se soumettre à un minimum déterminé suivant les
marchandises vendues ou les circonstances de
la vente. Les contraventions à ces dispositions
sont punies d'une amende de 50 à 3,000 fr.,
prononcée par l'art. 7 de la loi du 25 juin 1841.
C'est, du moins, ce qu'a décidé la Cour de cassation, quand elle a jugé que cet article était
applicable au courtier coupable d'avoir, sans
autorisation de la justice consulaire, vendu aux
enchères des marchandises non portées au
tableau officiel, ou d'avoir, dans des ventes aux
enchères qui n'étaient pas autorisées par justice, vendu des marchandises, désignées au tableau, par lots inférieurs au minimum légal de
500 fr., ou au minimum particulier fixé pour
certaines marchandises par arrêté du ministre
compétent, ou encore d'avoir, en procédant à
une vente aux enchères pour cessation de commerce, autorisée par le tribunal de commerce,
formé des lots inférieurs au minimum de 100 fr.
adopté par le jugement d'autorisation (1).

(1) Cass., 15 juill. 1876 ; D., 77. 1. 94 :
« ... Attendu que les décrets des 22 nov. 1811, 17 avril 1812, les or-

Les condamnations prononcées par l'art. 7 de la loi de 1841 sont indépendantes de l'action

donnances du 1er juill. 1818 et 9 avril 1819, et la loi du 25 juin 1841, ont déterminé, jusqu'en 1858, les cas, les conditions et les formes dans lesquels il était permis aux courtiers de vendre aux enchères publiques des marchandises neuves ; que ces dispositions ont eu pour objet à la fois de protéger le commerce sédentaire de détail en interdisant les ventes de marchandises aux enchères, en règle générale, et sauf les exceptions expressément écrites dans la loi, et, d'après les termes mêmes du décret de 1812, de tracer une ligne de démarcation entre les fonctions de courtier de commerce et celles de commissaire-priseur :

» Attendu que la loi du 25 juin 1841 rappelle et confirme ces règlements dans son art. 6; que son art. 7 leur donne pour sanction les pénalités qu'il édicte, puisqu'il déclare ces pénalités applicables « à toute contravention aux dispositions ci-dessus ; »

» Attendu que les règlements précités sont, aujourd'hui, remplacés par les lois du 28 mai 1858 et les décrets du 12 mars 1859 et 30 mai 1863 pour les ventes volontaires, par la loi du 3 juillet 1861 et le décret du 6 juin 1863 pour les ventes autorisées ou ordonnées par la justice consulaire; que ces textes maintiennent, pour les ventes non autorisées ou ordonnées par la justice consulaire, la défense faite aux courtiers par les règlements antérieurs de vendre aux enchères toute marchandise qui ne serait pas désignée au tableau officiel dressé suivant les prescriptions de la loi ; qu'ils maintiennent aussi, pour toute vente de marchandises aux enchères, la défense faite aux courtiers, par les règlements précédents, de former des lots d'une valeur inférieure à un minimum fixé, selon les cas, soit par la loi, soit par le juge ; que dès lors ces prohibitions ont conservé la sanction pénale que leur ont donnée les art. 6 et 7 de la loi du 25 juin 1841 à l'époque où elles étaient écrites dans les règlements de 1812, 1818, 1819 ;

» Attendu que Bustaret, courtier en marchandises à Bordeaux, est reconnu coupable : 1o d'avoir, sans autorisation de la juridiction consulaire, vendu aux enchères publiques, en cette ville, des maren dommages-intérêts que toute partie lésée peut réclamer, soit en s'adressant directement aux tribunaux civils, soit en se constituant partie civile dans l'instance correctionnelle.

L'art. 463, C. pén., relatif aux circonstances atténuantes, n'est pas applicable; il s'agit, en effet, d'une matière spéciale, et, la loi étant muette, on ne peut suppléer à son silence.

436. — Par qui les différentes amendes encourues par les courtiers sont-elles prononcées? Il y a lieu de distinguer; les amendes édictées par la loi de l'an VII et celle qui résulte de l'art. 10 de la loi du 16 juin 1824 sont prononcées par l'administration de l'enregistrement et

chandises non portées au tableau; 2° d'avoir, dans des ventes aux enchères qui n'étaient pas autorisées ou ordonnées par la justice, vendu des marchandises désignées au tableau, par lots inférieurs au minimum légal de 500 fr. ou au minimum particulier fixé pour certaines marchandises, par arrêté du ministre compétent; 3° d'avoir, à Bordeaux, en procédant à une vente aux enchères pour cause de cessation de commerce, autorisée par jugement du tribunal de commerce de cette ville, du 7 mai 1875, vendu par lots inférieurs au minimum de 100 fr. expressément maintenu par ledit jugement d'autorisation;

» Attendu qu'il a ainsi contrevenu aux prescriptions des lois de 1858 et 1861, et des décrets de 1859 et 1863 susvisés, et qu'en prononçant contre lui, à raison de ces infractions, les peines édictées par l'art. 7 de la loi du 25 juin 1841, l'arrêt attaqué, loin de violer les dispositions de cet article, en a fait une juste application...»

recouvrées par elle ; conformément à l'art. 61 de la loi du 22 frimaire an VII, elles sont prescriptibles par le délai de deux ans.

L'amende que les courtiers encourent en vertu de l'art. 7 de la loi de 1841 est prononcée par les tribunaux correctionnels ; le texte est formel à cet égard.

437. — L'inobservation de toutes les formalités, que nous avons énumérées lorsque nous avons étudié les ventes publiques, n'entraîne pas toujours des conséquences pénales ; mais elles peuvent toujours, si elles ont causé un préjudice imputable au courtier, donner lieu à des réparations civiles. Ainsi, le courtier qui omettrait d'annoncer une vente publique par voie d'affiches ou d'insertions dans les journaux serait passible de dommages-intérêts, s'il était établi que cette négligence a dû éloigner les acheteurs et, par suite, causer un préjudice au vendeur.

Il a été jugé, à peu près dans le même ordre d'idées, que le courtier qui procède à une vente publique à une heure autre que l'heure annoncée par les affiches, devait être déclaré responsable, envers le vendeur ou le propriétaire des marchandises, de la différence existant entre le

prix de la vente publique et le prix de la
revente effectuée en douane (1). Le demandeur
avait nécessairement établi, dans l'espèce, que
cette vilité du prix, qui lui causait un préjudice,
résultait du changement apporté par le courtier
aux indications primitivement données.

Il faut, bien entendu, que la faute du courtier
soit établie; c'est ainsi, par exemple, que l'erreur sur le nom d'un adjudicataire ne retombe-
rait pas sur le courtier, s'il était démontré que
cette erreur provenait de la déclaration de la
personne qui a fait procéder à la vente (2).

(1) Le Havre, 10 mai 1856 ; Rec. Havre, 56. 1. 124.
(2) Trib. de comm. de la Seine, 14 octob. 1872; *Droit*, 20 oct. 1872.
«... Attendu qu'un procès-verbal de Ferry, courtier, en date du
11 mai 1868, constate l'adjudication, au profit d'un sieur Bouland,
de divers lots de marchandises vendus sur requête de Payoud et
du Crédit agricole ;
» Qu'une revente sur folle enchère ayant été effectuée le 24 juin
suivant, également à la requête de Payoud, faute de prise de livraison, et ayant donné une différence importante en moins, les héritiers
bénéficiaires Payoud prétendent en rendre responsable le courtier
auquel ils reprochent :
» 1° d'avoir porté à tort, sur son procès-verbal, le sieur Bouland
comme étant l'acquéreur, ce qu'établirait un jugement de ce tribunal, en date du 16 octobre 1871 ;
» 2° De ne pas s'être assuré de l'identité dudit Bouland ;
» 3° De ne lui avoir pas fait signer le procès-verbal d'enchères ;
» Mais attendu que Ferry n'était pas partie au jugement invoqué ;
» Que si, comme le prétendent les héritiers, l'adjudicataire du
11 mai 1868 n'était pas le sieur Bouland, mais un tiers qui se serait

438. — L'art. 6 de la loi de 1866 interdit au courtier chargé de procéder à une vente publique ou à une estimation de marchandises de se rendre acquéreur pour son compte des marchandises dont la vente ou l'estimation lui aura été confiée. C'est l'extension du principe posé dans l'art. 1596, C. civ., qui interdit à certaines catégories de personnes d'acheter des biens déterminés.

Mais s'ils ne peuvent acheter pour leur compte personnel, les courtiers peuvent acheter pour le compte d'autrui; cela résulte nettement des travaux préparatoires de la loi de 1866. Le projet de loi présenté au Corps législatif interdisait au courtier l'achat pour le compte d'un tiers; mais la commission a pensé que cette restriction était inutile et gênante et a proposé de la faire disparaître; sa proposition a été adoptée.

Toute contravention à la disposition qui interdit au courtier de se rendre acquéreur pour lui-

présenté sous son nom, il est établi que c'est Payoud lui-même qui, sur la foi de la déclaration de cette personne, a fait dresser le procès verbal au nom de Bouland;

» Que s'il y a eu tort ou erreur, c'est donc à leur auteur et non au courtier qu'ils doivent l'imputer;

» Qu'ils n'établissent, d'ailleurs, aucun manquement de celui-ci à ses devoirs professionnels;

» Qu'ils n'ont donc rien à lui réclamer à aucun titre... »

même des marchandises qu'il est chargé de vendre ou d'estimer est frappée de la radiation de la liste des courtiers inscrits et de l'interdiction d'une inscription nouvelle, le tout sans préjudice de l'action en dommages-intérêts au profit de la partie lésée. Cette peine disciplinaire est prononcée par le tribunal de commerce qui statue sans appel.

439. — L'art. 7 de la loi de 1866 contient une restriction à la liberté du courtage, posée en principe par l'art. 1 de la même loi ; il interdit aux courtiers de marchandises en général, par conséquent aussi bien aux courtiers libres qu'aux courtiers assermentés, d'avoir, dans les opérations de courtage qu'ils font, un intérêt personnel, sans prendre la précaution préalable de prévenir les parties auxquelles ils servent d'intermédiaires.

Cette disposition ne figurait pas au projet de loi présenté par le gouvernement ; elle a été introduite par la commission du Corps législatif et acceptée par les Chambres.

La peine édictée contre le courtier qui contrevient à l'art. 7 de la loi de 1866 est d'une amende de 500 à 3,000 fr., prononcée par le tribunal correctionnel et sans préjudice de l'action des parties en dommages-intérêts. Dans ce cas encore, l'article 463 n'est pas applicable.

En outre, si le courtier coupable était un courtier assermenté, il est rayé de la liste et ne pourra plus y être inscrit de nouveau.

440. — Nous avons vu (nᵒˢ 419 et suiv.) qu'il rentrait dans les attributions des courtiers d'estimer les marchandises déposées dans les magasins généraux et servant d'objet à la mise en circulation des warrants; il va sans dire que, si dans cette estimation le courtier commet une faute et que cette faute cause à autrui un dommage, il est tenu d'en supporter les conséquences (art. 1382, C. civ.). Il a été fait application de cette règle dans des circonstances notables : un courtier avait été chargé d'estimer des huiles de palme déposées dans un magasin général; l'estimation avait été faite et le courtier avait déclaré les marchandises bonnes; mais, le warrant ayant été protesté, on s'aperçut que les fûts ne contenaient que des résidus de graisse mélangés avec une minime quantité d'huile. Assigné en responsabilité, le courtier a été condamné (1); il était difficile qu'il en fût

(1) Lyon, 31 décembre 1868 (*Inédit*).

« Attendu qu'il résulte de toutes les circonstances relevées aux

autrement, la faute et le préjudice étant constatés.

441. — Nous avons dit que la sanction des

débats que Delaval a été chargé par la société des dépôts et comptes
courants, lors de la négociation des warrants dont s'agit, d'indiquer
la valeur des marchandises déposées par Paul; qu'il soutient vainement que sa mission se bornait à indiquer sur un simple échantillon,
et sans vérification de la marchandise elle-même, la valeur, au cours
du jour, de l'espèce déclarée;

» Attendu qu'il résulte de ses dires mêmes qu'il était chargé, à
chaque renouvellement des warrants, de rechercher si la marchandise avait subi quelque détérioration; que cette mission constituait
une expertise, et impliquait vérification de la marchandise même
par l'inspection de tous, ou au moins d'une partie notable des fûts
soumis aux warrants;

» Attendu qu'il a certainement commis une faute dans l'accomplissement de cette mission; qu'une vérification attentive eût amené
la découverte de la fraude, et qu'il suffit, pour caractériser la faute
de Delaval, de remarquer que quelques-uns des warrants se rapportent à des fûts qui tous contiennent de la marchandise falsifiée;

» Attendu toutefois que cette faute trouve une atténuation dans
plusieurs circonstances de fait, notamment : 1° en ce que plusieurs
des fûts, objets des warrants, avaient été précédemment soumis à la
vérification d'un autre courtier, dont l'expertise a pu inspirer confiance à Delaval ; 2° en ce qu'il était assisté dans sa vérification par
l'employé de la Société de dépôts et comptes courants chargée de
faire les prêts; qu'à ce dernier incombait principalement l'obligation
d'étudier la valeur des marchandises offertes en nantissement et
d'indiquer au courtier l'étendue des vérifications qui lui paraissaient
nécessaires;

» Attendu en conséquence qu'en présence des fautes auxquelles
ont participé d'autres personnes, également commises par ses man-
dants, la responsabilité de Delaval ne devait pas être étendue à

diverses fautes que les courtiers peuvent commettre était civile, pénale ou disciplinaire.

Nous n'avons plus à insister sur les sanctions
civiles; nous avons énuméré les différentes
sanctions pénales édictées par les lois; restent
les sanctions disciplinaires : celles-là sont prononcées par des règlements particuliers rédigés
par les différents tribunaux de commerce dans
le ressort desquels les courtiers exercent. On
comprend que nous ne puissions pas examiner
successivement tous ces règlements spéciaux;
nous devons nous contenter d'y renvoyer les
intéressés.

SECTION IV.

DROITS DES COURTIERS DE MARCHANDISES ASSERMENTÉS AU TRIBUNAL DE COMMERCE.

Sommaire.

442. Caractère d'officiers publics conféré aux courtiers assermentés quand ils procèdent à des ventes publiques :
privilège.

l'entière différence de la réalisation des marchandises dont s'agit,
avec les sommes warrantées ;
  » Qu'il paraît équitable à la Cour de la réduire au quart de cette
différence... »
V. Bivort et Turlin, *op. cit.*, p. 169, *in fine*.

442. — Ainsi que nous l'avons déjà dit (n° 366), les courtiers assermentés n'ont pas, le plus souvent, le caractère d'officiers publics ; quand ils se livrent notamment aux opérations de courtage qui constituent leurs occupations principales, ils sont de simples commerçants. Mais lorsqu'ils procèdent aux ventes publiques ils sont revêtus momentanément d'un caractère public et exercent leurs attributions comme les exerceraient de véritables officiers publics. C'est un privilège qui leur est réservé.

Objectera-t-on que certaines circonstances, et notamment la faculté laissée au tribunal de commerce de mettre sur la liste tous les courtiers qui remplissent les conditions voulues pour être inscrits, s'opposent à ce que les courtiers assermentés puissent jamais revendiquer un droit privatif, dans l'exacte acception du mot? Ne peuvent pas, dira-t-on, se prétendre privilégiés les membres d'une corporation quelconque qui voient constamment augmenter ou diminuer le nombre de leurs collègues.

Nous répondrons la loi à la main; et, en présence de l'art. 4 de la loi de 1866, qui dit que les ventes publiques de marchandises aux enchères et en gros *ne pourront être confiées qu'à un courtier inscrit*, en présence des travaux préparatoires qui constatent que ces termes traduisent fidèlement la pensée du législateur, il nous sera permis de dire que les courtiers inscrits ont seuls le droit de procéder à ces ventes et d'affirmer que c'est bien là, pour eux, l'exercice d'un droit privatif, qu'ils doivent faire respecter.

443. — Nous avons précisé plus haut (voir n°s 391 et suiv.) quelles étaient les ventes publiques que la loi réservait exclusivement aux courtiers assermentés; il suit de là que chaque fois qu'une de ces ventes est faite par le minis-

tère d'un autre officier public, un notaire, un
huissier, un commissaire-priseur, etc...., les
droits des courtiers assermentés sont violés.

444. — On comprend que des conflits d'attributions doivent souvent s'élever en ces matières ; en traitant des ventes publiques, nous
avons donné les éléments nécessaires pour trancher les délicates questions que ces conflits sou-
lèvent; nous n'avons pas à y revenir.

Nous n'insisterons pas davantage sur les difficultés qui ont surgi entre les courtiers interprètes conducteurs de navires et les courtiers
assermentés à l'occasion de la vente publique
des bâtiments de mer. La question a été précédemment examinée avec tous les détails qu'elle
comporte (v. n° 290.).

445. — Dans certaines villes, et particulièrement à Paris, il est procédé à la vente à la
criée des comestibles et denrées alimentaires
fraîches par l'entremise d'une classe spéciale de
préposés connus sous le nom de facteurs aux
Halles. Leurs attributions sont absolument distinctes de celles des courtiers assermentés et ne
doivent porter en rien atteinte à leur privilège.

D'abord, les facteurs ne sont à aucun titre des

officiers publics; leur profession ne constitue, à proprement parler, ni une fonction publique, ni un office ministériel, mais une simple agence de commission (1). Dans un arrêt très formel (2), la Cour suprême a spécifié avec précision le caractère et les attributions des facteurs en disant que les attributions des facteurs consistent essentiellement à être les intermédiaires des approvisionneurs qui ne pourvoient pas eux-mêmes à la vente des objets de consommation sur les halles et marchés; elle ajoute que les facteurs aux halles et marchés ne sont pas des fonctionnaires publics; qu'aucune loi ne leur a délégué une portion de l'autorité publique; qu'enfin, ils n'ont reçu d'aucune loi, à un titre quelconque, le pouvoir de conférer l'authenticité aux écritures qu'ils doivent tenir.

Tel est exactement le caractère des facteurs. Essayons maintenant de préciser le but de leur institution.

La loi du 25 juin 1841, dont nous avons eu déjà à nous occuper fréquemment, a interdit (art. 1) les ventes en détail et à cri public des

_____

(1) Cass., 27 janv. 1852 ; D. 52. 1. 219 ; Paris, 5 mars 1881 ; D. 82. 2. 39.

(2) Cass., 25 fév. 1854 ; D. 54. 1. 172. — V. aussi Rouen, 20 août 1852 ; D. 53. 2. 85.

marchandises neuves ; cependant elle exceptait de cette interdiction les ventes de comestibles et d'objets de peu de valeur (art. 2.)

Or, c'était particulièrement pour respecter les droits et la situation des facteurs que l'exception concernant les ventes de comestibles était introduite dans la loi.

Voici, à cet égard, comment s'exprimait le rapport présenté à la Chambre des députés :

« Votre commission, d'accord avec le projet » du gouvernement, n'a point entendu prohiber » les ventes à cri public de comestibles et d'ob- » jets de peu de valeur, connus sous le nom de » menues merceries. Ce petit commerce, qui se » fait sur la voie publique, relève de la police » locale, dont la surveillance offre des garan- » ties suffisantes. Dans les marchés de certai- » nes villes, en vertu de règlements particu- » liers, des comestibles sont vendus à la criée » par des facteurs spéciaux. Le projet de loi » n'apporte aucun changement à ces règle- » ments ou usages. »

Les facteurs, dont la situation est ainsi nettement déterminée, peuvent donc vendre à cri public des comestibles, puisque c'est notamment pour eux que l'exception de l'art. 2 a été écrite dans la loi.

Ces comestibles, ils ne peuvent d'ailleurs les vendre qu'en détail ou au demi-gros, puisque les ventes en gros continuent à être réservées aux courtiers (art. 6 de la même loi); ceci résulterait encore de la loi du 25 avril 1844. Cette loi a divisé, en effet, les commerçants en trois classes : marchands en gros, marchands en demi-gros et marchands en détail. Sont réputés marchands en gros, lisons-nous dans le tableau A annexé à la loi, ceux qui vendent habituellement aux marchands en demi-gros et aux marchands en détail; marchands en demi-gros, ceux qui vendent habituellement aux détaillants et aux consommateurs; marchands en détail, ceux qui ne vendent habituellement qu'aux consommateurs. Or, les facteurs ne vendent jamais aux marchands en demi-gros; ils vendent souvent au marchand en détail (le fruitier est, en effet, un détaillant), souvent aussi aux consommateurs : le restaurateur et le maître d'hôtel, qui viennent s'approvisionner aux halles, ne sont que des consommateurs. Dans ces conditions, vendant aux détaillants et au consommateur, le facteur ne pourra jamais être considéré comme marchand en gros, et les ventes en gros doivent en principe lui être interdites.

Un décret du 22 janvier 1878 semble avoir

porté atteinte à ce principe. En réorganisant les facteurs aux halles de Paris, il leur confie les ventes publiques et en gros de denrées alimentaires. Mais ce décret, qui n'a eu pour but que de réglementer à nouveau la nomination des facteurs, ne peut aller à l'encontre des lois qui édictent les attributions des courtiers assermentés. En conséquence, les courtiers conservent le privilège de procéder, dans les termes des lois de 1858 et 1866, aux ventes publiques et en gros de toutes les marchandises inscrites au tableau annexé au décret de 1863. Les facteurs peuvent, peut-être exceptionnellement, vendre · en gros, si cela leur convient, les denrées alimentaires fraîches ; ces denrées fraîches ne sont pas comprises au tableau et les courtiers n'ont pas, de ce chef, de réclamations à élever ; mais il n'en serait pas de même si les facteurs mettaient en vente, par exemple, des huiles, des farines, des légumes secs, des sucres, etc..., en un mot, les denrées alimentaires comprises au tableau ; les courtiers assermentés auraient alors le droit de demander aux tribunaux les réparations qui leur seraient dues (1).

(1) L'ouvrage était en cours d'impression lorsqu'un jugement a été rendu, qui précise nettement les droits respectifs des courtiers et des facteurs. Etendant plus que nous ne l'avons fait les droits de

446. — De quelles sanctions sont passibles ceux qui, à l'encontre des prérogatives des courtiers assermentés, procèdent sans droit à

ceux-ci, il les autorise à vendre, même en gros, toutes les denrées alimentaires, sans distinction, les farines par exemple ; peu importe, d'ailleurs, que ces marchandises soient ou non inscrites au tableau ; mais une double condition doit être rigoureusement observée : il faut que la vente ait lieu sur le carreau des Halles et que les marchandises soient présentes : la vente sur échantillon demeure, en tout état de cause, absolument interdite aux facteurs. Voici le texte de ce jugement qui, n'ayant pas été frappé d'appel, a acquis l'autorité de la chose jugée :

Trib. civil de la Seine, 17 mai 1882, *Gaz. des Trib.*, 18 mai ;

« … Attendu que les courtiers inscrits près le Tribunal de commerce de la Seine, ont formé contre Schweisch et contre Spicq, facteurs à la Halle, une demande tendant : 1° à ce qu'il soit fait défense à ces derniers de procéder à la vente publique en gros de marchandises neuves et denrées alimentaires, telles que farines et grains, à peine de 1,000 fr. de dommages-intérêts par chaque contravention constatée ; 2° à ce que leur droit soit restreint à la seule vente de comestibles frais, présents sur le carreau des Halles et sans insertions ni affiches ; 3° à ce que les défendeurs soient condamnés à leur payer 10,000 fr. à titre de dommages-intérêts, pour le préjudice à eux causé par les infractions commises antérieurement au jour de la demande.

» Attendu que Schweisch et Spicq résistent à ces prétentions ; qu'ils soutiennent avoir le droit de procéder sur le carreau des Halles à toutes ventes publiques en gros, soit volontaires, soit judiciaires, de grains et farines, que ces denrées soient présentes ou non sur le carreau ;

» Attendu qu'il convient de rechercher quelles sont en matière de ventes publiques de meubles les attributions respectives des parties en cause ;

» Attendu que le droit des courtiers de procéder aux ventes de marchandises en gros, y compris les denrées alimentaires, soit à la

des ventes publiques? D'une sanction pénale et d'une sanction civile.

Ce n'est pas dans l'art. 8 de la loi du 28 ven-

Bourse, soit dans les salles autorisées par les règlements, soit dans certains cas, sur la place même où se trouvent les marchandises, n'est pas contesté ;

» Que ce droit résulte des dispositions de la loi du 25 juin 1841 (art. 6), de la loi du 28 mai 1858, de celle du 3 juillet 1861, relative aux ventes publiques ordonnées par les Tribunaux de commerce, et de la loi du 18 juillet 1866 ;

» Que, jusqu'en 1866, les courtiers étaient des officiers publics investis du caractère public exigé par la loi du 22 pluviôse an VII, pour procéder à toute vente publique de meubles, effets et marchandises ;

» Que si la loi du 18 juillet 1866, en établissant la liberté du courtage, leur a fait perdre la qualité d'officiers publics, elle leur a conservé toutefois le droit de procéder, comme antérieurement, aux ventes publiques des marchandises, aux enchères et en gros, à la charge par eux de se faire habiliter par une délégation du Tribunal de commerce, les investissant, pour ce cas spécial, du caractère public exigé par la loi de pluviôse an VII ;

» Attendu que, de leur côté, les facteurs sont en possession depuis un temps immémorial, du droit de procéder, dans l'intérieur des halles et marchés, aux ventes publiques en gros ou en détail des denrées alimentaires ; que leur institution se rattache à l'organisation des halles et marchés ; que, placés sous la surveillance de l'autorité municipale dont ils dépendent, ils ont pour mission d'assurer l'approvisionnement des marchés et la loyauté des transactions qui s'y traitent ;

» Attendu qu'un édit de 1690 a créé et érigé en titres d'offices soixante officiers, commissionnaires, facteurs, pour toutes les marchandises, blés, avoines et autres, amenées et vendues aux halles et marchés de Paris ;

» Qu'après la suppression de leurs offices résultant de l'acte constitutionnel des 3-14 septembre 1791, les facteurs à la halle aux blés

tôse an IX que nous trouverons la sanction
pénale ; cet article, en effet, en réprimant le
délit de courtage clandestin , frappe les coupa-

et farines ont été rétablis par l'ordonnance de police du 19 germinal
an IV ; qu'un règlement du bureau central du canton de Paris, en
date du 6 frimaire an V, porte à vingt-deux le nombre des facteurs
et factrices chargés de la vente des farines en gros; qu'un décret du
21 septembre 1807 reconnaît l'existence des facteurs aux halles, créés
par ordonnance du préfet de police ; qu'enfin le décret du 22 janvier 1878, en supprimant l'obligation de la vente à la criée sur les
marchés de Paris, et en introduisant en principe la liberté qui n'existait pas jusque-là, maintient aux facteurs, à la charge par eux de
remplir certaines formalités, le droit de procéder aux ventes à la
criée ; que l'article 2 de ce décret est ainsi conçu : « A partir du
1er avril 1878, les ventes à la criée pourront être faites par toute
personne inscrite, en qualité de facteur, sur un registre qui sera
ouvert, à cet effet, au greffe du Tribunal de commerce de Paris » ;

» Attendu que s'il ressort des lois, règlements et décrets précités,
que les courtiers ont le droit de procéder à des ventes publiques en
gros de denrées alimentaires, et notamment de grains et farines, ils
ne peuvent toutefois l'exercer que dans les bourses de commerce,
salles de vente et autres lieux expressément autorisés ; et que les
facteurs, de leur côté, ont seuls, sur le carreau des halles, le droit,
à l'exclusion de tous autres intermédiaires, de procéder aux ventes
publiques, volontaires et en gros, de toutes denrées alimentaires ;

» Que vainement les courtiers objectent que les facteurs ne sont
point des officiers publics, et que le décret du 22 janvier 1878 qui
habilite les facteurs à procéder aux ventes publiques n'a pu faire
échec à la loi du 22 pluviôse an VII, qui exige impérativement de
ceux qui procèdent à ces ventes, le caractère d'officiers publics ;

» Qu'il résulte de ce qui a été dit plus haut, que les facteurs tiennent leur existence et leurs droits d'une législation spéciale à l'organisation des halles et marchés, distincte de la législation générale
en matière de ventes de meubles ; que, chargés de pourvoir à l'approvisionnement des marchés et de garantir la sincérité des achats

bles, nous l'avons vu, d'une amende qui sera
au plus du sixième et au moins du douzième du
cautionnement; or, les courtiers assermentés

et des ventes, les facteurs ne relèvent que de l'autorité municipale,
qui a compétence pour les habiliter à remplir les actes de leurs
fonctions ;

» Attendu néanmoins que les facteurs ne peuvent prétendre au
droit de vendre sur échantillons les denrées qui ne seraient pas déposées dans l'intérieur des Halles; que leur compétence est limitée à
la vente des denrées destinées à l'approvisionnement des marchés ;
que cette destination n'est assurée qu'autant que les marchandises
sont réellement présentes sur le carreau ;

» Qu'il ressort, au surplus, des termes de l'article 7 du décret du
22 janvier 1878, que les marchandises, pour être vendues, sont soumises à un classement et à un tour de vente, déterminés par le numéro d'ordre qu'elles reçoivent au fur et à mesure de leur arrivée
aux halles ;

» Que les prescriptions d'ordre intérieur excluent pour les facteurs
la possibilité et le droit de procéder à la vente de denrées qui ne
seraient pas présentes sur le carreau ;

» En ce qui touche les ventes ordonnées par justice :

» Attendu qu'aux termes de l'article 2 de la loi du 3 juillet 1861,
ces ventes sont faites par le ministère de courtiers ; qu'il appartient
néanmoins au Tribunal qui ordonne la vente de désigner, pour y
procéder, une autre classe d'officiers publics ;

» Que les facteurs, depuis l'acte constitutionnel des 3-14 septembre 1791, ne sont plus des officiers publics; qu'aucune loi postérieure
ne leur a restitué ce caractère ;

» Qu'aux termes d'une jurisprudence constante, la profession de
facteur à la halle ne constitue ni une fonction publique, ni un office
ministériel ;

» Qu'il suit de là que les facteurs n'ont pas qualité pour recevoir
un mandat de justice, dont les officiers publics peuvent seuls être
investis... »

ne déposant plus de cautionnement, la détermination de l'amende manquerait de base légale.

L'art. 7 de la loi du 25 juin 1841 n'est pas
davantage applicable. Cet article, en effet, ne
prévoit que les infractions commises par le
vendeur ou par l'officier public lui-même, et
non pas celles dont un tiers sans qualité se rend
coupable en procédant sans droit à des ventes
publiques et en empiétant ainsi sur les prérogatives des officiers publics auxquels elles appartiennent.

Mais l'art. 258 du Code pénal punit quiconque se sera immiscé sans titre dans des fonctions publiques, civiles ou militaires.

Cet article est-il applicable ? Nous le pensons.
Il a été jugé, en effet, que celui qui, sans être
officier public, vend des récoltes publiquement
et aux enchères, même en présence et du consentement du propriétaire de ces récoltes, se rend
coupable d'immixtion sans titre dans des fonctions publiques et est passible des peines prononcées par l'art. 258, C. pénal (1). Il a été jugé

(1) Rouen, 11 décemb. 1840 ; Dall., v° *Fonctionn. public*, n° 119.
«... Attendu qu'il résulte de l'instruction et des débats : 1° que le
28 juin dernier le sieur Riberprey, ancien huissier, accompagné de
la dame Dépinay et du sieur Guibout, a procédé, dans l'intérêt de

de même que le fait de la part de clercs de notaire, de procéder, en l'absence de ce notaire, et en son lieu et place, à une vente publique de mobilier, dont il était chargé, constitue le délit d'immixtion dans des fonctions publiques (1).

Les principes posés par ces arrêts sont applicables à notre espèce.

Objectera-t-on qu'il est vraiment exorbitant de frapper d'une simple amende ceux qui usurpent les fonctions des courtiers d'assurances maritimes et des courtiers de navires, restés, les uns et les autres, officiers publics, alors que l'on prononcera un emprisonnement qui pourra varier de deux à cinq ans contre ceux qui s'immiscent dans les fonctions des courtiers assermentés, devenus libres depuis la loi de 1866, et n'ayant qu'accidentellement le caractère public ?

celui-ci, publiquement et par enchères, à une vente de récoltes, qu'on tenait note des enchères et qu'une rétribution de cinq centimes par franc était stipulée au profit de Riberprey ; 2° que le lendemain, 29 juin, Riberprey a, de la même manière et aux mêmes conditions, procédé à pareille vente dans l'intérêt de la dame Dépinay, quoique cette dame ne fût pas présente;

» Attendu qu'il résulte de l'art. 1 de la loi du 22 pluviôse an VII que des ventes de cette espèce ne peuvent être faites qu'en présence et par le ministère d'officiers publics ; qu'il suit de là que Riberprey s'est sans titre immiscé dans des fonctions publiques, délit prévu par l'art. 258, C. pén... »

(1) Bourges, 19 janv. 1848 ; Dall., v° *Fonctionn. public*, n° 119.

Nous répondrons que le fait de procéder sans droit à une vente publique, quel que soit d'ailleurs l'officier public qui en doive être chargé : notaire, commissaire-priseur, huissier, greffier de justice de paix, est par lui-même fort grave, puisqu'il va à l'encontre du principe primordial de la loi de pluviôse VII, qui veut que toutes les ventes publiques soient présidées par un officier public. Peu importe donc le caractère du courtier assermenté. Quand il préside à une vente, il est, nous l'avons démontré, investi de tous les pouvoirs et de tous les droits que la loi reconnaît aux officiers publics; usurper ses fonctions à ce moment-là, c'est se rendre coupable du délit prévu et puni par l'art. 258, C. pén.

Remarquons bien qu'il ne s'agit pas dans l'espèce, depuis la loi de 1866, de courtage clandestin; sans aucun doute, il ne peut plus être question de ce délit à l'encontre des courtiers de marchandises; mais le fait de procéder sans droit à une vente publique est un délit d'une nature toute spéciale, qui tombait sous le coup de l'art. 258, C. pén., avant la loi de 1866, qui y tombe encore aujourd'hui, et qui y tombera tant que la législation concernant les ventes publiques subsistera telle qu'elle nous régit en ce moment.

447. — La sanction civile que peuvent réclamer les courtiers assermentés contre ceux qui
procèdent sans droit aux ventes publiques que
la loi leur réserve est écrite dans l'art. 1382,
C. civ. Il y a là, en effet, de la part du délinquant, faute et préjudice ; par suite, réparation
est due.

448. — Les courtiers assermentés, quand ils
font de simples opérations de courtage, peuvent
réclamer les droits qui leur conviennent. Le
courtage étant entièrement libre, le taux auquel il s'effectue est libre également ; c'est aux
courtiers à le débattre avant l'opération avec
ceux pour le compte desquels ils ont opéré.

Quand ils procèdent à des ventes publiques
ou à l'estimation de marchandises placées dans
un magasin général, les courtiers assermentés
peuvent réclamer les droits fixés pour chaque
localité par le ministre du commerce, après avis
de la chambre et du tribunal de commerce
(l. 1866, art. 8).

Les ventes publiques et les estimations de
marchandises, ou expertises en général, donnent
seules droit à des honoraires ; la fixation du
cours des marchandises peut uniquement être ré-
munérée au moyen de jetons de présence, alloués

à ceux des .courtiers qui ont pris part à cette fixation, et dont le taux est déterminé par les règlements intérieurs de la chambre syndicale.

Les salaires auxquels les courtiers ont droit pour les ventes publiques leur appartiennent intégralement et ne pourraient en aucune circonstance être partagés avec des courtiers non inscrits, quand même ceux-ci auraient assisté les courtiers assermentés dans les opérations de la vente (1).

Nous n'entrerons pas dans l'énumération détaillée des droits alloués aux courtiers de chaque localité pour les ventes publiques; ils varient ordinairement de 1/2 à 1 1/2 pour cent du prix de la vente. La loi de 1858 (art. 3) décidait qu'en ce qui concernait les ventes publiques ces droits ne pouvaient excéder ceux qui étaient établis dans les ventes de gré à gré pour les mêmes sortes de marchandises; mais puisque, comme nous venons de le voir, le taux, en ce qui concerne ces ventes de gré à gré, est entièrement libre, cette disposition de la loi de 1858 demeure aujourd'hui sans objet.

Les vacations que nécessite le classement des marchandises à vendre donnent au courtier droit à un honoraire fixe de 25 fr.. (arrêté ministériel du 30 mai 1860).

449. — Si, après que toutes les formalités qui doivent précéder une vente publique ont été remplies, il convenait au vendeur de retirer sa marchandise le courtier aurait droit à une indemnité qui serait fixée à l'amiable, ou par la chambre syndicale en cas de difficulté.

450. — L'art. 14 du décret du 12 mars 1859 disposait que le courtier requis pour procéder à une estimation de marchandises n'avait jamais droit qu'à une vacation, qui avait été fixée également à 25 fr. Cette disposition, trop rigoureuse lorsque l'opération confiée au courtier était longue et difficile, avait soulevé de nombreuses réclamations. Aussi la loi de 1866 a-t-elle décidé que le courtier pouvait en principe avoir droit, lorsqu'il y avait lieu, à plusieurs vacations (art. 5, *in fine*) et a-t-elle confié, en cas de difficulté, au président du tribunal de commerce, le soin d'allouer au courtier une ou plusieurs vacations supplémentaires, lorsqu'il jugerait équitable de le faire. Cette décision du président du tribunal est rendue sans recours et sans frais.

451. — Les courtiers assermentés n'ont aucun privilège pour le recouvrement de leurs
émoluments ; les privilèges sont, en effet, de
droit étroit et il n'existe pas de texte de loi qui
admettre le privilège des courtiers pour le paiement de leurs salaires.

452. — Si des contestations s'élèvent sur des
questions d'émolument, elles sont de la compétence du tribunal de commerce ; c'est bien le
cas d'appliquer l'art. 5 de la loi de 1858, qui
confie, dans une formule générale, aux tribunaux consulaires, la connaissance de toutes les
contestations relatives aux ventes publiques.

LIVRE IV

Des courtiers de marchandises libres

SECTION PREMIÈRE.

OPÉRATIONS DES COURTIERS DE MARCHANDISES LIBRES.

453. — L'art. 1 de la loi du 18 juillet 1866 est ainsi conçu : « A partir du 1ᵉʳ janvier 1867, » toute personne sera libre d'exercer la profes- » sion de courtier de marchandises, et les dispo- » sitions contraires du Code de commerce, des » lois, décrets, ordonnances et arrêtés actuel- » lement en vigueur seront abrogées. »

Dans quelles circonstances et pour satisfaire à quelles réclamations ce principe de la liberté du courtage a-t-il été proclamé? c'est ce que nous n'avons pas à rechercher ici ; on trouvera résumés tous les faits et toutes les causes qui ont provoqué la présentation et le vote de la loi nou- velle dans l'*Exposé des motifs* du gouvernement, dans les différents rapports législatifs et dans les discussions mêmes (1).

454. — Ainsi, depuis le 1ᵉʳ janvier 1867, les courtiers de marchandises sont devenus de

(1) V. notamment le *Moniteur* des 23 juin 1865, 20, 29 et 30 juin, 7 juill. 1866.

simples commerçants et, pour être courtier de marchandises aujourd'hui, il faut seulement remplir les conditions qu'exige la loi de celui qui veut être commerçant. C'est dans ce sens que l'on doit interpréter l'art. 1 de la loi de 1866 quand il dit : Toute personne est libre d'exercer la profession de courtier de marchandises.

Nous dirons donc, résumant les dispositions du titre premier du Code de commerce, que la profession de courtier de marchandises est accessible à toute personne, sans distinction de nationalité ou de sexe, avec cette restriction cependant, que la femme doit d'abord obtenir le consentement de son mari. Il faut seulement que l'aspirant à la profession de courtier soit majeur, ou, s'il est mineur, qu'il ait atteint l'âge de dix-huit ans, qu'il ait été émancipé et qu'il se soit fait valablement autoriser; il faut, en outre, que le futur courtier ne soit ni interdit, ni pourvu d'un conseil judiciaire.

455. — Les courtiers de marchandises ne sont pas répartis en corporations; cependant, rien ne s'opposerait à ce qu'ils formassent entre eux des compagnies libres, sortes d'associations syndicales, entièrement maîtresses de

leur organisation intérieure ; c'est ce qui s'est déjà fait, notamment à Paris, où nous avons signalé (n° 9) l'existence de la *Société des courtiers gourmets en vins et eaux-de-vie.*

456. — Le courtier de marchandises fait — son nom l'indique — le *courtage des marchandises.*

Qu'est-ce que le *courtage des marchandises?*

« C'est, » dit le *Manuel des courtiers de commerce*, dont la définition nous semble aussi exacte et complète que possible, « la transmis-
» sion d'un commerçant à un autre, par un
» tiers, de la demande ou de l'offre d'une valeur
» d'échange quelconque ; puis le rapprochement
» opéré entre le vendeur et l'acheteur, enfin la
» conclusion du marché. Ainsi, point de doute
» que si, dans une vente, il y a entre les con-
» tractants un individu qui a coopéré à facili-
» ter le marché, qui a mis en regard et en con-
» tact l'offre et la demande, en colportant des
» échantillons, en transportant des paroles, en
» conciliant les prétentions respectives des par-
» ties, cet individu fait un acte de courtage (1). »

457. — De ce que la profession de courtier

(1) *Man. des court. de comm.,* n° 142.

de marchandises est libre, il résulte naturellement que le courtier peut faire toutes les opérations qui lui conviennent.

Lorsqu'il se sera borné à mettre les parties
en présence et à constater leurs conventions,
il fera bien de simples actes de courtage et ne
sera que courtier; mais s'il fait lui-même une
opération commerciale pour le compte d'un tiers,
livrant la marchandise si ce tiers est vendeur, la
recevant s'il est acheteur, et s'il est tenu seulement de rendre compte, il fait des actes de commission et devient alors commissionnaire.

Il pourra aussi, suivant les circonstances, devenir représentant de commerce, dépositaire,
etc.; nous essaierons de préciser les caractères
distinctifs de chacune de ces situations, lorsque
nous étudierons les droits des courtiers de marchandises (v. n°s 483 et suiv.).

458. — Examinons seulement ici quelles sont
les véritables attributions des courtiers de
marchandises lorsqu'ils font les opérations qu'on
leur confie le plus ordinairement, c'est-à-dire
des actes de courtage.

On appelle *acte de courtage* tout acte qui a
pour but de préparer et de faciliter la conclusion
d'un marché; ainsi, la présentation d'un échan-

tillon, l'envoi d'une marchandise, l'examen qu'on en peut faire, la dégustation d'un liquide constituent des actes de courtage; « les fonc-» tions des courtiers consistent, » dit la Cour de cassation dans un arrêt antérieur à la loi de 1866 (1), « à s'entremettre entre deux person-» nes pour la conclusion d'un marché; les di-» vers actes nécessaires pour amener cette con-» clusion sont des actes de courtage, » et, dans l'espèce jugée par la Cour suprême, il était constaté que des courtiers de Bordeaux s'étaient transportés à Barsac et à Lamarque et y avaient dégusté des vins, opération sans laquelle le marché n'aurait pu se conclure; c'étaient là des actes de courtage; ils constituaient à cette épo-que un courtage clandestin, parce qu'à Barsac et à Lamarque il existait des courtiers brevetés; rappelons seulement qu'il ne saurait plus être question aujourd'hui de courtiers brevetés.

459. — La simple réception d'un ordre d'achat ne constitue pas un acte de courtage. Il faut, en effet, pour qu'il y ait acte de courtage, que le courtier ait agi; or, le simple fait, par un courtier, de recevoir un ordre n'implique pas

(1) Cass., 12 février 1848 ; D. 48. 5. 34.

un acte de sa part; le courtage commencera donc seulement lorsque le courtier aura fait personnellement des démarches et se sera mis en rapport avec le vendeur de la marchandise que son client désire acheter (1).

460. — Les actes de courtage peuvent se faire d'une place à une autre, ceci est incontestable ; il était utile de le proclamer, lorsque les

(1) Bordeaux, 7 juill. 1852; *Man. des court. de comm.*, n° 146.

«... Attendu que cet acte (la réception d'un ordre d'acheter des vins) ne saurait être par lui seul considéré comme un acte de courtage ; qu'il n'en est tout au plus que le préliminaire ; qu'il pouvait n'avoir pas de suite ; que l'opération du courtage ne se signale d'une manière précise qu'au moment où le courtier transmet au vendeur l'ordre d'achat, déguste les vins et lie ainsi la proposition d'acheter au consentement de vendre ;

» Attendu que, dans l'espèce actuelle, les rapports entre Palhuel-Marmont et les vendeurs hors de Bordeaux ayant été parfaitement licites, et la simple réception d'un ordre d'achat ne constituant pas essentiellement un acte de courtage, on ne peut reconnaître une immixtion illicite de la part du prévenu dans les fonctions de courtier ;

» Attendu que, si des doutes sérieux ont pu s'élever sur l'interprétation des lois et arrêtés précités (loi du 28 vent. an IX, art. 8 ; art. du 27 prairial en X, art. 4; art. 78, C. comm.), il convient de s'arrêter au sens qui conduit à une exécution raisonnable et possible plutôt qu'à celui qui engendrerait des conséquences absurdes et nuisibles aux intérêts mêmes que la loi a pour but de sauvegarder ;

» Que l'interprétation de la Chambre syndicale ferait naître les plus graves obstacles à la consommation des transactions commerciales, que le législateur a voulu protéger et faciliter par l'institution des courtiers... »

courtiers étaient privilégiés; il pouvait y avoir alors, de la part du courtier qui, quoique domicilié dans une place, aurait fait le courtage avec une autre place, empiètement coupable sur les attributions d'un confrère institué dans cette autre place (1). Aujourd'hui, nous n'avons plus qu'à rappeler le principe même, sans qu'il soit nécessaire d'insister, aucune difficulté ne pouvant s'élever à cet égard.

461. — Du caractère très nettement déterminé d'intermédiaire qui appartient au courtier de marchandises, il résulte que dès que les parties, vendeur et acheteur, sont mises en présence, son rôle est achevé (2); sans doute, il pourra continuer ses bons offices, s'ils lui sont demandés; il pourra veiller à la conclusion définitive du marché; il pourra même en préparer et en suivre l'exécution; mais toutes ces opérations ultérieures ne sont pas nécessaires pour que l'on puisse dire qu'il y a eu acte de courtage et qu'il en est résulté pour le courtier le droit de se faire remettre le salaire convenu.

(1) V. à ce sujet Cass., 24 juillet 1852 ; D. 52. 1. 254 ; Rouen, 23 déc. 1852 ; D. 53. 2. 41 ; Cass., 30 avril 1853 ; D. 53. 5. 140.

(2) Cour de Paris, 25 mars 1878 ; *Droit* du 16 juin 1878 (V. la note sous le n° 480).

462. — Le contrat qui unit le courtier à la partie pour le compte de laquelle il s'entremet est un contrat commercial. A ce titre, il peut être établi par tous les modes de preuve énumérés dans l'art. 109, C. com., ainsi conçu :
« Les achats et les ventes se constatent par actes
» publics, par actes sous signature privée, par
» le bordereau ou arrêté d'un agent de change
» ou courtier, dûment signé par les parties,
» par une facture acceptée, par la correspon-
» dance, par les livres des parties, par la
» preuve testimoniale dans le cas où le tribu-
» nal croira devoir l'admettre. »

Cette énumération n'est d'ailleurs qu'énonciative ; on pourrait y ajouter, notamment, l'aveu et le serment.

Sans doute, l'article 109 ne parle que des achats et des ventes ; mais il est généralement admis qu'il peut être étendu à tous les contrats commerciaux ; il n'y aurait d'exception que dans le cas où, d'une part, le contrat dont on voudrait faire la preuve serait de ceux pour lesquels la loi exige la formalité de l'écriture, comme un acte de société, le prêt à la grosse, le contrat d'assurances maritimes, etc..., et où, d'autre part, le mode de preuve invoqué ne comporterait pas cette formalité.

463. — L'existence du contrat se prouve, entre les parties, de la même façon ; remarquons seulement que si le mode de preuve invoqué consiste dans la production d'un bordereau, il faut que ce bordereau porte les signatures de tous les contractants ; la seule signature du courtier apposée sur un bulletin de vente ou sur le bordereau même ne suffirait pas, quels que fussent d'ailleurs les usages commerciaux qui ne pourraient, en tous cas, prévaloir contre la loi (1).

(1) Alger, 2 nov. 1874 ; D. 76. 2. 202.

«... Attendu qu'en matière commerciale, aux termes de l'art. 109, C. comm., les achats et ventes se constatent par divers modes de preuve y énumérés, notamment à l'aide des courtiers, par le bordereau ou arrêté de ces officiers ministériels, dûment signé par les parties ; que la signature de l'acheteur et du vendeur étant prescrite, il ne peut y être suppléé par la signature seule du courtier, à défaut d'autres moyens de preuve admis par l'art. 109 ;

» Attendu que si le décret du 25 août 1867, reproductif de la loi du 18 juillet 1866, pour la métropole, a déclaré libre pour l'Algérie, tout en la réglementant à nouveau, la profession de courtier de marchandises, il ne s'ensuit pas qu'il ait implicitement abrogé les dispositions précitées de l'art. 109, C. comm. ; qu'ainsi les achats et ventes étant faits par l'intermédiaire des courtiers, les bordereaux ou arrêtés de ces officiers ministériels doivent encore, comme avant, pour constituer lien de droit, être signés par les parties ;

» Attendu que la loi du 13 juin 1866, concernant les usages commerciaux dans les ventes de marchandises, n'a apporté ni dérogation, ni addition aux modes de preuve admis par l'art. 109 précité ; que c'est donc sans droit que les premiers juges, tout en reconnaissant qu'un bulletin remis par un courtier, qui l'a signé seul, ne peut tenir lieu d'un engagement contracté par acheteur et vendeur,

464. — Nous avons vu que la preuve testimoniale était admise dans les cas où les tribunaux croiraient devoir l'autoriser; elle est donc recevable, aussi bien pour prouver l'existence du contrat qui lie le courtier aux parties pour lesquelles il agit, que pour prouver l'existence du contrat conclu entre elles par l'intermédiaire du courtier; notons seulement qu'il a été jugé que le courtier qui a servi d'intermédiaire à une vente serait reprochable, comme témoin appelé à en prouver l'existence (1).

465. — Si des difficultés s'élèvent relative-

déclarent que, d'après les usages reçus dans le commerce des céréales, un commerçant recevant un tel bulletin et ne le renvoyant pas laisse croire à l'autre partie qu'il est engagé, comme celle-ci se croit engagée elle-même, et, faute d'exécution du marché, lui cause un préjudice dont il doit réparation... »

(1) Douai, 21 avril 1879; *Droit*, 1879, n° 110.

« Attendu que la vente dont l'intimé poursuit l'exécution est déniée par l'appelant;

» Attendu que dans l'enquête ordonnée par les premiers juges, l'intimé a fait citer le témoin Broutin, courtier, par l'intermédiaire duquel la vente serait intervenue;

» Attendu que Broutin, ayant affirmé la vente à l'intimé, a manifestement intérêt direct et personnel à ce que l'existence de ladite vente soit reconnue, et ne se trouve pas dès lors dans les conditions d'impartialité voulue pour formuler un témoignage en justice;

» Attendu, par suite, que le reproche formulé par l'appelant se trouve fondé et qu'à tort il n'a pas été accueilli par les premiers juges... »

ment aux opérations faites par l'intermédiaire des courtiers de marchandises, elles doivent être portées devant les tribunaux de commerce; il s'agit en effet là au premier chef d'actes de commerce.

L'art. 420, C. proc. civ., est applicable; il décide que le demandeur peut assigner à son choix devant le tribunal du domicile du défendeur, devant celui dans l'arrondissement duquel la promesse a été faite et la marchandise livrée, ou devant celui dans l'arrondissement duquel le paiement devait être effectué.

Ajoutons, sans entrer dans le commentaire complet de cet article, ce qui nous entraînerait trop loin, que si, sur l'action que lui intente l'acheteur, un vendeur conteste la validité même du marché par ce motif notamment que le courtier intermédiaire n'avait pas qualité pour le conclure définitivement sans sa ratification expresse, le seul tribunal compétent est celui du domicile du vendeur défendeur à l'action; il ne peut être question, en effet, du tribunal dans l'arrondissement duquel la promesse a été faite, puisque celle-ci étant contestée il n'y en a pas eu, à proprement parler (1).

(1) Cass., 13 juillet 1881 ; *Droit*, 1881, n° 166.

SECTION II.

OBLIGATIONS ET RESPONSABILITÉ DES COURTIERS DE MARCHANDISES LIBRES.

Sommaire.

481. Il n'est pas garant de la solvabilité de ses clients: *quid* en cas de dol ou de faute de la part du courtier ?
482. Le courtier ne peut répondre de la qualité ou de la quantité des marchandises vendues et achetées.

466. — Le courtier de marchandises libre étant un simple commerçant n'est d'abord soumis qu'aux obligations qui incombent aux commerçants en général, sauf une exception grave que nous signalerons plus lóin (v. n° 475).

467. — La première de ces obligations est celle de tenir les livres prescrits par le code de commerce.

Aux termes des articles 8 et 9 de ce code, trois sortes de livres sont obligatoires pour le commerçant : le livre-journal, le livre d'inventaire et le copie de lettres. Nous n'avons pas à insister sur la forme particulière de ces différents livres; les règles qui les concernent sont énoncées en détail dans le Code même et dans les commentaires qui l'expliquent. Disons seulement que si le courtier, comme il en a le droit, fait non seulement des actes de courtage, mais encore des actes de commission ou de représentation, il devra avoir pour chacune de ces séries d'opérations des livres différents (1).

(1) Bivort et Turlin, *op. cit.*, p. 85.

Lorsqu'ils étaient officiers publics, les courtiers de marchandises tenaient un carnet sur lequel ils consignaient, aux termes de l'art. 11 de l'arrêté du 27 prairial an X, leurs opérations; mais la tenue de ce carnet n'était pas obligatoire même avant la loi de 1866 (v. n° 182). A plus forte raison aujourd'hui le courtier de marchandises libre peut-il faire à cet égard ce qu'il juge le plus utile à la régularité et au bon ordre des opérations auxquelles il préside, sans être tenu d'aucune obligation spéciale.

Les livres doivent être conservés dix ans, à partir du jour où ils ont été terminés; nous avons déjà dit que c'était une erreur de soutenir, comme on l'a fait, que le commerçant devait garder tous ses livres, non seulement pendant la durée de son exercice commercial, mais encore dix ans après la fin de cet exercice (v. n° 182).

Nous nous sommes précédemment expliqué sur la question de savoir quelle est la foi due aux livres des courtiers et dans quelle mesure ils peuvent servir de preuve; les principes qui régissent les courtiers officiers publics sont applicables aux courtiers libres (v. art. 12 et suiv., C. com., et plus haut n° 184).

468. — Les courtiers de marchandises officiers publics dressaient, à chaque opération qu'ils faisaient, un bordereau qui avait pour but de constater les conventions intervenues entre les parties, tout en n'ayant d'ailleurs que le caractère d'un acte sous seings privés.

Les courtiers libres peuvent, si bon leur semble, continuer à dresser des bordereaux indiquant les noms du vendeur, de l'acheteur et du courtier, la nature de la marchandise vendue, le prix convenu, et les stipulations spéciales, s'il en existe; mais il n'y a là rien d'obligatoire. Nous croyons même que les bordereaux ainsi délivrés sont affranchis de l'impôt du timbre prescrit par l'art. 19 de la loi du 2 juillet 1862, et peuvent être rédigés sur papier libre. Si l'on comprend, en effet, qu'une formalité de ce genre soit imposée à un officier public ou à un officier ministériel quelconque, il est inadmissible qu'un simple commerçant, libre de ses opérations et de ses écritures, y soit soumis, alors surtout qu'il pourrait même se dispenser de dresser un bordereau quelconque.

469. — Les courtiers libres sont soumis à la patente. Comme celle des courtiers officiers publics, la patente des courtiers libres se compose, aux termes de la loi du 15 juillet 1880, d'abord d'un droit fixe réglé en raison de la population et comprenant une taxe déterminée et une taxe supplémentaire pour chaque employé en sus du nombre de cinq, et ensuite d'un droit proportionnel. Ce droit proportionnel est du dixième de la valeur locative (V. n° 62); quant au droit fixe, il varie de 50 à 200 fr. de taxe déterminée, et de 5 à 10 fr. de taxe par chaque employé en sus du nombre de cinq, selon la population de la ville dans laquelle le courtier exerce, selon aussi qu'il existe ou qu'il n'existe pas d'entrepôt réel dans cette ville ; le maximum des chiffres indiqués ci-dessus n'est applicable qu'à Paris (V. aux Annexes les tableaux annexés à la loi de 1880).

470. — Les principes de compétence que posent les art. 631 et suiv. du Code de commerce sont applicables aux courtiers libres; en conséquence, les tribunaux de commerce seront compétents pour connaître des contestations relatives aux engagements et transactions entre courtiers, ou entre un courtier d'une part, et ses clients de l'autre, pourvu, toutefois, qu'il s'agisse de contestations nées des actes de commerce qui rentrent dans la profession du courtier ; il est évident, par exemple, que si

un courtier propriétaire d'un immeuble a pour locataire un de ses confrères, et qu'une contestation s'élève à propos de ce contrat de louage, les tribunaux consulaires seront incompétents bien qu'il s'agisse de trancher une contestation entre courtiers. Le commentaire développé des articles 631 et suiv. nous conduirait plus loin qu'il ne convient; nous nous contentons de les rappeler, en renvoyant, s'il y a lieu, aux *Traités généraux* de droit commercial.

471. — Nous avons dit à plusieurs reprises, que le courtier était un mandataire, que, par suite, les obligations nées du mandat lui incombaient, et que les droits qui en résultent lui appartenaient; ceci s'applique certainement aussi bien aux courtiers libres qu'aux courtiers qui sont encore des officiers publics.

472. — Signalons les conséquences de ce principe, en résumant, au regard du courtier, les obligations auxquelles il est soumis en sa qualité de mandataire.

D'abord, s'il peut accepter ou refuser de remplir l'ordre qu'il reçoit, il est certainement tenu, en cas de refus, de prévenir, dans le plus bref délai possible, le client qui lui a confié une affaire ; on comprend, en effet, qu'à défaut de cet avis le client peut subir un préjudice, et qu'il serait alors en droit d'invoquer la faute ou la négligence du courtier pour faire constater la responsabilité de ce dernier.

Le mandat une fois accepté, le courtier peut y renoncer ; la renonciation est un des modes employés pour mettre fin au mandat en général (art. 2007, C. civ.); il n'y a pas de raison pour ne pas l'appliquer au mandat du courtier. Mais, pour que cette renonciation puisse être faite par le courtier, sans engager sa responsabilité vis-à-vis du client, il faut, ou bien que les choses soient entières, c'est-à-dire qu'aucune opération n'ait encore été faite qui puisse nuire aux intérêts du client, ou bien que le courtier ait à invoquer, à l'appui de sa renonciation, des causes légitimes. L'examen de ces causes est, en cas de difficulté, laissé aux tribunaux, qui les apprécient souverainement. En matière de mandat commercial et salarié, comme est celui qu'accepte et remplit le courtier, il va sans dire que les tribunaux se montreront plus difficiles pour l'admission des causes d'excuses présentées (1).

_____

(1) Bivort et Turlin, *op. cit.*, p. 80 et suiv.

473. — En cas d'urgence, le courtier de marchandises pourrait-il, sans craindre d'engager sa responsabilité, refuser un mandat ou y renoncer après l'acceptation?

Nous croyons qu'il pourrait le refuser; en effet un contrat n'est lié entre deux parties et ne peut, par suite, les engager que s'il y a eu consentement mutuel; or, l'urgence la mieux constatée ne peut être de nature à forcer le consentement du courtier, sinon il faudrait dire que cette urgence tiendrait lieu de ce consentement même (1). Remarquons qu'il s'agit ici des courtiers de marchandises libres, dont l'entremise, contrairement à ce qui se produit pour les courtiers officiers publics, ne peut, à aucun titre ni en aucune circonstance, être obligatoire.

Mais le courtier auquel on aurait confié une affaire urgente et qui y renoncerait après l'avoir acceptée pourrait voir sa responsabilité engagée. Dans ce cas, en effet, il y aurait faute de la part du courtier qui reviendrait sur une détermination prise, et, le cas échéant, préjudice pour le client qui se serait adressé à lui.

---

(1) En sens contraire, Bivort et Turlin, *op. cit.*, p. 72 et suiv.

474. — Aux termes de l'art. 1991, C. civ., le mandataire est tenu d'accomplir le mandat ,tant qu'il en demeure chargé, et répond des dommages-intérêts qui pourraient résulter de son inexécution ; ce qui implique pour le courtier l'obligation de faire sans retard l'affaire qu'on lui confie ; il n'aurait pas le droit de remettre, sous un prétexte quelconque, l'exécution d'un ordre reçu ; la force majeure pourrait seule le dispenser de cette exécution ; encore faudrait-il que cette force majeure résultât de circonstances telles que les moyens d'action du courtier aient été effectivement paralysés (1).

Il ne suffit pas que le courtier exécute sans retard les opérations dont il est chargé : il faut qu'il remplisse strictement son mandat (2) ; qu'il ne fasse ni plus ni moins que ce qu'il a à faire ; à dépasser les limites de ce mandat, il risquerait, si toutefois un préjudice en résultait pour son client, de voir sa responsabilité engagée.

Le courtier doit enfin, comme tout mandataire, rendre compte du mandat qu'il a reçu et de la manière dont il l'a rempli (Art. 1993, C. civ.).

---

(1) Bivort et Turlin, *op. cit.*, p. 73 et suiv.

(2) Bordeaux, 17 juillet 1847 ; J. P. 1848. 1. 207 (V. plus loin, n° 480).

475. — Le courtier de marchandises n'est soumis, en sa qualité de commerçant, qu'aux obligations qui incombent aux commerçants en général; nous avons cependant déjà signalé (n° 439) une exception grave sur laquelle on ne saurait trop insister.

L'art. 7 de la loi du 18 juillet 1866 est ainsi conçu : « Tout courtier qui se sera chargé d'une » opération de courtage pour une affaire où il » avait un intérêt personnel sans en prévenir les » parties auxquelles il aura servi d'intermédiaire » sera poursuivi devant le tribunal de police cor- » rectionnelle et puni d'une amende de 500 fr. à » 3,000 fr. sans préjudice de l'action des parties » en dommages-intérêts. S'il était inscrit sur la » liste des courtiers dressées conformément à » l'art. 2, il en sera rayé et ne pourra plus y » être inscrit de nouveau. »

C'est la loi de 1866 qui, pour la première fois, a édicté une sanction pénale à la règle ancienne qui interdisait aux courtiers d'avoir un intérêt personnel dans les affaires dont ils sont chargés. Cet article 7 même ne se trouvait pas dans le projet préparé et déposé par le gouvernement; il a été introduit par la commission du Corps législatif, d'accord avec le Conseil d'Etat, et fina- lement adopté par les Chambres.

« Nous avons cru, dit le Rapport, qu'au
» moment où le projet de loi donnait aux inter-
» médiaires, courtiers et représentants, les fa-
» cilités les plus complètes et les plus larges,
» il était indispensable de bien définir leurs
» droits et leurs devoirs. En conséquence,
» nous avons voulu qu'une peine sévère attei-
» gnît celui qui, dans une opération de courtage,
» c'est-à-dire où il se présente comme intermé-
» diaire désintéressé entre deux parties contrac-
» tantes, aurait eu, dans la transaction, un
» intérêt direct ou indirect inconnu à l'une ou
» l'autre des parties ou à toutes les deux à la
» fois. C'est pour assurer la loyale exécution du
» mandat du courtier que nous avons ajouté cet
» article; qui ne fait du reste que rappeler les
» obligations imposées par le Code de commerce
» aux commissionnaires. Le Conseil d'Etat a
» adopté notre proposition, et le texte de l'art. 7
» du projet a été arrêté d'un commun accord
» avec le gouvernement. »

Pour qu'une contravention à l'article 7 de la loi
de 1866 puisse être constatée et réprimée, plusieurs conditions sont nécessaires.

Mais d'abord faut-il établir contre le courtier
l'intention coupable, qui constitue, comme on
sait, l'élément essentiel d'un délit quelconque?

On a soutenu (1) que l'obligation imposée au
courtier étant une obligation professionnelle, le
fait de s'y soustraire suffit pour que le délit soit
constant, bien que la bonne foi du courtier
demeure incontestable; on a ajouté que les termes même de l'art. 7 indiquaient bien que le
législateur voulait s'attacher au fait matériel
et non à l'intention.

Nous ne saurions souscrire à ce système. Il
faut, d'une part, ce nous semble, quelque chose
de bien précis, dans un texte de loi, pour faire
admettre une exception au principe primordial
qui veut qu'il n'y ait pas de délit sans intention
coupable; or l'art. 7 de la loi de 1866, en disant :
« Tout courtier qui se sera chargé d'une opération
de courtage pour une affaire où il aurait un intérêt personnel, sans en prévenir les parties,
sera poursuivi... » s'exprime comme la plupart
des textes de la loi pénale, où nous ne trouvons
rien, dans le texte même, qui exige la preuve
de la mauvaise foi. D'autre part, c'est le signe
distinctif des contraventions proprement dites
de ne pas exiger, pour qu'elles soient réprimées,
la preuve de la mauvaise foi du délinquant; or,
dans le cas actuel, il ne s'agit pas d'une contra-

(1) Bivort et Turlin, *op. cit.*, p. 67.

vention, mais bien, le chiffre de l'amende l'indique, d'un délit nettement déterminé.

Sans doute, le seul fait par le courtier de se soustraire à l'accomplissement d'une obligation professionnelle le constitue en faute ; mais cette faute, qui peut avoir en tout état de cause des conséquences civiles, entraînerait-elle nécessairement contre lui une sanction pénale ? c'est ce que la loi ne dit pas, et ce qui en tout cas serait absolument contraire aux principes que nous venons de rappeler.

Ceci dit, il faut, pour que l'article 7 soit applicable, en premier lieu, qu'il soit constaté que le courtier avait intérêt personnel dans l'affaire. Cet intérêt doit exister au moment même où l'affaire est engagée ; s'il survenait seulement plus tard, et par suite d'opérations commerciales imprévues, le courtier cesserait d'être punissable (1).

Il faut, en second lieu, que cet intérêt personnel dans l'affaire le courtier l'ait eu à l'insu des parties ou de l'une d'elles seulement. « La » loi ne veut pas qu'un courtier qui, par sa » position, par ses relations, peut se rendre » compte plus facilement qu'un simple négo-

---

(1) Bivort et Turlin, *op. cit.*, p. 61.

» ciant, de l'importance des transactions, du
» stock des marchandises, des chances d'appro-
» visionnements, des probabilités de hausse ou
» de baisse, tourne contre ceux-là mêmes qui
» se fient à lui les connaissances qu'il peut
» avoir. Sans doute, la loi nouvelle lui permet
» de tirer le plus grand profit possible, en fai-
» sant des affaires pour son compte, d'une
» situation fruit de son travail et de son intel-
» ligence ; mais alors il doit agir au grand
» jour, au vu et au su de tous les intéres-
» sés (1). »

La preuve que le courtier n'avait pas prévenu
les parties de l'intérêt personnel qu'il avait dans
les opérations dont on le chargeait, preuve
qui, il est vrai, ne sera pas toujours facile à
faire, est à la charge soit du ministère public,
s'il poursuit directement, soit du plaignant, si
le courtier est assigné par voie de citation di-
recte.

Il faut enfin, pour que le courtier tombe sous
l'application de la loi, qu'il soit acquis aux
débats que le courtier incriminé a fait de véritables actes de courtage, c'est-à-dire qu'il était
bien, dans l'opération engagée, un simple in-

(1) Bivort et Turlin, *op. cit.*, p. 62.

termédiaire entre les parties contractantes.

Si le courtier, par exemple, se présente et est agréé par l'une des parties comme acheteur pour son propre compte, si c'est à lui que la livraison des marchandises est effectuée, si c'est par son entremise que le paiement est fait, etc..., il n'agit plus alors comme intermédiaire, comme courtier dans le sens véritable du mot, et il peut avoir un intérêt personnel dans l'affaire, sans que l'art. 7 soit applicable; peu importerait d'ailleurs qu'un droit de courtage ait été stipulé.

Ajoutons que la constatation des faits qui précisent le caractère exact des fonctions remplies par le courtier appartient aux juges du fond; leur décision sur ce point est souveraine et échappe à la censure de la Cour de cassation (1).

---

(1) Cass., 28 juillet 1879 ; D. 81. 1. 264.

« ... Attendu, en droit, que s'il est interdit aux courtiers d'avoir, sans en prévenir les parties contractantes, un intérêt personnel dans les transactions qui se traitent par leur ministère, cette disposition légale n'est applicable que dans les opérations où ils se présentent comme intermédiaires désintéressés ;

» Mais attendu que l'arrêt attaqué déclare qu'il ressort des débats que Arrachart, Lafeuille et Cⁱᵉ n'ont été en rapport qu'avec Brabant, qu'ils l'ont accepté comme acheteur, qu'ils ont livré le premier marché pour son compte, qu'ils n'ont traité de la résiliation de partie du second marché qu'avec lui et en son nom personnel ; que la commission de courtage était une des conditions de ses achats ;

La disposition de l'art. 7 s'applique, sans
aucun doute, aux courtiers libres comme aux
courtiers assermentés. Le texte est formel à
cet égard. En effet, après avoir édicté l'interdiction et déterminé la peine que toute infraction entraîne, la loi ajoute : Si le courtier était
inscrit, il sera rayé de la liste et ne pourra plus
y être inscrit de nouveau. D'où il suit sans
aucun doute que les courtiers libres eux-mêmes sont frappés de l'interdiction écrite dans
l'art. 7, puisque cet article, qui ne distingue
pas tout d'abord, prévoit ensuite le cas où le
coupable serait un courtier assermenté pour
aggraver la peine prononcée en y ajoutant une
déchéance spéciale (1).

476. — Nous venons d'énumérer les principales règles auxquelles sont soumis les courtiers de marchandises libres et les obligations

---

» Attendu que c'est là une appréciation des faits et de l'intention
des parties qui appartenait à la Cour de Paris ; que des faits, ainsi
souverainement constatés, on ne saurait tirer comme conséquence,
et par cela seul qu'une commission de courtage a été maintenue,
l'existence du contrat de commission qui suppose nécessairement
que le commettant donne pouvoir de faire pour lui une opération
commerciale au commissionnaire qui s'engage à la conclure et à en
rendre compte... »

(1) Motifs d'un arrêt de Paris, 2 mai 1874 ; D. 77. 2. 45 (V. n° 497).

qui résultent pour eux de l'application de ces règles. Toute violation de ces obligations engage leur responsabilité et entraîne contre eux une sanction nécessaire.

Comme pour les courtiers officiers publics, cette sanction est pénale ou civile.

477. — Mais le courtier libre peut-il, dans certains cas, tomber sous le coup d'une sanction disciplinaire?

En thèse générale, la négative ne peut être douteuse. Nous savons, en effet, que la sanction disciplinaire est la conséquence même de l'organisation des courtiers officiers publics en compagnies dirigées, surveillées et représentées par des chambres syndicales. Ce sont ces compagnies qui font leurs règlements intérieurs dans lesquels sont énumérées les peines disciplinaires et ce sont les chambres syndicales qui en font l'application. Or, les courtiers libres, le plus ordinairement du moins, ne sont pas répartis en compagnie; d'où, pas de règlements intérieurs, pas de peines disciplinaires et pas de chambres syndicales pour les appliquer.

Si même, dans le cas tout à fait exceptionnel où certaines classes de courtiers libres, sur une place déterminée, s'associeraient en compagnie, des peines disciplinaires pouvaient être prononcées, ces peines résultant d'un règlement qui ne présenterait aucun caractère officiel, puisqu'il ne serait soumis à aucune approbation, ne seraient pas de la nature de celles que nous savons être applicables aux courtiers officiers publics. Elles pourraient peut-être avoir pour effet d'exclure le courtier qui en serait frappé de la compagnie toute privée à laquelle il appartiendrait, mais elles n'entraîneraient contre lui aucune autre déchéance d'aucune sorte.

478. — La seule sanction pénale qui puisse frapper les courtiers, à l'occasion des opérations auxquelles ils se livrent, est celle dont nous avons parlé plus haut et qu'édicte l'art. 7 de la loi du 24 juillet 1866. La peine prononcée par cet article contre tout courtier qui aurait, à l'insu des parties, un intérêt personnel dans l'affaire dont il serait chargé consiste en une amende de 500 à 3,000 fr.

L'art. 463, C. pénal, qui règle l'admission des circonstances atténuantes et les conséquences de cette admission, est-il applicable? Non, sans doute; les tribunaux ne doivent en effet appliquer l'art. 463 que dans le cas où la loi qui prononce la peine le dit d'une façon formelle ; or, la loi de 1866 ne faisant aucune mention de cet article, le juge ne pourra jamais abaisser la peine au-dessous du minimum, soit au-dessous de 500 fr. d'amende, quelles que puissent être d'ailleurs les circonstances de la cause.

Nous avons vu, en outre, quand nous avons examiné l'art. 7 de la loi de 1866, que si le courtier reconnu coupable était un courtier inscrit, il devait être rayé de la liste, et qu'il ne pourrait jamais y être inscrit de nouveau. Cette interdiction de se faire réinscrire au nombre des courtiers assermentés continuerait-elle à frapper le courtier qui, après avoir été rayé, se serait vu l'objet d'une mesure de grâce? Nous ne le pensons pas. L'interdiction d'être réinscrit peut être considérée comme une peine, ou tout au moins comme une aggravation de peine, à l'encontre de laquelle la grâce doit produire ses effets ordinaires (v. n° 18).

479. — La sanction civile que peuvent encourir les courtiers repose sur l'application, d'abord de l'art. 1992, C. civ., qui veut que le mandataire réponde, non seulement du dol, mais encore des fautes qu'il peut commettre dans sa gestion, ensuite de l'art. 1382, du même Code, qui oblige

quiconque commet une faute entraînant préjudice à la réparer.

Dans quels cas peut-il y avoir faute de la part du courtier? On comprend à merveille qu'il est impossible de les énumérer; ce sont des questions laissées à l'appréciation libre et souveraine des juges du fond. Notons seulement qu'en vertu de l'art. 1992, que nous venons de rappeler, la responsabilité relative aux fautes doit être appliquée avec une certaine rigueur, parce que le mandat du courtier est un mandat salarié; puis, résumons quelques-uns des principes qui régissent la responsabilité des courtiers et quelques-unes des applications que les tribunaux ont faites de ces principes.

480. — Le courtier, avons-nous dit (n° 461), est un simple intermédiaire dont les devoirs cessent dès que le vendeur et l'acheteur, mis en présence l'un de l'autre, ont ratifié, même implicitement, les opérations entamées en leur nom : il s'ensuit qu'il ne peut être garant de l'exécution des marchés dans lesquels il s'est entremis, ni responsable de leur inexécution (1).

_____

(1) Paris, 25 mars 1878, *Droit*, 16 juin 1878 ;

«... En ce qui touche le premier marché :

» Considérant que ce marché ayant été engagé dès le 14 février

Il est certain cependant que le courtier pourrait voir sa responsabilité engagée s'il excédait les limites de son mandat (1); c'est l'application

1874, entre Bizet et Bacquères, Zermann et Cⁱᵉ, au nom de leurs commettants, les droits et devoirs des susnommés, en leur qualité de courtiers, se trouvaient déterminés par les dispositions de l'article 94 du C. de comm., et que leurs rôles d'intermédiaires devaient cesser dès que le vendeur et l'acheteur, mis en présence par leurs soins, auraient confirmé les opérations entamées dans leur intérêt réciproque ;

» Considérant que postérieurement aux accords desdits courtiers, Peirano, négociant à Ibraïlia, a vendu à Lecomte-Dupont fils, négociant à Estaires (Nord), 10,000 quintaux de maïs du Danube à 20 fr. 90 c. les 100 kilogrammes, coût, fret Dunkerque, livrables en mars ou avril et payables en traites à soixante jours de la date du connaissement, avec faculté, au profit de Peirano, de demander un crédit de banque ouvert à Paris;

» Considérant que nonobstant une correspondance télégraphique et postale des plus actives, Peirano n'ayant pu obtenir de son acheteur l'ouverture du crédit susmentionné, s'est déclaré affranchi de tout engagement envers lui ;

» Considérant que si dans l'état des faits, une demande en dommages-intérêts contre Peirano pouvait se concevoir de la part de Lecomte-Dupont fils, la demande de celui-ci aux mêmes fins contre Bacquères, Zermann et Cⁱᵉ, qui n'ont jamais pris à son égard que la position de commissionnaire, n'est en aucun façon justifiée... »

(1) Bordeaux, 17 juillet 1847; J. P. 1848. 1. 207.

« Attendu que l'affaire soumise à la Cour doit être examinée sous un double rapport; premièrement entre la famille Vivier et Laffargue; en second lieu entre la famille Vigier et Mairot frères et Cⁱᵉ;

» Attendu que tous les faits articulés par la famille Vigier, et dont elle a demandé à faire la preuve par témoins, se rapportent à Laffargue; que ces faits, prouvés qu'ils fussent, ne laisseraient aucun doute que Laffargue avait fait la promesse à la famille Vigier que les futailles et le vin qu'elles contenaient seraient agréés avant leur sor-

des règles écrites dans les art. 1991 et suiv.,
C. civ. ; ou si, en cas de préjudice, il se refusait

tie du chai ; que la pertinence desdits faits n'est susceptible d'aucune
difficulté ;

» Attendu qu'il s'agit d'une affaire commerciale ; que les premiers
juges ont pu admettre la preuve testimoniale offerte par la famille
Vigier ;

» Attendu que Laffargue, quoiqu'il ait agi en qualité de courtier,
est cependant personnellement tenu de l'exécution des conventions
qu'il aurait faites avec la famille Vigier, contrairement aux usages
ordinaires du commerce, alors que Marrot frères et Cie se refusent
à reconnaître ces conventions ;

» Attendu qu'il résulte de ce qui précède que l'appel interjeté par
Laffargue du jugement du 29 mars 1847 est mal fondé ;

» Attendu qu'il n'est pas établi que Marrot frères et Cie aient ratifié la promesse qu'aurait faite Laffargue que les futailles et le vin
seraient agréés avant leur sortie du chai ; que les faits articulés par
la famille Vigier dans l'effet de prouver cette promesse, sont restés
étrangers à Marrot frères et Cie ; que c'est donc à tort que les premiers juges supposant que lesdits Marrot frères et Cie pouvaient être
liés par ces faits en ont ordonné la preuve contre eux ; qu'à leur
égard le jugement dont appel doit être réformé ;

» Attendu qu'entre la famille Vigier et Marrot frères et Cie il n'y
a d'autres conventions à consulter que celles qui sont écrites dans
le bordereau de vente du 3 novembre 1846 ;

» Attendu que ce bordereau porte, entre autres stipulations, que
chaque barrique sera de la contenance de 219 à 226 litres ; que le
vin sera droit de goût, exempt de fraude et de tout vice ;

» Attendu que Marrot frères et Cie ont soutenu devant le tribunal
de commerce de Bergerac et qu'ils soutiennent encore devant la
Cour que les barriques de la famille Vigier n'ont pas la contenance
exigée par le bordereau et que les vins ne sont pas droits de goût ;

» Attendu que par jugement en date du 30 novembre 1846 le tribunal de commerce de Bergerac a ordonné une expertise pour vérifier la contenance des barriques et la qualité des vins ; mais que

à donner le nom de la partie pour le compte de laquelle il agissait (1).

l'opération des experts ayant été faite hors la présence des parties qui n'ont pas été appelées, le rapport desdits experts est frappé d'une nullité radicale ;

» Attendu qu'il est indispensable de recourir à une nouvelle expertise... »

V., par anal., Cass., 19 février 1835 ; D., v° B. de comm., n° 273.

(1) Arrêt précité de la Cour de Paris du 25 mars 1878.

«... En ce qui touche le deuxième marché :

» Considérant que pendant les négociations relatives à l'exécution du précédent marché, Bacquères, Zermann et Cⁱᵉ ont télégraphié de Marseille, le 12 mars 1874, à Bizet, représentant à Dunkerque de Lecomte-Dupont fils : « Nous offrons ferme 10,000 quintaux orge » Danube, mars, avril, 22 fr. coût, fret, conditions Lecomte, et » 10,000 quintaux maïs 20 fr. 25, mai ; »

» Considérant que le même jour Bizet répondait : « Lecomte ac- » cepte 10,000 quintaux maïs 20 fr. 25, valeur mai, télégraphiez af- » faire conclue et nom du vendeur ; »

» Que Bacquères, Zermann et Cⁱᵉ lui ayant donné avis, le lendemain, qu'ils télégraphiaient au vendeur, l'invitant à tenir l'acheteur engagé, Bizet s'empressa de protester en déniant à Bacquères, Zermann et Cⁱᵉ le droit de revenir sur une affaire ferme en leur nom et immédiatement acceptée ;

» Considérant que Bacquères, Zermann et Cⁱᵉ ont protesté contre tout engagement personnel, et qu'ils ont déclaré en temps utile que Peirano était vendeur, mais que mécontent des obstacles apportés par Lecomte-Dupont à l'exécution du marché précédent, Peirano refusait de passer outre ;

» Considérant qu'il ressort des circonstances au milieu desquelles les offres sus-énoncées ont été faites que jamais Lecomte-Dupont n'ont pu sérieusement croire que Bacquères, Zermann et Cⁱᵉ agissaient en leur propre nom comme commissionnaires responsables ;

» Qu'il est constant que, loin de tenir secret le nom du vendeur,

481. — Le courtier ne peut, en principe, être responsable de l'insolvabilité de l'une ou l'autre des parties qu'il a pour mission de mettre en présence et qui ont effectivement traité par son intermédiaire (1); il en serait ainsi même dans le cas où, chargé de prendre et de fournir des renseignements sur la solvabilité de l'acheteur, le courtier, de bonne foi et sans dol de sa part, les donnerait inexacts; c'est offi-

Bacquères, Zermann et Cie ont déclaré à Bizet sur sa demande que Lecomte-Dupont avaient Peirano pour vendeur ;

» Qu'ils justifient, d'autre part, par la production d'un télégramme daté d'Ibraïlia, 24 mars 1874, qu'ils avaient ordre de Peirano de vendre à 20 fr. 25 10,000 quintaux de maïs ;

» Que le certificat remis, à Paris, le 27 mars 1875, par Peirano, est impuissant à établir le contraire ;

» Considérant que Bacquères, Zermann et Cie étaient autorisés à offrir des maïs de Peirano, à 20 fr. 25, aux conditions Lecomte, c'est-à-dire à un crédit de banque ouvert à Paris, qu'ils se sont en tous points renfermés dans les limites du mandat qu'ils avaient accepté ;

» Qu'en offrant ferme à 20 fr. 25, ils s'obligeaient, il est vrai, à ne pas retirer leur offre pour la porter ailleurs, mais qu'il n'est pas établi qu'ils se soient soustraits à cet engagement; que Peirano a seul refusé son concours à l'opération entamée par ses courtiers en motivant son refus sur les difficultés existantes déjà entre Lecomte-Dupont et lui, au sujet des conditions d'une ouverture de crédit commun aux deux marchés ;

» Considérant que Bacquères, Zermann et Cie ont valablement engagé leur mandant et que la demande en dommages-intérêts dirigée contre eux à l'occasion de ce deuxième marché n'est justifiée en aucune façon... »

(1) Paris, 2 mai 1874 ; **D.** 77. 2. 45 (V. plus loin, n° 497).

cieusement et, en quelque sorte, par pure complaisance que le courtier s'est chargé de procurer ces renseignements; le vendeur avait le devoir de les prendre lui-même ou tout au moins de les compléter par ses investigations personnelles (1).

Le principe, en vertu duquel le courtier n'est pas garant de la solvabilité de son client, fléchira nécessairement dans le cas où l'on aura relevé à sa charge un dol ou une faute; c'est ainsi que le courtier pourrait être responsable s'il avait gardé volontairemsnt le silence sur des faits qui, portés à la connaissance des parties, auraient été de nature à modifier leurs intentions, ou s'il avait affirmé la solvabilité d'une partie qu'il savait insolvable; c'est l'application rigoureuse mais fidèle des principes du droit commun en matière de responsabilité (2).

---

(1) Trib. de comm. de la Seine, 11 février 1852 (cité par Bivort et Turlin, p. 76); *id.*, 31 octobre 1860; Teul. et Camb., 1861, p. 37.

(2) Orléans, 21 janvier 1873; S. 73. 2. 147.

» Attendu que si, en principe, le simple courtier de commerce ne saurait être considéré comme garant de la solvabilité du commerçant qu'il met en rapport avec un autre commerçant, il n'en reste pas moins responsable, dans les termes du droit commun, du préjudice qu'il a pu causer par son fait, soit en gardant à dessein le silence sur des faits qui, portés à la connaissance de son commettant, eussent été de nature à modifier ses intentions;

» En fait : Attendu qu'il résulte des documents du procès que le

482. — Le courtier libre, en raison de son caractère de simple intermédiaire, ne peut ré-

9 juin 1870 Bourjaillat vendit quarante-neuf pièces de vin à une maison Simon et Cie de Paris, par l'entremise de Caussin-Hézard; que le prix de cette vente se montant à 1813 fr., fut réglé en une traite de Bourjaillat sur Simon, au 25 juin suivant, et que le 24 juin, Simon, accompagné d'un sieur Tricard, prenant la qualité de son associé, se présenta chez Bourjaillat, se plaignit d'un prétendu coulage des vins transportés; que Caussin-Hézard assistait à cette entrevue;

» Attendu que, sur le prétexte vrai ou supposé du coulage allégué par Simon et Tricard, un arrangement intervint entre les parties; que Bourjaillat ajouta plusieurs pièces de vin à celles qu'il avait expédiées; qu'il consentit à faire les fonds de la traite qu'il avait lancée et à recevoir en échange des effets endossés par Simon et Tricard, à concurrence de 2042 fr.;

» Attendu que les effets dont s'agit ont été protestés à leur échéance; et qu'il est établi qu'au moment de la convention leurs souscripteurs et endosseurs étaient insolvables et le sont restés depuis;

» Attendu que Tricard, endosseur de ces effets, n'avait pas la qualité d'associé de Simon qu'il s'attribuait au moment de la transaction; que cet individu, ancien commerçant failli, était depuis longtemps connu de Caussin, dont il était le débiteur;

» Attendu que, non seulement Caussin-Hézard assistait le 24 juin à la transaction, mais qu'il n'a pas même contesté qu'il n'ait été à ce moment, auprès de Bourjaillat, l'introducteur de Tricard, dont il savait la situation suspecte et les mauvais antécédents; qu'il allègue vainement avoir ignoré que Tricard s'attribuait la qualité d'associé de Simon, puisque Tricard lui-même a, en sa présence, signé les billets en cette qualité, en y apposant la griffe de la maison portant la mention *Simon, Tricard et Cie*;

» Attendu que, dans ces circonstances, l'attitude de Caussin-Hézard n'a plus été celle d'un simple courtier de commerce, mais plutôt celle d'un répondant; que les devoirs de la plus stricte délicatesse commerciale lui prescrivaient, soit de rester étranger à cette

pondre de la qualité ou de la quantité des marchandises qui font l'objet du marché pour lequel il s'est entremis. Ainsi, dit M. Dalloz (1), que des marchandises ne soient point conformes à l'échantillon remis au courtier, qu'elles soient d'une qualité inférieure ou que le poids vendu ne réponde pas à celui qu'on a eu l'intention d'obtenir, dans tous ces cas, le courtier échappe à la garantie; les parties sont mises en pré-

combinaison, soit de révéler à Bourjaillat une situation en présence de laquelle il y a lieu de croire que celui-ci n'eût point accepté la transaction ; que la faute qu'il a commise est d'autant plus grave qu'étant créancier de Tricard, on peut attribuer son silence à un mobile intéressé, et lui supposer l'intention d'avoir voulu lui procurer des affaires pour en obtenir paiement ; que cette supposition semble même trouver appui dans la correspondance produite au cours du procès ;

» Sur les conclusions subsidiaires de Caussin-Hézard, tendant à subordonner sa condamnation en des dommages-intérêts à la remise des effets restés impayés, et des pièces nécessaires pour l'exercice d'un recours contre les endosseurs :

» Attendu qu'il résulte des documents du procès que les effets dont s'agit n'ont jamais été que fictifs et sans valeur ; que ni souscripteurs ni endosseurs ne présentaient de garantie ; que Simon, Tricard et Caussin lui-même ont prié Bourjaillat de ne point exercer des poursuites, ne pouvant aboutir qu'à des frais frustratoires;

» Attendu d'ailleurs que la responsabilité de Caussin-Hézard est basée, non sur la qualité de caution de Simon et Tricard, mais sur le préjudice causé par sa faute, et dont réparation est due dans les termes de droit commun ; qu'il n'y a donc lieu de faire droit à cette partie des conclusions de l'appelant... »

V., dans le même sens, Poitiers, 19 mars 1863 ; D. 63. 2. 214.

(1) V° B. de comm., n° 251. V. aussi Mollot, op. cit., n° 596.

sence ; c'est à elles de se livrer à toutes les vérifications nécessaires, de débattre les prix, de
défendre leurs intérêts.

Voilà la règle ; elle doit être appliquée avec
toutes ses conséquences ; mais cette application
ne doit cependant pas aller jusqu'à décharger le
courtier de toute responsabilité pour le cas où
une faute serait relevée contre lui.

C'est ainsi qu'il y aurait faute de sa part, si,
connaissant les défectuosités de certaines marchandises, il les dissimulait à l'acheteur ; c'est
ainsi encore que le courtier, chargé de vérifier
une marchandise lors de sa réception, commet-
trait une faute s'il ne procédait pas à cette vérification ou si, y procédant, il ne s'apercevait
pas que la marchandise livrée n'était pas conforme à l'échantillon (1).

(1) Tribunal du Havre, 30 juin 1869 ; D. 70. 1. 294.

« Attendu que, le 30 mars 1868, R. Dupaquier et E. Caman ont
acheté de Theulé, Santayana et Cie, des ordres et pour compte de
Ch. Lavigne, par l'entremise de E. et A. Alleaume, courtiers, la
quantité de 2000 kilogr. d'huile de pied de bœuf, en fûts, qualité conforme à l'échantillon ;

» Attendu que le 1er avril, après avoir reçu la marchandise et en
avoir soumis l'échantillon de réception aux courtiers qui en ont
constaté la conformité avec l'échantillon de vente, R. Dupaquier et
E. Caman en firent l'expédition en cinq fûts à Lavigne, chemin de
fer, petite vitesse ;

» Attendu qu'à la date du 16 du même mois, Lavigne accuse la

SECTION III.

DROITS DES COURTIERS DE MARCHANDISES LIBRES.

Sommaire.

483. Le courtier a le droit de faire toutes les opérations commerciales qui lui conviennent.
484. Il est souvent commissionnaire ; conséquences.
485. Il est souvent représentant de commerce ; conséquences.
486. Il est souvent dépositaire.

réception de la marchandise, et déclare qu'elle n'est point conforme
à l'échantillon qui lui a été envoyé, et que d'ailleurs elle n'est, ni de
l'espèce ni de la qualité promises, ni conforme à son ordre d'achat ;

» Qu'il résulte, en effet, des nombreuses analyses dont les échantillons prélevés régulièrement sur les cinq fûts expédiés à Fives et
sur le solde de la même partie restée en entrepôt au Havre ont été
l'objet, que la marchandise envoyée à Ch. Lavigne n'est pas de l'huile
de pied de bœuf, mais simplement de la graisse de cheval d'une qualité supérieure ;

» Attendu que Theulé, Santayana et Cⁱᵉ, reconnaissant l'erreur
commise, tant par eux que par les courtiers en cause, sur la nature
de la marchandise, et sur la désignation sous laquelle elle a été à
tort présentée, par eux et lesdits courtiers, aux acheteurs, ont offert
spontanément, comme réparation du préjudice qui résultait de leurs
agissements, une somme de... ;

» En ce qui concerne E. et A. Alleaume : Attendu que, de ce qui
précède, il résulte que ceux-ci, agissant comme courtiers, ont participé au préjudice causé à R. Dupaquier et E. Caman, et, par suite,
à Lavigne, en présentant à ceux-ci un échantillon de graisse de
cheval sous la fausse désignation d'huile de pied de bœuf ;

» Attendu que si les courtiers ne sont pas, aux termes de la loi,

487. Droits du courtier de marchandises; principe.

488. Le courtier a le droit : 1º d'accepter ou refuser le mandat qui lui a été donné, et même, dans certaines circonstances, de renoncer au mandat qu'il a précédemment accepté;

489. 2º de se porter garant des affaires qu'il fait au moyen d'une convention de *ducroire*; conséquences;

490. 3º de contracter pour son propre compte sous la restriction édictée par la loi de 1866; *quid* si le courtier est ducroire?

491. 4º de former des associations.

492. Les courtiers peuvent-ils servir d'intermédiaires dans les marchés à terme?

493. Liberté des droits de courtage.

garants de l'exécution des marchés dans lesquels ils s'entremettent, ils ne sauraient échapper à la responsabilité de leurs actes;

» Que E. et A. Alleaume, chargés par Dupaquier et Caman de l'achat de 2000 kilog. d'huile de pied de bœuf, ont, par méprise ou par inattention, acheté, au nom de ces derniers, de Theulé, Santayana et Cⁱᵉ, cinq barils de graisse de cheval;

» Attendu que la mission qui leur était confiée par les parties de vérifier, au moment de la réception de la marchandise, sur de nouveaux échantillons, si cette marchandise livrée était bien celle désignée au marché, constituait une véritable expertise qui impliquait, au besoin, la vérification de la marchandise elle-même;

» Qu'on ne saurait le mettre en doute;

» Qu'une vérification attentive et sérieuse de la part des courtiers eût inévitablement amené la découverte de la fausse désignation qu'ils avaient eux-mêmes donnée jusque-là à la marchandise, et qu'ils ont évidemment commis une faute dans l'accomplissement de leur mission;

» Qu'il y a donc lieu à rendre les courtiers E. et A. Alleaume responsables envers Dupaquier et Caman des condamnations à intervenir..... »

Et sur pourvoi, Cass., 8 décemb. 1869 (arrêt de rejet), *eod. loco*.

483. — La liberté, rendue aux courtiers de marchandises par la loi de 1866, leur donne le droit de faire tout ce que bôn leur semble, et d'ajouter à leurs opérations de courtage toutes les opérations qui leur conviennent. Notons toutefois que le courtier doit être, jusqu'à preuve contraire, présumé avoir fait des opérations de courtage plutôt que telles ou telles autres opérations (1).

Le courtier de marchandises sera donc, si cela lui plaît, négociant, fabricant, banquier, etc... Le plus ordinairement, en même temps que courtier, il est commissionnaire, représentant de maison de commerce, dépositaire de marchandises.

Il est courtier lorsqu'il fait des actes de cour-

___

(1) Bivort et Turlin, *op. cit.*, p. 55.

tage ; nous avons dit ce que l'on entendait par *faire des actes de courtage* (n°s 456 et 458) ; il est inutile d'y revenir.

484. — Le courtier peut être aussi commissionnaire : le commissionnaire est, aux termes de l'art. 94, C. com., celui qui agit en son propre nom, ou sous un nom social, pour le compte d'un commettant ; il n'est donc alors le représantant que d'une seule partie ; et, pour cette partie il traite les affaires, choisit les marchandises, les reçoit, avance les sommes nécessaires, paie, fait en un mot tout ce qui est utile ; mais c'est lui qui est personnellement engagé, et c'est vis-à-vis de lui que les obligations sont contractées.

Les opérations de commission peuvent se faire aussi bien de place à place que dans un seul et même endroit (1).

Les obligations et les droits du commissionnaire sont les obligations et les droits du mandataire en général (art. 94, C. com.).

Nous n'avons pas à entrer ici dans le détail ; nous nous contentons de renvoyer aux art. 1991

_____

(1) *Man. des court. de comm.*, n° 144. — *Contrà*, v. les motifs d'un arrêt de Paris, 27 novembre 1844. Dall., v° *B. de comm.*, n° 225. — Roll. de Villargues, v° *Court. de comm.*, n° 17.

et suiv. du code civil. Signalons seulement un droit spécial qui appartient au commissionnaire, mais que la loi n'accorde pas au mandataire ordinaire ; ce droit consiste en un privilège qu'il peut exercer sur les marchandises qui lui sont expédiées, déposées ou consignées pour le compte du commettant (art. 95, C. com.), à la condition que ces marchandises soient en sa possession, ce qui ne se produirait pas si elles étaient déposées aux magasins généraux au nom du commettant. Pour acquérir le privilège dans ce cas, le courtier devrait, faire transférer le récépissé à son nom, ou faire warranter les marchandises à son profit (1).

Le privilège du commissionnaire garantit tous ses prêts, avances ou paiements, ainsi que les intérêts qu'ils ont pu produire.

Ce privilège de l'art. 95, C. com., appartient en principe à quiconque fait un acte de commission, et, par suite, au courtier de marchandises, qui devient momentanément commissionnaire (2).

485. — Le courtier de marchandises est sou-

---

(1) Bivort et Turlin, *op. cit.*, p. 54.
(2) V. par anal. Cass., 6 mai 1845 ; D., 45. 1. 231.

vent aussi représentant de commerce, c'est-à-
dire chargé de représenter une ou plusieurs
maisons pour le compte desquelles il traite.

Ce qui distingue essentiellement le représentant de commerce du commissionnaire, c'est que
le commissionnaire, bien que traitant pour autrui, s'engage personnellement; le représentant,
au contraire, engage directement la maison pour
laquelle il agit; il est en quelque sorte cette
maison même.

C'est une question controversée que celle de
savoir si les affaires conclues par l'entremise
d'un représentant de commerce doivent, pour
devenir définitive, être ratifiées par la maison
même (1). Nous croyons qu'il est difficile sur ce
point de formuler un principe rigoureux; l'étude
des circonstances de la cause, l'examen attentif
de la situation réelle du représentant de commerce vis-à-vis de la maison, ou des opérations
qu'il a précédemment traitées, etc..., doivent
déterminer dans un sens ou dans un autre la
décision du juge.

Le représentant de commerce a, quoi qu'on en
ait dit quelquefois, un caractère spécial que la loi

_____

(1) V., sur cette controverse, Dall., *Table des vingt-deux années*,
v° *Mandat*, n°ˢ 68 et suiv. — Aix, 12 avril 1872; D., 73. 5. 314-315.

reconnaît et consacre ; il est, en effet, aux termes de la loi du 15 juillet 1880 sur *les patentes*,
qui n'a fait en cela que confirmer les lois antérieures, soumis à la même patente que le courtier de marchandises ou le facteur de denrées (v.
tableau B). Ce n'est donc pas un simple commis
ou employé de la maison qui l'a investi de sa confiance. Peu importerait d'ailleurs qu'il n'ait ni
boutique, ni magasin spécial ; le seul fait de vendre pour le compte de négociants moyennant une
remise déterminée le constitue représentant de
commerce et le soumet à la patente (1).

486. — Le dépositaire ne diffère pas sensi-
blement du représentant de commerce ; comme
le représentant de commerce, il ne s'engage pas
personnellement, mais il engage la maison au
nom de laquelle il traite. Il a ceci de particulier qu'il tient nécessairement à la disposition
des acheteurs les marchandises ou les échantillons de marchandises qu'il est chargé de vendre ;
il lui faut donc, pour renfermer ces marchandises, un magasin ou une boutique, qui deviennent, en quelque sorte, succursales de la maison principale.

(1) Cons. d'Etat, 30 août 1867 ; D., 68. 3. 103.

En principe, le dépôt est un contrat essentiellement gratuit (art. 1917, C. civ.); mais en matière de dépôt commercial, comme celui qui nous occupe, le principe n'est pas appliqué, et il n'est pas contestable qu'un salaire puisse être stipulé (v. art. 1928, C. civ.), ce qui, d'ailleurs, n'aurait pas pour conséquence de transformer le dépôt en un contrat de louage de services (1).

487. — Le caractère primordial du courtier de marchandises le constituant mandataire de ses clients, c'est au chapitre qui traite des droits du mandataire (art. 1998 et suiv., C. civ.) qu'il faut se reporter pour trouver les règles générales qui régissent les droits du courtier.

Le droit le plus essentiel de tout mandataire est de se faire payer par le mandant les frais qu'il a pu avancer pour l'exécution du mandat, de se faire indemniser des pertes qu'il a pu subir et surtout de toucher le salaire qui lui a été promis. Nous insisterons un peu plus loin (v. n°s 493 et suiv.) sur les salaires du courtier de marchandises libre, autrement dit sur les droit de courtage.

Examinons pour le moment ce qu'en sa qua-

_____

(1) Aubry et Rau, IV, p. 618.

lité de mandataire, dépouillé de tout caractère officiel et devenu libre depuis la loi de 1866, le courtier peut faire.

488. — Rappelons que le courtier a le droit incontestable d'accepter ou de refuser le mandat qu'on lui confie, c'est-à-dire les affaires qu'on lui propose. La seule conséquence, dans ce cas, de la profession qu'il exerce, c'est que son acceptation sera présumée et que, par suite, s'il prétend avoir refusé l'affaire, il aura à sa charge la preuve de ce refus. En pratique, le courtier qui ne voudra pas accepter une affaire déterminée fera donc bien de manifester clairement son intention à cet égard.

Nous avons déjà dit (n° 472), et nous n'y reviendrons pas, que dans des circonstances données le courtier a le droit de renoncer au mandat qu'il avait précédemment accepté.

489. — Par exception au principe qui enseigne que le courtier, en général, ne peut répondre de l'insolvabilité des parties, le courtier libre a le droit de se porter garant des affaires qu'il fait, ou, en d'autres termes, de stipuler avec son client ce que l'on appelle une convention de *ducroire*. La convention de ducroire est celle par

laquelle un courtier, un commissionnaire, un intermédiaire quelconque, en un mot, garantit l'une des parties ou toutes les deux contre tous les risques que pourrait leur faire courir l'opération engagée et stipule, par contre, à son profit une augmentation de salaire. L'inexécution totale ou partielle du marché, le retard qu'il peut subir, l'insolvabilité de l'acheteur ou du vendeur, tout est garanti par la convention de ducroire (1).

Le courtier qui la consent ne perd pas pour cela son caractère d'intermédiaire; il ne devient pas par là acheteur des marchandises vendues et débiteur personnel du prix de ces marchandises; il demeure purement et simplement courtier, ajoutant seulement à ses obligations ordinaires celle de garantir l'exécution du marché.

Il ne faut pas confondre la convention de ducroire avec le cautionnement ou l'assurance; elle a bien certains caractères de l'un et de l'autre; mais elle diffère du cautionnement en ce que le courtier ducroire peut être directement poursuivi, même sans que le tiers lésé se soit adressé à la cause première du préjudice qu'il

___

(1) Paris, 10 déc. 1854; D., 58. 2. 92. — Toulouse, 27 novemb. 1869; D., 70. 2. 118.

subit; elle diffère de l'assurance en ce que cette poursuite est recevable même avant la réalisation de l'événement garanti par la convention de ducroire (1).

Comment établira-t-on que le courtier a consenti une convention de ce genre? Il est admis, en ce qui concerne le commissionnaire, que cette convention peut se présumer, ou du moins s'induire, soit d'une augmentation insolite des droits de commission, soit des usages commerciaux de la place, soit de toute autre circonstance de fait laissée à l'appréciation du juge. Nous ne croyons pas qu'il faille décider de même en ce qui concerne le courtier; si la convention de ducroire est habituelle entre le commissionnaire et son commettant, elle est plus rare entre le courtier et son client, et pour que l'existence de cette convention soit prouvée il faut quelque chose de plus précis que de simples inductions.

Quelle est l'étendue de la responsabilité que peut encourir le courtier ducroire? Il garantit, avons-nous dit, tous les faits qui, se rapportant à l'affaire engagée, sont de nature à causer

---

(1) Dall., v° *Commiss.*, n°ˢ 71 et 73. — Bivort et Turlin, *op. cit.*, p. 55.

préjudice à son client; mais répond-il également des cas fortuits et de la force majeure? Nous ne le croyons pas; la convention de ducroire n'échappe pas à la règle de l'art. 1148, C. civ., qui décide que le débiteur ne répond pas, en principe, de la force majeure ou des cas fortuits; le courtier, il est vrai, pourrait à cet effet prendre un engagement spécial, qui étendît sa responsabilité; mais il faudrait que cet engagement fût formel; cette responsabilité n'a pas besoin d'être expressément limitée aux faits ordinaires et prévus pour rester soumise aux principes du droit commun (1).

490. — La liberté du courtage entraînait naturellement le droit pour le courtier de faire des affaires pour son propre compte; nous avons étudié plus haut la seule restriction apportée à cette règle, c'est-à-dire celle que contient l'art. 7 de la loi de 1866 qui interdit au courtier d'avoir, sans en prévenir les parties, un intérêt personnel dans l'affaire dont il est chargé. Nous ne voulons pas insister de nouveau sur ce point.

Peut-on obliger un courtier qui a consenti

(1) V., en sens contraire, Bivort et Turlin, *op. cit.*, p. 56.

une convention de ducroire à le déclarer, sous
peine de tomber sous l'application de la loi?
Nous ne le croyons pas; il n'y a pas là, ce nous
semble, l'intérêt personnel dont parle l'art. 7;
or, nous sommes ici en matière pénale, et en
matière pénale tout est de droit strict. Ajoutons, d'ailleurs, que, en pratique, lorsqu'un
courtier est ducroire les parties ne peuvent
l'ignorer (1).

491. — Rappelons pour mémoire que rien
n'interdit plus aux courtiers de marchandises
libres de faire telles associations qui leur conviennent.

492. — Les courtiers ont-ils le droit de servir d'intermédiaire pour la conclusion des
marchés à terme ou opérations de jeu?
La solution de cette question dépend du sen-
timent que l'on peut avoir sur la validité de ces
sortes d'opérations; on sait la controverse ar-
dente que cette difficulté soulève; il n'y a pas
intérêt à la reproduire ici; nous verrons seulement un peu plus loin (n° 498) quelle est la
conséquence du caractère spécial des marchés

(1) Bivort et Turlin, *op. cit.*, p. 64.

à terme sur les droits de courtage que le courtier peut réclamer.

493. — Une des principales conséquences de
la liberté du courtage des marchandises, proclamée et appliquée par la loi de 1866, a été
d'abolir les tarifs des droits que les courtiers
devaient exiger ; la fixation du montant de ces
droits est donc désormais laissée à la libre volonté des parties, qui débattent et arrêtent entre elles, comme bon leur semble et sur les bases qui leur conviennent, le taux du salaire dû
au courtier. Chaque courtier peut donc avoir
son tarif spécial, qu'il soumet à son client, et
que celui-ci accepte ou repousse à son gré.

494. — Ce courtage peut être stipulé pour
n'importe quelle opération : achat, vente ou revente, résiliation de marché (1), etc... On décidait, en ce sens, avant la loi de 1866 ; à plus
forte raison doit-il en être de même aujourd'hui.

495. — La preuve de l'existence de la convention qui permet au courtier de réclamer son
droit de courtage incombe à celui-ci, qui est

(1) Paris, 10 novemb. 1812 ; D., v° B. de comm., n° 541.

soumis aux obligations de tout demandeur ; toutefois les tribunaux conservent à cet égard une entière liberté d'appréciation ; ils pourraient même suppléer à l'absence de preuve par des constatations tirées des circonstances et pièces de la cause (1).

(1) Paris, 11 novembre 1873 (inédit), par adoption des motifs d'un jugement du tribunal de commerce de la Seine, du 20 juillet 1872, ainsi conçu :

« ..... Sur les 28,000 fr. :

» Attendu que Merlin prétend qu'une commission de 20,000 fr. lui aurait été promise par Bénédic en raison de ses soins à faciliter l'exécution d'un marché de six millions de cartouches, traité par ce dernier directement avec la commission d'armement pendant la guerre ;

» Attendu que Bénédic soutient qu'aucune convention n'est intervenue entre lui et Merlin ;

» Attendu que Merlin ne fournit pas la preuve que cette convention existe ;

» Mais attendu cependant que Merlin, d'après les instructions de Bénédic, a apporté un concours des plus actifs et des plus utiles pour faire accepter les fournitures sur le marché ; qu'à cet égard il a été entraîné à de nombreuses démarches par lesquelles il a réussi à lever toutes les difficultés survenues dans le cours d'exécution de ce marché ;

» Qu'en raison de ce concours il lui est dû une rémunération que le tribunal, à l'aide des moyens d'appréciation qu'il possède, et en l'absence de convention entre les parties, fixe à la somme de 5,000 fr.

» Sur les 97,000 fr. :

» Attendu que Bénédic prétend que Merlin n'est intervenu que dans un seul des trois marchés sur lesquels il réclame une commission, celui de un million de cartouches, lequel n'a pu recevoir d'exécution ; que, lui ayant donné une somme de 5,000 fr. pour reconnaître ses soins à cet égard, il l'a rémunéré suffisamment ;

En pratique, après chaque affaire conclue par son entremise, le courtier remet sa note à son client; si celui-ci ne formule sur-le-champ ni observations ni réclamations, on comprend que le courtier, en cas de difficultés postérieures, sera en droit de réclamer le paiement de cette note, même en justice, et les tribunaux alors ne pourront qu'accueillir sa demande, sauf dans le cas où, en vertu de ce pouvoir d'appréciation dont nous venons de parler, ils jugeraient que cette demande est exagérée (1).

» Mais attendu que Merlin a négocié et a signé pour le compte de Bénédic, à l'aide de la procuration à lui laissée à cet effet, les trois marchés sur lesquels il réclame une commission; qu'une majeure partie de ces marchés a été remplie, et que le taux de la commission n'ayant pas été convenu entre les parties, il appartient au tribunal d'en établir l'importance; qu'en raison des nombreuses démarches faites à ce sujet, ainsi que des frais nécessaires à la charge de Merlin, le tribunal, à l'aide des moyens d'appréciation qu'il possède, fixe l'importance de cette commission à 15,000 fr.;

» Attendu qu'il ressort de ce qui précède que Bénédic doit compte à Merlin, d'une part, de 5,000 fr., et, d'autre part, de 15,000 fr., soit ensemble 20,000 fr.; qu'il lui a payé une somme de 5,000 fr.; qu'il reste donc débiteur, vis-à-vis de Merlin, de 15,000 fr., au paiement desquels il doit être condamné..... »

(1) Paris, 11 août 1873 (inédit), par adoption des motifs d'un jugement du tribunal de commerce de la Seine, du 14 juillet 1872, ainsi conçu :

« ..... Att. que Charles, pour se refuser au paiement de 11,100 fr. qui lui sont réclamés par Rouault pour divers courtages sur les marchés faits pour son compte, allègue que le prix de ces courtages serait exagéré;

496. — Le supplément de courtage dû en vertu de la convention de ducroire, sur laquelle nous nous sommes expliqué plus haut (n° 489), a-t-il besoin d'être spécialement stipulé? Si la négative est généralement admise (1) en ce qui concerne le ducroire du commissionnaire, parce qu'une convention de ce genre étant fréquente il est possible de s'en rapporter aux usages commerciaux de la place, il nous semble qu'il n'en doit pas être de même pour les courtiers; vis-à-vis d'eux, la convention de ducroire est plutôt exceptionnelle; elle doit donc être formellement établie, aussi bien pour l'exécution des obligations qu'elle leur impose que pour la justification des droits qu'ils réclament.

497. — Le courtage est dû au courtier quand

» Mais attendu qu'il résulte des pièces produites au tribunal que, pour chaque affaire traitée pour le compte de Charles, Rouault a envoyé à celui-ci le taux de son courtage; que Charles n'a élevé à ce moment aucune protestation à ce sujet; que d'ailleurs l'exagération n'en est nullement justifiée aux yeux du tribunal; que l'objection qu'il élève aujourd'hui est donc tardive et ne saurait être accueillie;

Attendu qu'il ressort des faits de la cause que les courtages dus à Rouault se chiffrent bien par la somme de 11,100 fr.; que Charles ne justifie pas de sa libération; qu'il doit donc être tenu au paiement réclamé..... »

(1) Bruxelles, 7 octobre 1818. Dall., v° *Commiss.*, n°ˢ 73 et 88.

le mandat en vertu duquel il a agi a été donné et accepté, ou mieux dès que le marché passé par son intermédiaire est conclu. Peu importe en effet que ce marché reste inexécuté, si toutefois cette inexécution n'est pas imputable au courtier.

Il va sans dire qu'il ne lui serait rien dû, si, par sa faute ou par son dol, l'inexécution avait été totale (1); et dans les mêmes circonstances

(1) Paris, 2 mai 1874 ; D., 77. 2. 45. S., 76. 2. 324.

«... Considérant que depuis la loi des 18-24 juillet 1866, le courtier de marchandises exerce une profession libre, sauf les obligations imposées à celui qui a été inscrit sur la liste officielle, dressée en conformité des art. 2 et suiv. de ladite loi, et sauf l'interdiction portée en l'art. 7, lequel défend à tous courtiers, inscrits ou non sur la liste, de prendre un intérêt personnel, et sans avoir prévenu les parties, dans les affaires dont ils se chargent ;

» Considérant que le principe de l'irresponsabilité absolue des courtiers, quant à la suite où l'exécution donnée aux marchés traités par leur entremise, est demeuré en vigueur, sauf au cas où ils auraient commis une faute lourde ou un dol en mettant en présence des parties qu'ils sauraient n'être pas sérieuses ou solvables ;

» En ce qui touche plus spécialement les 875 fr. dont Halphen réclame le retranchement du compte des courtages ;

» Considérant qu'il n'est point établi qu'Antonin Lamboi et Ducrot aient connu l'insolvabilité de Joseph Lamboi au moment où le marché auquel se réfère la commission réclamée aurait été négocié par leur entremise ;

» Qu'il n'est point non plus démontré qu'ils y aient eu un intérêt personnel et caché, et qu'ils aient commis envers l'acheteur une faute dont ils lui devraient réparation ;

» Adoptant, au surplus, les motifs des premiers juges... »

Dans le même sens, Marseille, 11 juin 1875 ; J. M., 1875. 1. 270.

il ne lui serait dû, en cas d'exécution partielle du marché, qu'une rémunération proportionnelle aux soins qu'il aurait pris et à l'importance des affaires qu'il aurait traitées.

Quelle que soit donc la cause de l'inexécution du marché, si elle ne lui est pas imputable, le courtier est en droit de toucher son courtage; c'est ainsi qu'on ne pourrait lui objecter que le marché pour lequel il a servi d'intermédiaire a été annulé par suite d'événements de force majeure, et particulièrement de faits de guerre (1).

Une exception au principe qui proclame en

Trib. de comm. de la Seine, 16 septembre 1875, *Mémor.*, 1875. 1. 390 ; *id.*, 30 juin 1876; *eod. loco*, 1876. 1. 210; *id.*, 26 octob. 1877; *eod. loco*, 1877. 1. 32.

(1) Trib. de comm. de la Seine, 1er février 1872 ; *Droit*, 1872, n° 68.

«... Attendu que la demande de Rouault a pour objet le paiement de 1,449 fr. 45 c. pour courtages qui lui seraient dus sur différents marchés conclus par son intermédiaire pour le compte de Jacobsen ;

» Que ce dernier, pour repousser cette action et justifier ses offres. soutient qu'en raison du cas de force majeure qui a empêché l'exécution de certains de ces contrats, le surplus des prétentions de Rouault devrait être écarté ;

» Attendu qu'en principe le véritable rôle du courtier est de rechercher et de mettre en présence acheteur et vendeur d'une même marchandise, de constater leur accord sur la chose et sur le prix, et de le fixer par un écrit dit *marché ;*

» Que, ces conditions remplies, sa mission prend fin, et que les droits qui lui sont alloués, non en vue d'assurer l'exécution du mar-

tout état de cause le droit du courtier à son
courtage dès que le marché est conclu, est, pa-
raît-il, en usage à Marseille, où la jurisprudence décide que les droits de courtage ne sont
toujours acquis que dans la proportion et au
fur et à mesure des livraisons de marchandises (1).

ché, mais uniquement pour en avoir procuré la conclusion, lui sont,
dès ce jour, acquis, même à défaut de toute exécution ultérieure,
pour quelque cause que ce soit ;

» Attendu qu'il est constant, en fait, que, dans l'espèce, Rouault
s'est borné à faire acte de courtier ; que des circonstances de force
majeure, survenues depuis, et qui ont entraîné la résiliation des
marchés, ne peuvent porter atteinte à ses droits antérieurement
acquis et ne permettent pas au Tribunal d'en paralyser l'exercice... »

(1) Marseille, 22 octobre 1877 ; J. M., 78. 1. 25.

«... Attendu que Lachamp réclame à Dussau et Cⁱᵉ 580 fr. 95 c.
pour solde de courtages ;

» Que Dussau et Cⁱᵉ ne lui offrent que 186 fr. 65 c. ;

» Attendu que cette dernière somme représenterait, d'après Dussau et Cⁱᵉ, les courtages dus sur le montant des livraisons effectuées
à ce jour à valoir sur les diverses ventes verbales à terme faites
par l'entremise du sieur Lachamp ;

» Attendu que la prétention du sieur Lachamp est de se faire
payer son entier courtage sur l'ensemble de ces ventes ;

» Attendu qu'il est d'usage, à Marseille, que les courtages ne
sont réglés et payés aux courtiers qu'au fur et à mesure des livraisons ; que cet usage, notoire et invariablement suivi, et constaté
d'ailleurs par des décisions de ce tribunal, a pour base ce principe,
que le courtier n'a droit à son courtage que tout autant que la vente
sort à effet ;

» Attendu que les usages, en matière de commerce, lorsqu'ils
n'ont rien de contraire aux lois, font loi entre les commerçants ;

498. — Si l'opération dans laquelle il s'est entremis est un marché à terme ou une simple opération de jeu, le courtier a-t-il, en principe, droit à un courtage?

L'art. 1965, C. civ., refuse toute action au créancier d'une dette de jeu; la rigueur de cette règle doit-elle être étendue à ceux qui n'ont été que les intermédiaires d'une opération de ce genre et ne s'y sont trouvés mêlés qu'indirectement? On admet généralement l'affirmative, à la condition, toutefois, que l'intermédiaire, le courtier, dans l'espèce, ait su qu'il s'agissait en effet d'un marché fictif (1); mais notons que la preuve que le courtier connaissait la nature de l'opération engagée incombe à la partie qui lui refuse le paiement de ses droits de courtage (2).

---

que l'usage dont il s'agit dans l'espèce doit donc être appliqué et suivi entre les parties... »

V., dans le même sens, Marseille, 21 avril 1870 ; J. M., 70. 1. 153.

(1) Paris, 16 novembre 1838 ; D., v° B. de comm., n° 537.

(2) Bordeaux, 4 août 1835 ; D., v° Jeu-Pari, n° 21 :

«... Attendu que si la loi et l'intérêt du commerce doivent faire déclarer nuls les marchés à terme d'eaux-de-vie et de troix-six, lorsqu'une gageure se trouve déguisée sous les apparences d'une vente, il n'en peut être ainsi lorsque ces marchés sont sérieux et qu'ils ont été faits de bonne foi; que, sans doute, les bordereaux des courtiers, quoique revêtus de leurs formalités extrinsèques, ne suffisent pas pour constater la réalité et la sincérité de la convention, mais que, d'après le principe général en cette matière, la simulation étant une sorte de dol, c'est à celui qui l'allègue à le prouver ;

499. — Le droit de courtage est dû par celui qui s'est engagé à le payer ; c'est la convention qui, dans ce cas, fait la loi des parties. En dehors de toute convention à cet égard, il faut s'en rapporter à l'usage généralement adopté sur la place où le courtier opère.

Ordinairement le courtage est payé par l'acheteur, mais pour le compte et en l'acquït du vendeur, qui le supporte en définitive et le déduit du montant de sa facture. Il a été jugé en ce sens que le courtier qui aurait consenti à recevoir son courtage des mains de l'acheteur pour compte du vendeur a toujours le droit de se retourner vers celui-ci en cas de non-paiement ou de retard de la part de l'acheteur (1).

500. — L'action en paiement des droits de

» Attendu que dans le procès actuel les intimés ont agi comme mandataires de Tastavin ; que le mandat donné par ce dernier n'est pas contesté ; que les intimés n'ont fait que l'exécuter ; qu'ils justifient des achats qu'ils ont opérés pour leur commettant ; que la preuve qu'ils ont agi avec sincérité, c'est qu'au terme fixé une partie des marchandises a déjà été livrée ;

» Attendu que l'appelant ne fait pas la preuve de la simulation dont il excipe... »

V., dans le même sens, Dall., v° *B. de comm.*, n°ˢ 536-537 ; *Man. des court. de comm.*, n°ˢ 123, 176 et 177 ; Bivort et Turlin, *op. cit.*, p. 94.

(1) Trib. de comm. de la Seine, 16 sept. 1875 ; *Mém.*, 75. 1. 390.

courtage est valablement introduite devant le tribunal de commerce dans l'arrondissement duquel le contrat a été formé, ou devant celui dans l'arrondissement duquel le paiement devait être effectué (art. 420, C. proc. civ.).

Cette action n'est prescriptible que par l'expiration d'un délai de trente années (V. n° 92).

ANNEXES

Lois, Décrets, Ordonnances, Arrêtés, etc.

1

30 *janvier* 1350. — Ordonnance royale.

? . . . .

Nul courratier ne pourra estre marchant, acheteur
pour luy, de la marchandise dont il sera courratier, sur
ladite peine (d'estre banni de la vicomté de Paris par an
et jour.

. . . .

Nul courratier de draps, de pelleterie, d'épicerie, de
chevaux, de mercerie, de foin, ne d'autre marchandise
quelle qu'elle soit, ne pourra marchander, n'estre marchand par luy, ne par autre, ne estre compagnon de la
marchandise dont il sera courratier. Et tous les courra-
tiers donneront bons pleiges, sur peine de perdre leur
mestier, et l'amende de dix livres parisis, toutesfois

qu'ils feront le contraire, dont l'accusateur aura la quarte partie de l'amende...

. . . .

2

Juin 1572. — EDICT.

CHARLES, etc.

Comme en plusieurs bonnes villes de nostre Royaume, et autres lieux d'iceluy, l'estat de Courretier, auquel la légalité et preud' hommie sont principalement requises, soit exercé par toutes personnes indifféremment, qui s'en entremettent sans prester aucun serment par deuant nos iuges, et par ces moyens ont esté et sont commis infinis abus et maluersations : à quoy nous désirons et voulons pouruoir pour le bien de nos subiets et de la marchandise.

Sçauoir faisons, que pour ces considérations et autres à ce nous mouuans, auons créé et estably, creons et establissons en tiltre d'office tous courretiers qui exercent à présent fait de courtage, tant de changes et de deniers que de draps de soye, laines, toiles, cuirs, et autres sortes de marchandises : vins, bleds, et tous autres grains : de cheuaux, et aussi do tout autre bestial : à la charge que chacun d'eux sera tenu prendre de nous, dans deux mois, lettres de prouision desdits estats, pour apres estre receus par nos baillifs et seneschaux ou leurs lieutenants, et autres nos iuges des lieux, et en iouyr et vser comme les autres pourueuz de semblables offices.

Et iusques à ce qu'ils ayent esté pourueuz d'iceux , leur en auons apres lesdits deux mois passez , interdict et defendu tout exercice et entremise, à peine de punition corporelle et d'amende arbitraire.

3

Mars 1673. — Ordonnance du commerce.

Tit. II. — *Des agents de banque et courtiers.*

Art. 2. Ne pourront aussi les courtiers de marchandise en faire aucun trafic pour leur compte ni tenir caisse chez eux, ou signer des lettres de change par aval. Pourront néanmoins certifier que la signature des lettres de change est véritable.

Art. 3. Ceux qui auront obtenu des lettres de répit, fait contrat d'atermoiement, ou fait faillite, ne pourront être agents de change ou de banque, ou courtiers de marchandise.

4

Août 1681. — Ordonnance de la marine.

Louis , etc.

Après les diverses ordonnances que nous avons faites

pour régler par de bonnes lois l'administration de la justice et de nos finances, et après la paix glorieuse dont il a plu à Dieu de couronner nos dernières victoires, nous avons cru que, pour achever le bonheur de nos sujets, il ne restoit plus qu'à leur procurer l'abondance, par la facilité et l'augmentation du commerce, qui est l'une des principales sources de la félicité des peuples : et, comme celui qui se fait par mer est le plus considérable, nous avons pris soin d'enrichir les côtes qui environnent nos Etats de nombre de havres et de vaisseaux pour la sûreté et la commodité des navigateurs qui abordent à présent de toutes parts dans les ports de notre royaume. Mais parce qu'il n'est pas moins nécessaire d'affermir le commerce par de bonnes lois, que de le rendre libre et commode par la bonté des ports et par la force des armes, et que nos ordonnances, celles de nos prédécesseurs, ni le droit romain ne contiennent que très peu de dispositions pour la décision des différends qui naissent entre les négociants et les gens de mer, nous avons estimé que, pour ne rien laisser à désirer au bien de la navigation et du commerce, il étoit important de fixer la jurisprudence des contrats maritimes, jusqu'à présent incertaine ; de régler la juridiction des officiers de l'amirauté, et les principaux devoirs des gens de mer, et d'établir une bonne police dans les ports, côtes et rades qui sont dans l'étendue de notre domination. A ces causes, etc., ordonnons, et nous plaît, ce qui ensuit :

LIVRE PREMIER. — Des officiers de l'amirauté et
de leur juridiction.

Titre VII. — *Des interprètes et des courtiers conducteurs
des maîtres de navire.*

Art. 1er. Les interprètes ne pourront faire fonction de
leurs commissions qu'elles n'aient été enregistrées au
siège de leur établissement, et qu'ils n'aient fait expérience de leur capacité et prêté serment devant le lieutenant du siège.

Art. 2. Interpréteront devant les sièges d'amirauté
privativement à tous autres, les déclarations, chartes-
parties, connoissements, contrats et tous actes dont la
traduction sera nécessaire.

Art. 3. Serviront aussi de truchement à tous étrangers, tant maîtres de navire que marchands, équipages
de vaisseaux et autres personnes de mer.

Art. 4. Les traductions ne feront foi que lorsque les
parties auront convenu d'interprètes, ou qu'ils auront
été nommés par les juges.

Art. 5. Les interprètes nouveaux ou nommés se char-
geront au greffe des pièces dont la traduction sera ordonnée après qu'elles auront été paraphées par le juge,
et seront tenus de les rapporter, avec traductions, dans
le temps qui leur sera prescrit, sans qu'ils puissent exiger ni prendre plus grands salaires que ceux qui leur
seront taxés.

Art. 6. Pourront aussi servir de facteurs aux marchands étrangers dans les affaires de leur commerce.

Art. 7. Aucun ne pourra faire fonction de courtier conducteur de maîtres de navire, qu'il n'ait été immatriculé au greffe de l'amirauté, sur l'attestation que quatre notables marchands du lieu donneront de sa capacité et probité.

Art. 8. Les interprètes et courtiers auront un registre coté et paraphé en tous les feuillets par le lieutenant de l'amirauté, dans lequel ils écriront les noms des maîtres et des navires pour lesquels ils seront employés, le jour de leur arrivée, le port et la cargaison des vaisseaux, avec l'état des droits et des avaries qui auront été payés, et les salaires qu'ils auront reçus, à peine d'interdiction ; et sera le tout arrêté et signé sur le registre par les maîtres.

Art. 9. Faisons défenses aux interprètes et courtiers d'employer dans leurs états autres ni plus grands droits que ceux qu'ils auront effectivement payés, et de faire payer ou souffrir être payé par les maîtres qu'ils conduiront, autre chose que les droits légitimement dus, même sous prétexte de gratification, à peine de restitution et d'amende arbitraire.

Art. 10. Seront tenus de fournir pour les maîtres qui les emploient, les déclarations nécessaires aux greffes et bureaux établis pour les recevoir, à peine de répondre en leur nom des condamnations qui interviendront contre les maîtres, faute d'y avoir satisfait.

Art. 11. Faisons en outre défense, à peine de 30 livres d'amende, aux courtiers et interprètes, d'aller au-devant des vaisseaux, soit aux rades, soit dans les canaux ou rivières navigables, pour s'attirer les maîtres, capitaines ou marchands, qui pourront choisir ceux que bon leur semblera.

Art. 12. Feront résidence dans les lieux de leur établissement, à peine de privation de leur commission.

Art. 13. Les interprètes et courtiers ne pourront faire aucun négoce pour leur compte, ni même acheter aucune chose des maîtres qu'ils serviront, à peine de confiscation des marchandises et d'amende arbitraire.

Art. 14. Les maîtres et marchands, qui voudront agir par eux-mêmes, ne seront tenus de se servir d'interprètes ni de courtiers.

Art. 15. Faisons défenses aux courtiers et interprètes de mettre prix aux marchandises et denrées qui arrivent au port de leur résidence, à peine de punition exemplaire.

LIVRE III. — Des contrats maritimes.

Titre III. — *Du fret ou nolis.*

Art. 27. Faisons défenses à tous courtiers et autres de sous-fréter les navires à plus haut prix que celui porté par le premier contrat, à peine de 100 livres d'amende et de plus grande punition s'il y échet.

Titre VI. — *Des assurances.*

Art. 68. Faisons défenses à tous greffiers de police, commis de chambres d'assurances, notaires, courtiers et censaux, de faire signer des polices où il y ait aucun blanc, à peine de tous dommages-intérêts, comme aussi d'en faire aucunes dans lesquelles ils soient intéressés directement ou indirectement par eux ou par personnes interposées, et de prendre transport des droits des assurés, à peine de 500 livres d'amende pour la première fois, et de destitution en cas de récidive, sans que les peines puissent être modérées.

Art. 69. Leur enjoignons, sous pareilles peines, d'avoir un registre paraphé en chaque feuillet par le lieutenant de l'amirauté, et d'y enregistrer toutes les polices qu'ils dresseront.

5

10 *juillet* 1776. — LETTRES PATENTES.

Louis, etc.

Nous sommes instruits qu'il s'est élevé des contestations entre Pierre Bonnin, interprète courtier conducteur de navire, établi en la ville de Saint-Martin de l'île de Ré, et plusieurs marchands-commissionnaires de la même ville; que ledit Bonnin, en vertu de sa commission, a réclamé le droit exclusif d'accompagner les capitaines et marchands étrangers qui ne savent pas la langue française, tant au greffe de l'amirauté qu'au bureau des fermes, pour les assister et leur servir d'interprète dans leurs déclarations, et lorsqu'ils vont y prendre leurs expéditions; que les marchands de ladite ville de Saint-Martin ont prétendu, au contraire, avoir la faculté de remplir ces fonctions, relativement aux navires qui leur sont adressés, comme l'interprète courtier conducteur, et borner celui-ci aux seules fonctions exclusives d'assister les étrangers et de faire les traductions dans les procès intentés et poursuivis en justice. Que cette contestation ayant été portée successivement devant les

officiers de l'amirauté de France, il est intervenu, sur
l'appel des marchands de Saint-Martin, le 11 août dernier, un arrêt de notre cour de parlement de Paris, qui
a ordonné, avant faire droit, que les parties se retire-
roient par-devers nous, à l'effet de nous supplier d'interpréter l'ordonnance de la marine de 1681, relativement
aux interprètes-courtiers et conducteurs de navires, et
notamment les articles 7 et 14 du titre 7 au livre 1ᵉʳ, et
voulant faire connoître nos intentions à cet égard et mettre les parties dans le cas d'obtenir la justice qu'elles
réclament.

A ces causes, etc., expliquant, en tant que de besoin,
l'article 14 du titre 7, livre 1ᵉʳ de ladite ordonnance du
mois d'août 1681, avons ordonné, et par ces présentes,
signées de notre main, ordonnons que les maîtres et
marchands qui arriveront dans un port, soit en relâche,
soit pour y faire commerce de leurs cargaisons, qui sauront la langue française et qui voudront agir par eux-
mêmes, ne seront pas tenus de se servir des interprètes-
courtiers pour faire leurs déclarations dans les greffes
et dans les différents bureaux, et tous autres actes publics ; avons maintenu et maintenons les interprètes-
courtiers-conducteurs de navires, dans le droit exclusif
d'assister les capitaines et marchands étrangers qui ne
sauront pas la langue française, et de leur servir d'interprètes pour faire lesdites déclarations ou autres actes
publics. Ordonnons au surplus que l'ordonnance du mois
d'août 1681 sera exécutée selon sa forme et teneur.

Si donnons en mandement à nos amés et féaux, con-
seillers, les gens tenant notre cour de parlement, à
Paris, etc.

6

31 *janvier* 1777. — Arrêt du parlement, portant règlement pour les courtiers et interprètes.

Art. 1. Les art. 8 et 14 du titre VII de l'ordonnance
de la marine seront exécutés selon leur forme et teneur;
en conséquence, les courtiers-conducteurs des maîtres
de navires seront tenus d'avoir des registres cotés et
paraphés par le lieutenant de l'amirauté de La Rochelle, dans lequel ils écriront les noms des maîtres
de navires pour lesquels ils seront employés, le jour de
l'arrivée, le port et cargaison de leurs navires, avec l'état
en détail des avaries, des droits et sommes qu'ils auront
payés pour eux, comme aussi des salaires qu'ils en auront reçus; et sera le tout arrêté et signé sur lesdits registres par les maîtres qui sauront écrire, et à défaut par
leurs correspondants.

Art. 2. Fait défense auxdits courtiers-conducteurs des
maîtres de navires, relativement à l'art. 9 du même titre,
d'employer dans leurs états plus grands droits ni plus
grande somme que ceux par eux payés, et de recevoir
des maîtres qu'ils conduiront, autre chose que des droits
à eux légitimement dus, à peine de concussion; et pour
prévenir les abus, ordonne que lesdits courtiers donneront une quittance détaillée, conforme à l'état par eux
couché sur leurs registres, des sommes qu'ils recevront,
lesquelles, distinguées par articles, seront écrites en toutes lettres, à peine d'interdiction; et même de faux en
cas de contrariété entre la quittance et leur registre.

Art. 3. Pour prévenir les abus et l'arbitraire, fait défense auxdits courtiers de percevoir plus grands droits que ceux ci-après. (Suit le détail des droits.)

Art. 4. Ordonne que, dans les cas où lesdits bâtiments retourneront chargés après leur décharge, et que ce seroit le courtier qui eût procuré un fret, il lui sera payé pour le courtage du retour la valeur du fret d'un tonneau par bâtiment de quarante à cinquante tonneaux et au-dessus, qui seront frétés en plein, et la valeur de demi-fret d'un tonneau au-dessous de quarante, ou qui ne seroit frété qu'en partie; et le prix du fret pour fixer le salaire du courtier sera établi sur le prix commun du fret total de la cargaison ; ce qui aura lieu pour tous les bâti-ments qui viendroient au même port. Si le bâtiment n'est pas chargé en plein, ou qu'il ne décharge que partie de sa marchandise dans le port, le droit du courtier sera proportionné à la taxe ci-dessus ; et à l'égard des bâti-ments qui ne seront que de relâche, ne sera payé au courtier que ses droits pour la déclaration du maître, tant à l'amirauté qu'au bureau des fermes, s'il est néces-saire, lesquels seront de 3 livres pour tous les bâtiments de quelque grandeur qu'ils soient.

Art. 5. Quant aux navires et autres bâtiments venant de l'Amérique, de Marseille ou de l'Orient, les cargai-sons de ces bâtiments étant d'un plus grand détail, sera payé pour le droit de courtier : (Suit le détail des droits.)

Art. 6. Les navires et autres bâtiments qui viendront à leur lest dans le port, pour y prendre un fret, ne se-ront sujets aux droits de courtage pour leur arrivée, que comme les vaisseaux simplement de relâche, et les droits seront payés comme il est dit ci-dessus, art. 4 et 5.

Art. 7. Pour ce qui concerne les bâtiments étrangers,

sera payé, pour droit de courtage d'un navire chargé en plein, et qui y fera son entière décharge : (Suit le détail des droits.)

Art. 8. Et si les maîtres de navires ou les négociants à qui ils seront adressés exigent que les courtiers prennent le poids des marchandises dans les bureaux, qu'ils fassent des recensements dans les magasins pour en dresser des états ainsi que les décomptes des armements, qu'ils dressent les comptes des avaries, grosses ou autres opérations de cette nature, il leur sera dû une rétribution à part pour lesdites peines extraordinaires, ainsi qu'il sera convenu entre lesdits maîtres et courtiers ; en cas de contestations, la taxe en sera faite par le lieutenant de l'amirauté, en présence du substitut de notre procureur général, après avoir entendu les parties.

Fait défenses auxdits courtiers d'exiger de plus grands droits que ceux ci-dessus fixés, à peine de restitution de 20 livres d'amende pour la première fois, et d'interdiction en cas de récidive.

Ordonne que lecture et publication du présent règlement sera faite à l'audience de l'amirauté de France, à Paris, et à celle de La Rochelle, etc.

7

29 *mai* 1778. — Règlement en forme de lettres patentes, sur la police qui sera observée par les nouveaux courtiers de Marseille, dans l'exercice de leurs fonctions.

Louis, etc.

Art. 1. Les courtiers du commerce de la ville de Marseille ne pourront être admis à l'exercice de leurs fonctions qu'en vertu des commissions qui leur seront données par la chambre du commerce de ladite ville, et après qu'ils auront prêté le serment ordonné par notre édit du mois de janvier 1777, et conformément à notre déclaration du 25 octobre de la même année, à peine de faux.

Art. 2. Les courtiers ainsi établis pourront exercer le courtage et remplir toutes les fonctions qui en dépendent dans ladite ville de Marseille, pour raison des assurances, nolissement, remises d'argent, des lettres de change, billets à ordre ou autres papiers de commerce, des ventes et achats de marchandises, navires, biens meubles et immeubles.

Art. 3. Enjoignons à chaque courtier de tenir un livre duement paraphé, dans lequel il inscrira toutes les négociations et autres affaires traitées par son entremise, à l'exception des polices d'assurances, qu'il sera tenu d'enregistrer dans un registre particulier également paraphé, conformément à l'art. LXIX, tit. 6, liv. 3, de l'ordonnance de la marine de 1681.

Art. 4. Lesdits courtiers ne pourront se dispenser de vaquer par eux-mêmes à toutes leurs fonctions, sans le secours d'autres personnes, pour traiter et négocier les affaires, faire accorder et convenir les parties, donner le denier à Dieu.

Art. 5. Sera néanmoins permis à chaque courtier d'avoir, pour ses opérations extérieures, un seul commis qu'il présentera, et dont il fera enregistrer le nom à la chambre du commerce; faisons très expresses inhibitions et défenses audit commis de proposer, ébaucher, concilier, traiter ni résoudre par lui-même aucune affaire de quelque nature qu'elle soit, sous peine d'une amende de mille livres, dont le courtier sera solidairement responsable avec son commis. Voulons qu'en cas de récidive le courtier soit interdit de ses fonctions pour un an, le commis exclu du service des courtiers, et déclaré incapable d'être jamais pourvu de commission de courtier : que le courtier et le commis soient, en outre, solidairement condamnés en ladite amende de mille livres.

Art. 6. Le courtier qui aura un fils en état de l'aider pourra l'employer indépendamment de son commis ; pourra aussi le courtier qui aura deux fils les attacher l'un et l'autre au service de commis, sans qu'il puisse, dans ce cas, se servir de commis étrangers. Les enfants desdits courtiers ne pourront être employés qu'après avoir été présentés par leur père à la chambre du commerce où ils seront enregistrés ; seront, dans tous les cas, lesdits enfants de courtier, bornés aux fonctions de commis, conformément à l'article précédent, et sous les peines y énoncées.

Art. 7. En cas d'absence, maladie de quelque courtier, ou autre légitime empêchement, la chambre du commerce pourra, suivant les circonstances et le besoin, accorder à son fils ou à son commis la faculté de remplir les fonctions de courtier pour la négociation des affaires, à la charge de faire donner le denier à Dieu par un autre courtier, qui enregistrera dans son livre les conditions du traité, telles qu'elles auront été arrêtées en sa présence par les parties.

Art. 8. Les nouveaux courtiers de la ville de Marseille

se conformeront exactement aux ordonnances, et notamment à celles de 1673 sur le commerce, de 1681 sur la marine, ainsi qu'à l'édit du mois de janvier et à la déclaration du 25 octobre 1777 ; en conséquence leur faisons très expresses inhibitions et défenses de faire le change ou de tenir banque pour leur compte particulier, soit sous leurs noms, soit sous des noms interposés, directement ou indirectement, de tenir caisse chez eux, de signer des lettres de change et autres papiers de commerce, par aval, sous la peine portée par l'ordonnance de 1673.

Art. 9. Défendons aussi auxdits courtiers de laisser aucun blanc dans les polices d'assurances qu'ils feront signer, de s'intéresser directement ni indirectement dans lesdites assurances, ni de prendre aucun transport des droits des assurés.

Art. 10. Les courtiers ne feront signer aucune police d'assurance qu'elle ne contienne toutes les conditions convenues entre les parties, et notamment au sujet de la prime, soit qu'elle se paye comptant lors de la signature de la police, ou que la forme et le terme du payement soient autrement réglés entre l'assureur et l'assuré ; faisons défenses auxdits courtiers d'ouvrir des comptes aux parties contractantes, à raison desdites primes, de se rendre garants des assureurs ou des assurés, de prendre charge de ceux-ci lorsqu'il y aura lieu à la répétition de quelques pertes ou avaries, et généralement de se mêler directement ni indirectement de l'exécution des polices d'assurances.

Art. 11. Tout négociant, notaire, courtier ou autre personne, qui aura part à quelqu'une des contraventions mentionnées aux deux articles précédents, ou qui aura prêté son nom pour les commettre, sera déclaré non recevable en toute action résultante des polices d'assurances, quelles que soient les conventions y stipulées, et condamné, pour la première fois, à une amende de 500 livres, qui sera doublée en cas de récidive, sans préjudice de la destitution des courtiers, conformément à l'ordonnance de la marine, lesquelles amendes ne pourront être remises ni modérées, et seront appliquées, par moitié, à l'Hôtel-Dieu et à l'hôpital de la ville de Marseille ; enjoignons à la chambre du commerce de ladite ville, lorsqu'elle aura connaissance desdites contraventions, d'en faire poursuivre les auteurs devant les officiers de l'amirauté.

Art. 12. Faisons également très expresses inhibitions et défenses auxdits courtiers de faire aucun trafic, négoce, achat de marchandises sous leur nom, sous celui de leurs commis, de leurs enfants, ou d'autres personnes interposées, soit pour leur compte, soit pour le compte d'autrui, en qualité de commissionnaires, de participer à des compagnies et sociétés de commerce, de recevoir aucune adresse, de remplir aucune commission de la part des négociants externes, capitaines ou patrons, de diriger leurs ventes et opérations, le tout sous peine, contre lesdits courtiers, de telle amende qu'il appartiendra, suivant l'exigence des cas, et de destitution en cas de récidive.

Art. 13. Lorsque lesdits courtiers se seront rendus adjudicataires de marchandises et autres objets exposés aux enchères, ils seront tenus de déclarer le nom de la personne pour laquelle ils auront agi, dans les vingt-quatre heures de l'adjudication définitive qui leur aura été faite, sous les mêmes peines portées en l'article précédent.

Art. 14. Défendons expressément auxdits courtiers de déprécier les biens, les facultés, les marchandises et autres effets des habitants de la ville de Marseille ou des étrangers, ni d'établir des prix différents suivant la qualité et la réputation des personnes; seront tenus, lesdits courtiers, de suivre le prix commun et courant sur la vente des marchandises, dont ils avertiront les vendeurs, ainsi que les acheteurs, et procéderont, lesdits courtiers, dans tous les cas, aux marchés qu'ils concluront, avec la fidélité et la bonne foi requises, sans communiquer les secrets réciproques de leurs parties : le tout sous peine de 500 livres d'amende pour chaque contravention, et de plus grande peine en cas de récidive, suivant l'exigence des cas.

Art. 15. Ne pourront, lesdits courtiers, soit par eux, soit par leurs commis, courir ni entreprendre les uns les autres, dans les fonctions de courtage, et seront tous courtiers et commis, qui auront mis, en telle sorte et manière que ce puisse être, quelque obstacle à la négociation d'un autre courtier, condamnés solidairement en telle amende, dépens, dommages-intérêts qu'il appartiendra.

Art. 16. Défendons expressément à toute personne qui ne sera pas pourvue d'une commission de courtier par la chambre du commerce de Marseille, de s'entremettre directement ou indirectement, en ladite ville, dans aucune des fonctions du courtage, sous peine de trois mille livres d'amende par chaque contravention, et sous les autres peines portées par l'art. 9. de notre édit du mois de janvier 1777. N'entendons néanmoins préjudicier au droit dont jouissent les notaires de ladite ville de Marseille, de recevoir les contrats d'assurances, concurremment avec les courtiers.

Art. 17. Les salaires desdits courtiers seront fixés par le tarif, dont il leur sera remis un exemplaire avec leur commission; ils ne pourront, à quelque titre que ce puisse être, exiger de plus forts droits, émoluments ou rétributions que ceux réglés par ledit tarif, à peine de concussion.

Art. 18. Faisons très expresses inhibitions et défenses auxdits courtiers de faire aucune sorte de grâce ou remise sur les droits de courtage qui leur sont attribués, sous peine de mille livres d'amende pour la première contravention, de trois mille livres d'amende pour la seconde, et de destitution pour la troisième, lesquelles peines ne pourront, en aucun cas, être remises ni modérées.

Art. 19. Ceux desdits courtiers qui auront aidé ou favorisé des contraventions commises dans les fonctions du courtage, soit par d'autres courtiers, soit par des externes, seront punis de telle amende qu'il appartiendra, et même de destitution, si le cas y échet.

8

5 *septembre* 1784. — RÈGLEMENT que Sa Majesté veut et entend être gardé et observé par les agents de change

de la ville de Paris, et par les courtiers qui sont ou seront admis à suivre la Bourse.

Art. 1. Les agents de change et les courtiers admis à suivre la Bourse seront tenus, chacun en droit soi, de se conformer, particulièrement dans le fait des négociations et du cours des effets, aux ordonnances et règlements ; en cas de contestations entre eux, ils se retireront devant les syndic et adjoint pour les régler, sauf, en cas de difficultés, à en référer devant le lieutenant général de police.

Art. 2. Lorsqu'il y aura un nouveau cours des effets, les agents de change, vendeur ou acheteur, seront tenus, à la première réquisition de leur confrère, de se nommer.

Art. 3. Les agents de change ne pourront faire aucune société entre eux ni avec aucun marchand ; se servir de commis, facteur et entremetteur ; faire aucun commerce, directement ou indirectement, de lettres, billets, marchandises, papiers commerçables et autres effets pour leur compte, suivant et aux termes des art. 32, 33 et 34 de l'arrêt du conseil du 25 septembre 1724.

Art. 4. Tous ceux qui voudront être admis à suivre la Bourse seront tenus de se faire inscrire ; pour cet effet, ils présenteront un mémoire au lieutenant général de police, concernant leurs services et travaux dans le notariat ou la banque : ce mémoire sera communiqué aux syndic et adjoint de la compagnie des agents de change, pour avoir leur avis ; ils seront ensuite inscrits, s'il y a lieu, sur un registre paraphé par le lieutenant général de police : en cas de refus, il leur sera défendu de se

présenter à la Bourse, et s'ils parvenaient à s'y intro-
duire, ils en seront expulsés.

Art. 5. Attendu le défaut d'inscription depuis plusieurs années de la part du plus grand nombre de ceux
qui présentement fréquentent la Bourse, et qui ne doivent être admis à la suivre qu'après avoir obtenu ladite
inscription, il est ordonné que tous ceux déjà inscrits
ou non seront tenus de se présenter devant le lieutenant général de police, à l'effet d'obtenir une nouvelle
inscription.

Art. 6. Il sera donné note aux syndic et adjoint de la
compagnie, et aux officiers chargés de la police de la
Bourse, des courtiers qui auront été admis.

Art. 7. Le courtier qui aura commis quelque infidélité,
qui aura abusé de la confiance de ses commettants ou
qui se sera écarté de l'usage reçu dans les négociations,
sera expulsé de la Bourse, sans espérance de pouvoir y
rentrer ni de parvenir à une place d'agent de change.

Art. 8. Tous ceux qui auront obtenu l'inscription et
qui auront rapporté le certificat des syndic et adjoint,
agents de change, ordonné par l'art. 4 ci-dessus, pourront aspirer aux places d'agent de change vacantes, et y
être nommés par le contrôleur général des finances, sur
la présentation qui en sera faite par le lieutenant général de police, sans qu'il soit besoin d'être précédemment
compris au nombre desdits aspirants, condition dont Sa
Majesté les dispense, au moyen des formalités ordonnées
pour l'inscription.

Art. 9. Nul ne pourra, en aucun cas, se qualifier
agent de change s'il n'en a le droit et qualité, et s'il n'a
été reçu en ladite compagnie, à peine d'être privé pour

toujours de toute prétention à ladite place, même de l'entrée à la Bourse.

Art. 10. Il sera nommé tous les ans, par le lieutenant général de police, un comité de six agents de change, pour aider de leurs conseils les syndic et adjoint lorsqu'ils en auront besoin ; lequel comité pourra être continué avec l'agrément du lieutenant général de police.

Art. 11. Lorsqu'il sera procédé à la nomination annuelle d'un nouveau syndic, la présente instruction sera lue par le syndic sortant, au syndic entrant dans l'assemblée de la compagnie, et il en sera fait mention expresse dans la délibération qui contiendra sa nomination.

9

17 *mars* 1791. — Loi portant suppression de toutes les maîtrises et jurandes, et établissement de patentes.

Art. 2. A compter du 1er avril prochain, les offices de perruquiers-barbiers-baigneurs-étuvistes, ceux des agents de change, et tous autres offices pour l'inspection et les travaux des arts et du commerce, les brevets et les lettres de maîtrise, les droits perçus pour la réception des maîtrises et jurandes, ceux du collège de pharmacie, et tous privilèges de professions, sous quelque dénomination que ce soit, sont également supprimés.

Le comité de judicature proposera incessamment un projet de décret sur le mode et le taux des remboursements des offices mentionnés au présent article.

Art. 3. Les particuliers qui ont obtenu des maîtrises

et jurandes, ceux qui exercent des professions en vertu de privilèges ou brevets remettront, au commissaire chargé de la liquidation de la dette publique, leurs titres, brevets et quittances de finance, pour être procédé à la liquidation des indemnités qui leur sont dues, lesquelles indemnités seront réglées sur le pied des fixations de l'édit du mois d'août 1776 et autres subséquents, et à raison seulement des sommes versées au trésor public de la manière ci-après déterminée.

Art. 7. A compter du 1er avril prochain, il sera libre à toute personne de faire tel négoce, ou d'exercer telle profession, art ou métier qu'elle trouvera bon; mais elle sera tenue de se pourvoir auparavant d'une patente, d'en acquitter le prix suivant les taux ci-après déterminés, et de se conformer aux règlements de police qui sont ou pourront être faits, etc.

10

30 *mars* 1791. — Loi portant que les courtiers et agents de change, de commerce et de banque pourront continuer leurs fonctions jusqu'au 15 avril.

L'Assemblée nationale décrète ce qui suit :

Les courtiers, agents de change, de commerce et de banque, qui sont actuellement en activité, pourront continuer leurs fonctions jusqu'au 15 avril prochain.

Elle suspend jusqu'à ladite époque l'exécution du décret sur les patentes, concernant les agents et courtiers de change.

11

8 *mai* 1791. — Loi relative aux offices et commissions d'agents et courtiers de change, de banque et d'assurances, tant de terre que de mer, conducteurs-interprètes et autres.

L'Assemblée nationale décrète ce qui suit :

Art. 1. Les offices et commissions d'agents et courtiers de change, de banque, de commerce et d'assurances, tant de terre que de mer, conducteurs-interprètes dans les ports de mer, tant français qu'étrangers et autres, de quelque nature et sous quelque dénomination qu'ils aient été créés, sont supprimés, à compter du jour de la promulgation du présent décret.

Art. 2. Conformément à l'art. 7 du décret sur les patentes du 19 mars dernier, il sera libre à toutes personnes d'exercer la profession d'agent et courtier de change, de banque et de commerce, tant de terre que de mer ; mais à la charge de se conformer aux dispositions des règlements qui seront incessamment décrétés, sans que personne puisse être forcé d'employer leur ministère ; et cependant les anciens agents de change continueront d'exercer leurs fonctions, conformément aux anciens règlements, jusqu'à la promulgation des nouveaux règlements qui seront incessamment décrétés.

Art. 3. Tout particulier qui voudra exercer les fonctions d'agent et de courtier de change, de banque et de commerce, tant de terre que de mer, sera tenu de prendre une patente, qui ne pourra lui être délivrée qu'autant qu'il rapportera la quittance de ses impositions.

Art. 4. Celui qui aura pris une patente sera tenu de se présenter devant le juge du tribunal de commerce; il y fera sa déclaration qu'il veut exercer la profession d'agent et de courtier de change et de commerce, et il prêtera le serment de remplir ses fonctions avec intégrité, de se conformer aux décrets de l'Assemblée nationale et aux règlements.

Art. 5. Le greffier du tribunal lui délivrera une expédition de sa prestation de serment, qu'il sera tenu de produire à la municipalité pour y justifier qu'il a rempli cette formalité, sans laquelle il ne pourra user de la patente.

Art. 6. Nul ne pourra exercer tout à la fois la profession d'agent et de courtier de change, et celle de négociant, banquier, marchand, fabricant, commissionnaire, et même être commis dans aucune maison de commerce. Ceux qui auraient fait un contrat d'atermoiement ou faillite à leurs créanciers, ne pourront faire usage de la patente qui leur aurait été délivrée, à moins qu'ils ne se soient réhabilités, de quoi ils seront tenus de justifier.

Art. 7. Ne pourront, ceux qui seront reçus courtiers et agents de change, faire pour leur compte aucune espèce de commerce et négociation, à peine de destitution et de quinze cents livres d'amende. Ils ne pourront, sous les mêmes peines, endosser aucune lettre ou billet commerçable, donner aucun aval, tenir caisse ni contracter aucune société, faire ni signer aucune assurance, et s'intéresser directement ni indirectement dans aucune affaire; tous actes, promesses, contrats et obligations qu'ils auraient pu faire à cet égard seront nuls et de nul effet.

Art. 8. Ne pourront de même, les négociants, banquiers ou marchands, prêter leurs noms, directement ni indirectement, aux courtiers et agents de change, pour faire le commerce, et les intéresser dans celui qu'ils pourraient faire ; et ce sous peine d'être solidairement responsables et garants de toutes les condamnations pécuniaires qui pourraient être prononcées contre lesdits courtiers et agents de change.

Art. 9. Dans tous les lieux où il sera établi des courtiers et agents de change, il sera dressé un tableau sur lequel seront inscrits leurs noms et demeures ; ledit tableau sera affiché dans les tribunaux de commerce et dans les lieux où les marchands et négociants sont dans l'usage de s'assembler, ainsi qu'à la maison commune.

Art. 10. Les courtiers et agents de change seront obligés de tenir des livres ou registres-journaux en papier timbré, lesquels seront signés, cotés et paraphés par un des juges du tribunal de commerce. Lesdits registres seront écrits par ordre de dates, sans aucun blanc, et par articles séparés ; ils contiendront toutes les négociations et opérations de commerce pour lesquelles lesdits courtiers, agents de change et de commerce auront été employés, le nom des parties contractantes, ainsi que les différentes conditions convenues entre elles. Seront tenus lesdits courtiers de donner aux parties intéressées un extrait signé d'eux desdites négociations et opérations, dans le jour où elles auront été arrêtées.

Art. 11. Ils ne pourront, sous peine de destitution et de responsabilité, négocier aucun effet, lorsqu'il se trouvera cédé par un négociant dont la faillite sera déclarée ouverte, ou qui leur serait remis par des particuliers non connus et non domiciliés.

Art. 12. Les particuliers qui, sans être pourvus de patentes, se seraient immiscés dans les fonctions de courtiers et agents de change et de commerce, seront non recevables à intenter aucune action pour raison de leurs salaires ; les registres où ils auront écrit leurs négociations n'auront aucune foi en justice ; ils seront de plus sujets à l'amende déterminée par l'art. 19 du décret du 16 février dernier.

Art. 13. Les courtiers et agents de change, de banque et de commerce, ne pourront, à peine d'interdiction, se servir de commis, facteurs et entremetteurs pour traiter et conclure les marchés ou négociations dont ils seront chargés.

Art. 14. Il sera incessamment procédé par les tribunaux de commerce à la confection du tarif des droits de courtage dans les différentes places de commerce du royaume. Ce tarif aura force de loi dans chaque ville où il aura été fait ; et jusqu'à la publication du nouveau tarif, ceux actuellement subsistants continueront à être exécutés.

Art. 15. Il sera également fait, par les tribunaux de commerce, un règlement sur la manière de constater le cours du change et des effets publics.

Art. 16. Les courtiers et agents de change se conformeront aux dispositions du présent décret, à peine de destitution ; et ceux contre lesquels elle aura été prononcée ne pourront, dans aucun temps, quoique pourvus de patentes, en exercer les fonctions.

12

27 *juin* 1793. — Décret qui ordonne la fermeture de la Bourse.

La Convention nationale décrète que la Bourse établie à Paris, rue Vivienne, sera provisoirement fermée ; et charge son Comité de commerce de lui faire, sous trois jours, un rapport pour qu'il soit prononcé définitivement, et que les mesures nécessaires pour prévenir l'agiotage soient prises.

La Convention nationale charge son Comité de commerce de lui faire incessamment son rapport sur les moyens d'empêcher ou de punir les rassemblements d'agioteurs, quelque local qu'ils puissent choisir, autre que celui de la Bourse, fermée provisoirement par décret de ce jour.

13

15 *Germinal an VI.* — Loi relative à la contrainte par corps.

TITRE II. — *De la contrainte par corps en matière de commerce.*

Art. 1. A dater de la publication de la présente loi, la contrainte par corps aura lieu, dans toute l'étendue de la République française : 1° Contre les banquiers, agents

de change, courtiers, facteurs ou commissionnaires dont
la profession est de faire vendre ou acheter des marchandises moyennant rétribution, pour la restitution de
ces marchandises ou du prix qu'ils en toucheront ; 2°...

. . . .

Art. 3. Les femmes et les filles qui seront marchandes
publiques, ou celles mariées qui feront un commerce
distinct et séparé de celui de leurs maris, seront soumises à la contrainte par corps pour le fait de leur commerce, quand elles seraient mineures, mais seulement
pour exécution d'engagements de marchand à marchand,
et à raison des marchandises dont les parties feront respectivement négoce. Cette disposition est applicable aux
négociants, banquiers, agents de change, courtiers, facteurs et commissionnaires, quoique mineurs, à raison de
leur commerce.

14

22 *pluviôse an VII*. — Loi qui prescrit des formalités
pour les ventes d'objets mobiliers.

Art. 1. A compter du jour de la publication de la présente, les meubles, effets, marchandises, bois, fruits, récoltes et tous autres objets mobiliers, ne pourront être
vendus publiquement et par enchères qu'en présence et
par le ministère d'officiers publics ayant qualité pour y
procéder.

Art. 2. Aucun officier public ne pourra procéder à une
vente publique, et par enchères, d'objets mobiliers, qu'il
n'en ait préalablement fait la déclaration au bureau de

l'enregistrement dans l'arrondissement duquel la vente aura lieu.

Art. 3. La déclaration sera inscrite sur un registre qui sera tenu à cet effet, et elle sera datée. Elle contiendra les noms, qualités et domicile de l'officier, ceux du requérant, ceux de la personne dont le mobilier sera mis en vente, et l'indication de l'endroit où se fera la vente et du jour de son ouverture. Elle sera signée par l'officier public, et il lui en sera fourni une copie, sans autres frais que le prix du papier timbré sur lequel cette copie sera délivrée.

Elle ne pourra servir que pour le mobilier de celui qui y sera dénommé.

Art. 4. Le registre sera en papier non timbré. Il sera coté et paraphé, sans frais, par le juge de paix dans l'arrondissement duquel sera le bureau d'enregistrement.

Art. 5. Les officiers publics transcriront en tête de leurs procès-verbaux de vente les copies de leurs déclarations.

Chaque objet adjugé sera porté de suite au procès-verbal ; le prix y sera écrit en toutes lettres, et tiré hors ligne en chiffres.

Chaque séance sera close et signée par l'officier public et deux témoins domiciliés.

Lorsqu'une vente aura lieu par suite d'inventaire, il en sera fait mention au procès-verbal, avec indication de la date de l'inventaire, du nom du notaire qui y aura procédé, et de la quittance de l'enregistrement.

Art. 6. Les procès-verbaux de vente ne pourront être enregistrés qu'aux bureaux où les déclarations auront été faites.

Le droit d'enregistrement sera perçu sur le montant des sommes que contiendra cumulativement le procès-verbal des séances à enregistrer dans le délai prescrit par la loi sur l'enregistrement.

Art. 7. Les contraventions aux dispositions ci-dessus seront punies par les amendes ci-après, savoir :

De cent francs, contre tout officier public qui aurait procédé à une vente sans en avoir fait la déclaration ;

De vingt-cinq francs, pour défaut de transcription, en tête du procès-verbal, de la déclaration faite au bureau d'enregistrement ;

De cent francs, pour chaque article adjugé et non porté au procès-verbal de vente, outre la restitution du droit;

De cent francs aussi, pour chaque altération de prix des articles adjugés faite dans le procès-verbal, indépendamment de la restitution du droit et des peines de faux ;

Et *de quinze francs*, pour chaque article dont le prix ne serait pas écrit en toutes lettres au procès-verbal.

Les autres contraventions que pourraient commettre les officiers publics contre les dispositions de la loi sur l'enregistrement seront punies par les amendes et restitutions qu'elle prononce.

L'amende qu'aura encourue tout citoyen, par contravention à l'article premier de la présente, en vendant ou faisant vendre publiquement ou par enchères, sans le ministère d'un officier public, sera déterminée en raison de l'importance de la contravention : elle ne pourra cependant être au-dessous de cinquante francs, ni excéder mille francs pour chaque vente, outre la restitution des droits qui se trouveront dus.

Art. 8. Les préposés de la régie de l'enregistrement sont autorisés à se transporter dans tous les lieux où se feront des ventes publiques et par enchères, et à s'y faire représenter les procès-verbaux de vente et les copies des déclarations préalables.

Ils dresseront des procès-verbaux des contraventions qu'ils auront reconnues et constatées; ils pourront même requérir l'assistance d'un officier municipal, ou de l'agent, ou de l'adjoint de la commune, ou de la municipalité où se fera la vente.

Les poursuites et instances auront lieu ainsi et de la manière prescrite par la loi du 22 frimaire dernier sur l'enregistrement.

La preuve testimoniale pourra être admise sur les ventes faites en contravention à la présente.

Art. 9. Sont dispensés de la déclaration ordonnée par l'art. 2 les officiers publics qui auront à procéder aux ventes de mobilier national et à celles des effets des monts-de-piété.

Art. 10. Toutes dispositions de lois contraires à la présente sont abrogées.

_____

15

28 *ventôse an IX.* — Loi relative à l'établissement des Bourses de commerce.

Titre I. — *Etablissement des Bourses.*

Art. 1. Le gouvernement pourra établir des Bourses

de commerce dans tous les lieux où il n'en existe pas, et où il le jugera convenable.

Art. 2. Il pourra affecter à la tenue de la Bourse les édifices et emplacements qui ont été ou sont encore employés à cet usage, et qui ne sont pas aliénés.

Il pourra assigner à cette destination tout ou partie d'un édifice national, dans les lieux où il n'y a pas de bâtiments qui aient été ou soient affectés à cet usage.

Les banquiers, négociants et marchands pourront faire des souscriptions pour construire des établissements de ce genre, avec l'autorisation du gouvernement.

Art. 3. Le gouvernement pourvoira à l'administration des édifices et emplacements où se tiennent les Bourses, et de ceux qui seront affectés ultérieurement à la même destination, ou construits par le commerce.

Art. 4. Les dépenses annuelles relatives à l'entretien et réparation des Bourses seront supportées par les banquiers, négociants et marchands : en conséquence, il pourra être levé une contribution proportionnelle sur le total de chaque patente de commerce de première et deuxième classe, et sur celles d'agents de change et courtiers.

Le montant en sera fixé chaque année, en raison des besoins, par un arrêté du préfet du département.

Art. 5. Le gouvernement réglera le mode suivant lequel seront faits la perception et l'emploi et rendu le compte des fonds provenant de cette contribution.

TITRE II. — *Etablissement des agents de change et courtiers.*

Art. 6. Dans toutes les villes où il y aura une Bourse

il y aura des agents de change et des courtiers de commerce nommés par le gouvernement.

Art. 7. Les agents de change et courtiers qui seront nommés en vertu de l'article précédent auront seuls le droit d'en exercer la profession, de constater le cours du change, celui des effets publics, marchandises, matières d'or et d'argent, et de justifier devant les tribunaux ou arbitres la vérité et le taux des négociations, ventes et achats.

Art. 8. Il est défendu, sous peine d'une amende qui sera au plus du sixième du cautionnement des agents de change ou courtiers de la place, et au moins du douzième à tous individus autres que ceux nommés par le gouvernement, d'exercer les fonctions d'agent de change ou courtier.

L'amende sera prononcée correctionnellement par le tribunal de première instance, payable par corps, et applicable aux enfants abandonnés.

Art. 9. Les agents de change et courtiers de commerce seront tenus de fournir un cautionnement.

Le montant en sera réglé par le gouvernement, sur l'avis des préfets de département.

Il ne pourra excéder, pour les agents de change, la somme de soixante mille francs, ni être moindre de six mille francs en numéraire.

Pour les courtiers de commerce, il ne pourra excéder la somme de douze mille francs, ni être moindre de deux mille francs.

Le montant en sera versé à la caisse d'amortissement.

L'intérêt en sera payé à cinq pour cent.

Art. 10. En cas de démission ou décès, le cautionnement sera remboursé par la caisse d'amortissement à l'agent de change ou courtier, ses héritiers ou ayants cause.

Art. 11. Le gouvernement fera, pour la police des Bourses, et en général pour l'exécution de la présente loi, les règlements qui seront nécessaires.

16

29 *germinal an IX.* — ARRÊTÉ relatif à la désignation des villes où devront être établies des Bourses de commerce, à l'organisation et à la police de ces Bourses.

TITRE I. — *Dispositions préliminaires.*

Art. 1. Dans un mois, à compter de la publication du présent règlement, les ministres des finances et de l'intérieur feront connaître au gouvernement :

1º Quelles sont les villes où il convient d'établir des Bourses de commerce ;

2º Quelles sont celles des villes qui ont eu ou ont encore un local affecté à cette destination ;

3º Quels sont, dans les villes où il n'existe pas de local employé à ce service, les édifices ou emplacements nationaux qu'on y pourrait affecter ;

4º Les soumissions que pourraient souscrire les négociants à l'effet de construire des Bourses de commerce.

Art. 2. Les ministres de l'intérieur et des finances proposeront au gouvernement, séparément pour chaque ville, les arrêtés nécessaires pour affecter un local à la tenue de la Bourse, en conformité de la loi du 28 ventôse.

Art. 3. Le ministre de l'intérieur fera connaître au gouvernement, dans le même délai :

1° Le nombre d'agents de change et de courtiers qu'il sera convenable d'établir dans chaque ville où il y aura une Bourse ;

2° Quelles seront les places où il sera utile d'autoriser à exercer cumulativement les mêmes fonctions ;

3° Son avis sur la somme à laquelle il convient de porter le taux du cautionnement.

Art. 4. Sur le rapport du ministre de l'intérieur, les consuls détermineront par un arrêté :

1° Le nombre des agents de change et courtiers pour chaque place ;

2° Celles où ils pourront cumuler les deux fonctions ;

3° Le taux du cautionnement pour chacune.

TITRE II. — *De la nomination et réception des agents de change et courtiers de marchandises.*

Art. 5. La nomination des agents de change et courtiers aura lieu de la manière suivante :

Le tribunal de commerce de la ville nommera, dans une assemblée générale et spéciale, dix banquiers ou négociants, et, pour Paris, huit banquiers et huit négociants.

Ces citoyens se rassembleront pour former une liste double du nombre d'agents de change et courtiers à nommer. Ils adresseront cette liste au préfet du département, qui pourra y ajouter les noms qu'il voudra, sans excéder toutefois le quart du total.

Le préfet l'adressera au ministre de l'intérieur, qui pourra ajouter un nombre de noms égal aussi au quart de la première liste.

Il présentera ensuite la liste entière, avec ses propositions, au premier consul, qui fera la nomination.

Art. 6. Nul ne pourra être inscrit sur ces listes, s'il ne justifie qu'il a exercé la profession d'agent de change, courtier ou négociant, ou travaillé dans une maison de banque, de commerce, ou chez un notaire de Paris, pendant quatre ans au moins.

Art. 7. Aucun individu en état de faillite, ayant fait abandon de biens ou atermoiement, sans s'être depuis réhabilité, ou ne jouissant pas des droits de citoyen français, ne pourra être nommé agent de change ou courtier.

Art. 8. Au commencement de chaque trimestre, le tribunal de commerce nommera, conformément à l'article ci-dessus, dans les villes de département, dix négociants ou banquiers, et huit négociants et huit banquiers pour Paris, pour présenter une liste double, afin de pourvoir aux places vacantes. On suivra au surplus le même mode d'élection, et on sera astreint aux mêmes conditions d'éligibilité que pour la première élection.

Art. 9. Les commissions d'agents de change ou courtiers seront présentées et enregistrées au tribunal de commerce, qui recevra de l'agent de change ou courtier la promesse de fidélité à la Constitution.

Art. 10. Les noms et demeures de tous les agents de change et courtiers qui auront rempli la formalité portée en l'article précédent seront inscrits sur un tableau placé dans un lieu apparent, au tribunal de commerce et à la Bourse.

Titre III. — *Du cautionnement.*

Art. 11. Chaque agent de change ou courtier sera tenu de verser à la caisse d'amortissement le montant du cautionnement auquel il sera assujetti, en six termes égaux. Faute par lui de remplir un ou plusieurs termes de ses obligations, il sera rayé du tableau, à la diligence du préfet du département, et défenses lui seront faites d'exercer sa profession. Les sommes par lui payées lui seront remboursées sans intérêts.

Art. 12. Le cautionnement des agents de change ou courtiers sera spécialement affecté à la garantie des condamnations qui pourront être prononcées contre eux par suite de l'exercice de leurs fonctions. Lorsque les administrateurs de la caisse d'amortissement auront fait quelque paiement d'après la présente disposition, et que le cautionnement se trouvera entamé, l'agent de change ou courtier sera suspendu de ses fonctions jusqu'à ce qu'il l'ait complété entièrement.

Titre IV. — *Des droits de commission et de courtage.*

Art. 13. Les droits de commission et de courtage seront fixés par un arrêté des Consuls, sur le rapport du ministre de l'intérieur, qui consultera à cet effet les tribunaux de commerce des villes où il sera établi des Bourses, et le préfet du département.

Provisoirement, les usages locaux seront suivis.

TITRE V. — *De la police qui s'exercera à la Bourse sur les agents de change et courtiers.*

Art. 14. La police de la Bourse appartiendra, à Paris, au préfet de police, à Marseille, Lyon et Bordeaux, aux commissaires généraux de police; dans les autres villes, aux maires.

Ils désigneront un des commissaires de police ou un des adjoints, pour être présent à la Bourse, et en exercer la police pendant sa tenue.

Art. 15. Les agents de change de chaque place se réuniront et nommeront, à la majorité absolue, un syndic et six adjoints, pour exercer une police intérieure, rechercher les contraventions aux lois et règlements, et les faire connaître à l'autorité publique.

Art. 16. S'il arrive contestation entre les agents de change relativement à l'exercice de leurs fonctions, elle sera portée d'abord devant le syndic et les adjoints, qui sont autorisés à donner leur avis.

Si les intéressés ne veulent pas s'y conformer, l'avis sera renvoyé au tribunal de commerce, qui prononcera, s'il s'agit d'intérêts civils.

Et au commissaire du Gouvernement près le tribunal do première instance, s'il s'agit d'un fait de police et de contravention aux lois et règlements, pour qu'il exerce les poursuites sans délai : le tout sans préjudice du droit des parties intéressées.

Art. 17. Le préfet de police de Paris, le commissaire général de police de Marseille, Lyon et Bordeaux, et le maire des autres places de commerce, pourront proposer

la suspension des agents de change qui ne se conformeront pas aux lois et règlements, ou prévariqueront dans
leurs fonctions. Le préfet de police s'adressera, à cet effet,
au ministre de l'intérieur ;

Les commissaires généraux de police, aux préfets ;

Les maires, aux sous-préfets, qui en rendront compte
au préfet.

Sur le compte qui lui sera rendu, le ministre de l'intérieur pourra proposer au premier Consul de prononcer
la destitution de l'agent de change inculpé, après avoir
toutefois fait demander l'avis des syndics et adjoints, devant lesquels le prévenu sera entendu.

Art. 18. Les dispositions des articles 15, 16, 17, sont
communes aux courtiers de commerce.

Art. 19. Le préfet de police de Paris, sauf l'approbation du ministre de l'intérieur ; les commissaires généraux de police et les maires, sauf l'approbation du préfet
de département, pourront faire les règlements locaux
qu'ils jugeront nécessaires pour la police intérieure de
la Bourse.

17

1er *thermidor an IX*. — ORDONNANCE DU PRÉFET DE POLICE
concernant la police de la Bourse de Paris.

Le préfet de police,

Vu l'art. 25 de l'arrêté du 12 messidor an VIII qui lui
confère la police de la Bourse ;

Vu aussi les art. 14 et 19 de l'arrêté du 29 germinal
dernier ;

Ordonne ce qui suit :

Art. 1. La Bourse tiendra tous les jours, excepté les jours de repos indiqués par la loi; elle tiendra depuis deux heures jusqu'à trois heures pour les ventes et les achats, et depuis trois heures jusqu'à quatre pour les opérations de banque et les négociations de lettres de change et d'effets publics.

Art. 2. L'ouverture et la fermeture de la Bourse seront annoncées au son de la cloche.

Art. 3. Il y aura, à chaque séance de la Bourse, un commissaire de police, chargé de maintenir l'ordre, tant à l'intérieur qu'à l'extérieur, lequel, en cas de trouble ou d'excès commis, ou sur la demande motivée par écrit des syndic et adjoints, requerra la force armée, et dressera procès-verbal des faits et des moyens de répression qu'il aura employés.

Ce procès-verbal sera transmis de suite au préfet de police, qui statuera suivant l'exigence des cas.

Art. 4. Les agents de change et courtiers de commerce se réuniront à la Bourse, pour, en présence du commissaire de police, procéder à l'élection d'un syndic et de six adjoints, qui, conformément à l'art. 15 de l'arrêté du 29 germinal, exerceront une police intérieure, rechercheront les contraventions aux lois et règlements, et les déféreront à l'autorité publique par l'intermédiaire du commissaire de police.

La durée des fonctions du syndic et des six adjoints sera de trois mois.

Il sera procédé à leur renouvellement par la voie de l'élection, dans la forme ci-dessus prescrite.

Art. 5. La Bourse est ouverte à tous les citoyens jouissant de leurs droits politiques et aux étrangers.

Art. 6. Sont exclus de la Bourse les individus condamnés à des peines afflictives ou infamantes, et ceux qui sont ou ont été en faillite, et ne sont point réhabilités.

Art. 7. Les noms et demeures de tous les agénts de change et courtiers de commerce seront inscrits sur un tableau dans un lieu apparent de la Bourse.

Art. 8. Il est défendu, sous les peines portées par l'art. 13 de l'arrêté du conseil du 26 novembre 1781, à toute personne, autre que les agents de change et courtiers de commerce nommés par le gouvernement, de s'immiscer dans les négociations d'effets publics et papiers de commerce, et de s'entremettre dans les achats et ventes de marchandises, matières premières ou métalliques, soit dans l'intérieur, soit à l'extérieur de la Bourse.

Les commissaires de police sont spécialement chargés de veiller à ce qu'il ne soit pas contrevenu à la présente disposition; ils constateront les contraventions.

Art. 9. Il sera néanmoins permis aux marchands, négociants, banquiers et autres, qui sont dans l'usage d'aller à la Bourse, de négocier entre eux les lettres de change, billets au porteur et billets à ordre, sans l'entremise des agents de change, en se conformant aux règlements.

Art. 10. Lorsque deux agents de change seront d'accord d'une négociation à la Bourse, ils devront se donner réciproquement leurs billets, par lesquels l'un promettra de fournir les effets négociés et l'autre le prix des mêmes effets.

Art. 11. Les agents de change et courtiers seront tenus de fournir avant leur sortie de la Bourse, à ceux qui les auront employés, un bordereau, signé d'eux, des négociations et opérations qu'ils auront faites.

Art. 12. Il est défendu aux agents de change et courtiers de commerce de se faire suppléer ou représenter dans l'intérieur du parquet de la Bourse. Il est enjoint aux syndics, aux adjoints et aux commissaires de police d'interdire l'entrée du parquet à tout individu autre que les agents de change et courtiers de commerce.

Art. 13. Il ne pourra être fait à la Bourse, après le son de la cloche de retraite, aucune négociation.

Art. 14. Les noms des agents de change et courtiers destitués ou révoqués seront inscrits sur un tableau exposé à la Bourse.

Art. 15. Le cours des marchandises et matières métalliques et celui des effets publics ne pourront être établis que d'après les achats, ventes et négociations faites ou rappelées sur le parquet.

Art. 16. Il y aura pour le service de la Bourse un crieur public.

Ce crieur sera nommé par les syndics et les adjoints ; il annoncera les cotes des effets publics négociés sur le parquet.

Dans le cas où le crieur prévariquerait dans ses fonctions, il sera destitué par le préfet de police, d'après le procès-verbal du commissaire de la Bourse, et il sera pris contre lui telles autres mesures administratives qu'il appartiendra.

Art. 17. A la fin de chaque séance de la Bourse, les

agents de change se réuniront dans le parquet de la Bourse :

1° Pour vérifier les cotes des effets publics ;

2° Pour eu faire arrêter le cours par le syndic et un adjoint, ou par deux adjoints, en cas d'absence du syndic;

3° Pour faire constater dans la même forme le cours du change.

La même réunion aura lieu, de la part des courtiers de commerce, pour la vérification des cotes de marchandises et matières premières ou métalliques, et pour en faire constater le cours par leur syndic et un adjoint, ou par deux adjoints, en cas d'absence du syndic.

Les réunions ci-dessus mentionnées auront lieu en présence du commissaire de police, qui portera sur un registre le cours arrêté par les agents de change et les courtiers de commerce, chacun pour ce qui le concerne.

Art. 18. Il est expressément défendu à tous individus de se réunir dans les rues, dans les jardins publics, cafés et autres lieux, pour y faire des négociations publiques de banque, de finance et de commerce.

Art. 19. La présente ordonnance sera soumise à l'approbation du ministre de l'intérieur.

Art. 20. Elle sera imprimée, publiée et affichée, envoyée aux autorités qui doivent en connaître; aux officiers de police et aux préposés de la préfecture, pour que chacun, en ce qui le concerne, en assure l'exécution.

Le général commandant d'armes de la place est requis de leur faire prêter main-forte au besoin.

18

27 *prairial an X.* — Arrêté concernant les bourses de commerce.

§ Iᵉʳ. — *Dispositions générales.*

Art. 1. Les Bourses de commerce seront ouvertes à tous les citoyens, et même aux étrangers.

Art. 2. A Paris, le préfet de police réglera, de concert avec quatre banquiers, quatre négociants, quatre agents de change et quatre courtiers de commerce désignés par le tribunal de commerce, les jours et heures d'ouverture, de tenue et de fermeture de là Bourse.

Dans les autres villes, le commissaire général de police ou le maire fera cette fixation de concert avec le tribunal de commerce.

Art. 3. Il est défendu de s'assembler ailleurs qu'à la Bourse, et à d'autres heures qu'à celles fixées par le règlement de police, pour proposer et faire des négociations, à peine de destitution des agents de change ou courtiers qui auraient contrevenu, et, pour les autres individus, sous les peines portées par la loi contre ceux qui s'immisceront dans les négociations sans titre légal.

Le préfet de police de Paris, et les maires et officiers de police des villes des départements sont chargés de prendre les mesures nécessaires pour l'exécution de cet article.

Art. 4. Il est défendu, sous les peines portées par les articles 13 de l'arrêt du conseil du 26 novembre 1781, et

8 de la loi du 28 ventôse an IX, à toutes personnes autres que celles nommées par le Gouvernement, de s'immiscer, en façon quelconque, et sous quelque prétexte que ce puisse être, dans les fonctions des agents de change et courtiers de commerce, soit dans l'intérieur, soit à l'extérieur de la Bourse. Les commissaires de police sont spécialement chargés de veiller à ce qu'il ne soit pas contrevenu à la présente disposition.

Il est néanmoins permis à tous particuliers de négocier entre eux et par eux-mêmes les lettres de change ou billets à leur ordre ou au porteur, et tous les effets de commerce qu'ils garantiront par leur endossement, et de vendre aussi par eux-mêmes leurs marchandises.

Art. 5. En cas de contravention à l'article ci-dessus, les commissaires de police, les syndics ou les adjoints des agents de change et courtiers de commerce, feront connaître les contrevenants au préfet de police, à Paris, et aux maires et officiers de police, dans les départements; lesquels, après la vérification des faits et audition du prévenu, pourront, par mesure de police, lui interdire l'entrée de la Bourse.

En cas de récidive, il sera, par le gouvernement, déclaré incapable de pouvoir parvenir à l'état d'agent de change ou courtier : le tout sans préjudice de la traduction devant les tribunaux, pour faire prononcer les peines portées par les loi et arrêt du conseil ci-dessus cités.

Art. 6. Il est défendu, sous les peines portées contre ceux qui s'immiscent dans les négociations sans être agents de change ou courtiers, à tout banquier, négociant ou marchand, de confier ses négociations, ventes ou achats, et de payer des droits de commission ou de courtage à d'autres qu'aux agents de change et courtiers.

Les syndics et adjoints des agents de change et courtiers, le préfet de police de Paris et les maires et officiers de police des autres places de commerce sont spécialement chargés de veiller à l'exécution du présent article, et de dénoncer les contrevenants aux tribunaux.

Le commissaire du gouvernement sera tenu de les poursuivre d'office.

Art. 7. Conformément à l'article 7 de la loi du 28 ventôse an IX, toutes négociations faites par des intermédiaires sans qualité sont déclarées nulles.

Art. 8. Les compagnies de banque ou de commerce qui émettent des actions sont comprises dans la disposition des articles précédents, et ne pourront exiger d'autres garanties que celles prescrites par les lois et règlements.

Art. 9. Les agents de change pourront faire, concurremment avec les courtiers de commerce, les négociations en ventes ou achats des monnaies d'or ou d'argent et matières métalliques.

§ II. — *Obligations des agents de change et courtiers.*

Art. 10. Les agents de change et les courtiers de commerce ne pourront être associés, teneurs de livres ni caissiers d'aucun négociant, marchand ou banquier; ne pourront pareillement faire aucun commerce de marchandises, lettres, billets, effets publics et particuliers, pour leur compte, ni endosser aucun billet, lettre de change ou effet négociable quelconque, ni avoir, entre eux ou avec qui que ce soit, aucune société de banque ou en commandite, ni prêter leur nom, pour une négociation , à des citoyens non commissionnés, sous peine de trois mille francs d'amende et de destitution.

Il n'est pas dérogé à la faculté qu'ont les agents de change de donner leur aval pour les effets de commerce.

Art. 11. Les agents de change et courtiers de commerce seront tenus de consigner leurs opérations sur des carnets, et de les transcrire, dans le jour, sur un journal timbré, coté et paraphé par les juges du tribunal de commerce, lesquels registres et carnets ils seront tenus de représenter aux juges ou aux arbitres : ils ne pourront, en outre, refuser de donner des reconnaissances des effets qui leur seront confiés.

Art. 12. Lorsque deux agents de change ou courtiers de commerce auront consommé une opération, chacun d'eux l'inscrira sur son carnet, et le montrera à l'autre.

Art. 13. Chaque agent de change devant avoir reçu de ses clients les effets qu'il vend, ou les sommes nécessaires pour payer ceux qu'il achète, est responsable de la livraison et du paiement de ce qu'il aura vendu et acheté : son cautionnement sera affecté à cette garantie, et sera saisissable en cas de non-consommation dans l'intervalle d'une bourse à l'autre, sauf le délai nécessaire au transfert des rentes, ou autres effets publics dont la remise exige des formalités.

Lorsque le cautionnement aura été entamé, l'agent de change sera suspendu de ses fonctions jusqu'à ce qu'il l'ait complété entièrement, conformément à l'arrêté du 29 germinal an IX.

Les noms des agents de change ainsi suspendus de leurs fonctions seront affichés à la Bourse.

Art. 14. Les agents de change seront civilement responsables de la vérité de la dernière signature des lettres de change ou autres effets qu'ils négocieront.

Art. 15. A compter de la publication du présent arrêté, les transferts d'inscriptions sur le grand-livre de la dette publique seront faits au trésor public, en présence d'un agent de change de la Bourse de Paris, qui certifiera l'identité du propriétaire, la vérité de sa signature et des pièces produites.

Art. 16. Cet agent de change sera, par le seul effet de sa certification, responsable de la validité desdits transferts, en ce qui concerne l'identité du propriétaire, la vérité de sa signature et des pièces produites : cette garantie ne pourra avoir lieu que pendant cinq années, à partir de la déclaration du transfert.

Art. 17. En cas de mort, démission ou destitution d'un agent de change, il ne pourra, ainsi que ses héritiers et ayants cause, demander le remboursement du cautionnement par lui fourni, qu'en justifiant d'un certificat des syndics des agents de change, constatant que la cessation de ses fonctions a été annoncée et affichée, depuis un mois, à la Bourse, et qu'il n'est survenu aucune réclamation contre.

Art. 18. Ne pourront les agents de change et courtiers de commerce, sous peine de destitution et de trois mille francs d'amende, négocier aucune lettre de change, billet, vendre aucune marchandise appartenant à des gens dont la faillite serait connue.

Art. 19. Les agents de change devront garder le secret le plus inviolable aux personnes qui les auront chargés de négociation, à moins que les parties ne consentent à être nommées ou que la nature des opérations ne l'exige.

§ III. — *Des droits à percevoir par les agents de change ou courtiers, jusqu'à ce qu'il en ait été autrement ordonné par le gouvernement.*

Art. 20. Ne pourront les agents de change et courtiers de commerce exiger ni recevoir aucune somme au delà des droits qui leur sont attribués par le tarif arrêté par les tribunaux de commerce, sous peine de concussion; et ils auront la faculté de se faire payer de leurs droits après la consommation de chaque négociation, ou sur des mémoires qu'ils fourniront, de trois mois en trois mois, des négociations faites par leur entremise aux banquiers, négociants ou autres pour le compte desquels ils les auront faites.

§ IV. — *Dispositions concernant la discipline intérieure des agents de change et courtiers.*

Art. 21. Les fonctions des syndics et adjoints des agents de change et courtiers de commerce, conformément aux dispositions de l'art. 15 de l'arrêté du 29 germinal, dureront un an. Extrait de la délibération portant nomination sera, à chaque élection, envoyé dans les vingt-quatre heures au préfet de police, à Paris, et au commissaire général de police, ou au maire, dans les autres places.

Les syndics et adjoints des agents de change et courtiers donneront leur avis motivé sur les listes de candidats qui seront présentés au gouvernement.

Art. 22. Les agents de change et courtiers de com-

merce de chaque place sont autorisés à faire un règlement de discipline intérieure, qu'ils remettront au ministre de l'intérieur, pour être par lui présenté à la
sanction du gouvernement.

§ V. — *Dispositions particulières pour la ville de Paris.*

Art. 23. Il sera établi, à la Bourse de Paris, un lieu
séparé et placé à la vue du public, dans lequel les agents
de change se réuniront pour la négociation des effets publics et particuliers, en exécution des ordres qu'ils auront reçus avant la Bourse ou pourront recevoir pendant
sa durée : l'entrée de ce lieu séparé, ou parquet, sera interdite à tout autre qu'aux agents de change.

Il sera également établi un lieu séparé convenable
pour les courtiers de commerce.

Art. 24. Les agents de change étant sur le parquet
pourront prononcer à haute voix la vente ou l'achat d'effets publics et particuliers; et lorsque deux d'entre eux
auront consommé une négociation, ils en donneront le
cours à un crieur, qui l'annoncera sur-le-champ au public.

Art. 25. Ne sera crié à haute voix que le cours des effets publics : quant aux actions de commerce, lettres de
change et billets, tant de l'intérieur que de l'étranger,
leur négociation en exigeant l'exhibition et l'examen,
elle ne pourra être faite à haute voix, et les cours auxquels elle aura donné lieu seront recueillis, après la
Bourse, par les syndics et adjoints, et cotés sur le bulletin des cours.

Art. 26. Les syndics et adjoints des courtiers de commerce se réuniront également pour recueillir le cours des marchandises, et le coter, article par article, sur le bulletin.

Art. 27. Chaque agent de change pourra, dans le délai d'un mois, faire choix d'un commis principal qu'il présentera aux agents de change assemblés spécialement, lesquels, au scrutin et à la majorité, l'agréeront ou le rejetteront. La liste des commis ainsi agréés sera remise au préfet de police.

Art. 28. Ces commis ne pourront faire aucune négociation pour leur compte, ni signer aucun bulletin ou bordereau ; ils opéreront pour, au nom et sur la signature de l'agent de change : en cas d'absence ou de maladie, ils transmettront chaque jour les ordres qu'ils auront reçus pour leur agent, à celui de ses collègues fondé de sa procuration. Ils seront dans la dépendance et révocables à la volonté tant de leur agent que de la compagnie.

Art. 29. Les ministres de l'intérieur, de la police, de la justice, et des finances, sont chargés, chacun en ce qui le concerne, de l'exécution du présent arrêté, qui sera inséré au *Bulletin des lois*.

19

25 *nivôse an* XIII. — Loi concernant des mesures relatives au remboursement des cautionnements fournis par les agents de change, courtiers de commerce et autres.

Art. 1. Les cautionnements fournis par les agents de

change, les courtiers de commerce, les avoués, greffiers, huissiers et les commissaires-priseurs, sont, comme ceux des notaires (art. 23 de la loi du 25 ventôse an XI), affectés, par premier privilège, à la garantie des condamnations qui pourraient être prononcées contre eux par suite de l'exercice de leurs fonctions ; par second privilège, au remboursement des fonds qui leur auraient été prêtés pour tout ou partie de leur cautionnement, et, subsidiairement, au paiement, dans l'ordre ordinaire, des créances particulières qui seraient exigibles sur eux.

Art. 2. Les réclamants, aux termes de l'article précédent, seront admis à faire, sur ces cautionnements, des oppositions motivées, soit directement à la caisse d'amortissement, soit au greffe des tribunaux dans le ressort desquels les titulaires exercent leurs fonctions ; savoir, pour les notaires, commissaires-priseurs, avoués, greffiers et huissiers, au greffe des tribunaux civils ; et, pour les agents de change et courtiers, au greffe des tribunaux de commerce.

Art. 3. L'original des oppositions faites sur les cautionnements, soit à la caisse d'amortissement, soit au greffe des tribunaux, y restera déposé pendant vingt-quatre heures, pour y être visé.

Art. 4. La déclaration au profit des prêteurs des fonds de cautionnement, faite à la caisse d'amortissement à l'époque de la prestation, tiendra lieu d'opposition pour leur assurer l'effet du privilège du second ordre, aux termes de l'art. 1er.

Art. 5. Les notaires, avoués, greffiers et huissiers près les tribunaux, ainsi que les commissaires-priseurs, seront tenus, avant de pouvoir réclamer leur cautionne-

ment à la caisse d'amortissement, de déclarer au greffe
du tribunal dans le ressort duquel ils exercent, qu'ils
cessent leurs fonctions : cette déclaration sera affichée
dans le lieu des séances du tribunal pendant trois mois ;
après ce délai et après la levée des oppositions directement faites à la caisse d'amortissement, s'il en était survenu, leur cautionnement leur sera remboursé par cette
caisse, sur la présentation et le dépôt d'un certificat du
greffier, visé par le président du tribunal, qui constatera
que la déclaration prescrite a été affichée dans le délai
fixé ; que pendant cet intervalle, il n'a été prononcé contre eux aucune condamnation pour fait relatif à leurs
fonctions, et qu'il n'existe au greffe du tribunal aucune
opposition à la délivrance du certificat, ou que les oppositions survenues ont été levées.

Art. 6. Les agents de change et courtiers de commerce
seront tenus de remplir les formalités ci-dessus devant
les tribunaux de commerce ; ils feront, en outre, afficher,
pendant le même délai, la déclaration de la cessation de
leurs fonctions à la Bourse près de laquelle ils les exercent ; et ils produiront à la caisse d'amortissement le
certificat du syndic de cette Bourse, relatif à l'affiche de
leur démission, joint au certificat du greffier, visé par le
président du tribunal, motivé ainsi qu'il est prescrit par
l'article précédent.

Art. 7. Seront assujettis aux mêmes formalités, pour
la notification de la vacance, ceux qui seront destitués
et les héritiers de ceux qui seront décédés dans l'exercice de leurs fonctions.

20

18 *sept.* 1806. — Décret sur le mode de remboursement des cautionnements des titulaires décédés ou interdits.

Art. 1. La caisse d'amortissement est autorisée à rembourser les cautionnements des titulaires décédés ou interdits, aux héritiers ou ayants droit sur simple rapport : 1º du certificat d'inscription ou des titres constatant le paiement du cautionnement ; 2º des certificats de *quitus,* d'affiche et de non-opposition , prescrits par les lois des 25 nivôse et 6 ventôse an XIII ; 3º et d'un certificat ou d'un acte de notoriété, contenant les noms, prénoms et domicile des héritiers et ayants droit, la qualité en laquelle ils procèdent et possèdent, l'indication de leur portion dans le cautionnement à rembourser, et l'époque de leur jouissance. Ce certificat devra être délivré par le notaire détenteur de la minute, lorsqu'il y aura eu inventaire ou partage par acte public, ou transmission gratuite à titre entre-vifs ou par testament. Il le sera par le juge de paix du domicile du décédé, sur l'attestation de deux témoins , lorsqu'il n'existera aucun desdits actes en forme authentique. Si la propriété est constatée par jugement, le greffier dépositaire de la minute délivrera le certificat.

Art. 2. Ces certificats seront assujettis au simple droit d'enregistrement d'un franc, devront être légalisés par le président du tribunal de première instance, et conformes aux modèles annexés au présent décret.

21

12 *décembre* 1806. — Décret portant règlement sur le service du pilotage.

Art. 48. Les courtiers et consignataires des navires étrangers sont responsables du paiement des droits de pilotage d'entrée et de sortie.

22

12 *août* 1807. — Avis du Conseil d'Etat, sur la libération des mandats délivrés par la caisse d'amortissement, et sur les effets des oppositions relatives au cautionnement des fonctionnaires publics.

Le Conseil d'Etat, qui a entendu la section des finances sur un renvoi, qui lui a été fait par Sa Majesté, d'un rapport du ministre des finances, dans lequel le ministre propose les questions suivantes : 1º la caisse d'amortissement doit-elle être considérée comme régulièrement libérée des intérêts de cautionnements payés aux titulaires, d'après ses ordonnances ou mandats, lors même qu'il surviendrait à sa connaissance des oppositions dans l'intervalle du jour de l'ordonnance à celui où le paiement aura été effectué ? 2º toutes les oppositions formées à la caisse d'amortissement seront-elles censées affecter le capital et les intérêts échus et à échoir, à moins que mention expresse ne soit faite pour les restreindre au capital seulement ? 3° les oppositions faites aux greffes des tribunaux ne pourront-elles valoir que pour les capitaux, tant qu'elles n'auront pas été notifiées à la caisse d'amortissement ?

Vu les lois des 25 niv. et 6 vent. an XIII, qui ont réglé les droits et privilèges des créanciers de fonctionnaires publics et comptables sur les cautionnements en numéraires auxquels ils sont assujettis, et qui les autorisent à former sur ces cautionnements des oppositions motivées, soit directement à la caisse d'amortissement, soit au greffe des tribunaux dans le ressort desquels les titulaires exercent léurs fonctions :

Est d'avis, sur la première question, que la caisse d'amortissement est libérée du moment qu'elle a délivré ses mandats ; sur la seconde question, que les oppositions formées à la caisse d'amortissement affectent le capital et les intérêts échus et à écheoir, à moins que mention expresse ne soit faite pour les restreindre au capital seulement ; sur la troisième question, que les oppositions faites aux greffes des tribunaux ne peuvent valoir que pour les capitaux, tant qu'elles n'ont pas été notifiées à la caisse d'amortissement.

23

28 *août* 1808. — Décret qui prescrit les formalités pour l'acquisition d'un privilège de la part des prêteurs des fonds du cautionnement.

Art. 1ʳ. Les prêteurs de fonds pour cautionnement qui

n'auraient pas fait remplir à l'époque de la prestation les formalités exigées par les art. 2, 3 et 4 de la loi du 25 niv. an XIII, pour s'assurer de la jouissance du privilège de second ordre, pourront l'acquérir, à quelque époque que ce soit, en rapportant au bureau des oppositions établi à la caisse d'amortissement, en exécution de la susdite loi du 25 nivôse, la preuve de leur qualité, et mainlevée des oppositions existantes sur le cautionnement, ou le certificat de non-opposition du tribunal de première instance.

Art. 2. Il sera délivré aux prêteurs de fonds inscrits sur les registres des oppositions et déclarations de la caisse d'amortissement, et sur leur demande, un certificat conforme au modèle annexé au présent.

Art. 3. Les prêteurs de fonds ne pourront exercer le privilège du second ordre qu'en représentant le certificat mentionné en l'article précédent, à moins cependant que leur opposition ou la déclaration faite à leur profit ne soit consignée aux registres des oppositions et déclarations de la caisse d'amortissement ; faute de quoi ils ne pourront exercer de recours contre la caisse d'amortissement que comme les créanciers ordinaires, et en vertu des oppositions qu'ils auraient formées au greffe des tribunaux indiqués par la loi.

24

17 *mai* 1809. — Avis du Conseil d'Etat relatif aux moyens de réprimer l'exercice illicite des fonctions d'agent de change et de courtier sur les places de commerce, par des individus non commissionnés.

Le Conseil d'Etat, qui, d'après le renvoi ordonné par Sa Majesté, a entendu le rapport de la section de l'intérieur sur celui du ministre de ce département, relatif aux moyens de réprimer l'exercice illicite des fonctions d'agents de change et de courtiers sur les places de commerce, par des individus non commissionnés à cet effet, et en contravention aux dispositions de la loi du 28 ventôse an IX, qui a réorganisé les Bourses de commerce ;

Considérant qu'il importe, sans doute, de garantir, aux agents de change et aux courtiers de commerce patentés et institués légalement, l'exercice des fonctions qui leur sont attribuées par la loi, exclusivement à tous autres ; mais que la mesure proposée de faire prononcer administrativement sur les délits qui sont de la compétence des tribunaux n'atteindrait pas même le but qu'on désire, puisque les maires et les conseils de préfecture ne seraient pas investis, pour constater les contraventions et appliquer les peines de la loi, de moyens plus puissants que les tribunaux de première instance jugeant correctionnellement, à qui cette compétence appartient ;

Est d'avis que le projet de décret présenté par le ministre, tendant à donner à l'autorité administrative locale l'attribution de la police de l'agence de change et du courtage, ne peut être adopté ;

Qu'il convient d'appliquer à toutes les Bourses de commerce les dispositions des art. 2 et 3 du décret impérial du 10 septembre 1808, rendu pour l'établissement de la Bourse d'Amiens, portant, art. 2, « que le grand-juge, » ministre de la justice, donnera aux procureurs géné- » raux et impériaux l'ordre de poursuivre, selon la ri- » gueur des lois, tous agents de change, courtiers et né-

» gociants contrevenant aux lois sur les Bourses de
» commerce et au code de commerce, même par infor-
» mation et sans procès-verbaux préalables, ni dénon-
» ciation des syndics et adjoints des courtiers et agents
» de change. »

Que le ministre de la police générale donnera des ordres particuliers aux commissaires de police pour veiller
à l'exécution des lois sur cette matière, et informera les
cours et tribunaux des faits parvenus à sa connaissance;

Et que le présent avis soit inséré au *Bulletin des lois,*

25

22 *novembre* 1811. — DÉCRET portant que les ventes publiques de marchandises pourront être faites dans
toute espèce de cas par les courtiers de commerce.

Les ventes publiques de marchandises, à la Bourse et
aux enchères, que l'art. 492 du code de commerce autorise les courtiers de commerce à faire en cas de faillite
pourront être faites par eux dans tous les cas, même à
Paris, avec l'autorisation du tribunal de commerce donnée sur requête.

26

17 *avril* 1812. — DÉCRET qui détermine le mode d'exécution de celui du 22 novembre 1811 relatif aux ven-

tes publiques de marchandises par les courtiers de commerce.

Napoléon, etc.

Considérant que, lorsque nous avons rendu notre décret du 22 novembre 1811, portant : « Les ventes publi- » ques de marchandises à la Bourse et aux enchères, » que l'art. 492 du code de commerce autorise les cour- » tiers de commerce à faire en cas de faillite, pourront » être faites par eux dans tous les cas, même à Paris, » avec l'autorisation du tribunal de commerce, donnée » sur requête ; » nous avons ordonné qu'il serait fait un règlement qui établirait une ligne de démarcation entre les fonctions des commissaires-priseurs et celles des courtiers de commerce.

Notre Conseil d'Etat entendu,

Nous avons décrété et décrétons ce qui suit :

Art. 1. Les marchandises désignées au tableau annexé au présent décret sont celles que les courtiers de commerce, à Paris, peuvent vendre à la Bourse et aux enchères, après l'autorisation du tribunal de commerce, donnée sur requête.

Art. 2. Dans les autres villes de notre Empire, les tribunaux et les chambres de commerce dresseront un état des marchandises dont il pourrait être nécessaire, dans certaines circonstances, d'autoriser la vente à la Bourse et aux enchères, par le ministère des courtiers de commerce, et le soumettront à l'approbation de notre ministre des manufactures et du commerce.

Les tribunaux et les chambres de commerce donneront aussi leur avis sur les projets de règlements locaux relatifs aux mesures d'exécution.

Art. 3. Dans toutes les villes, toutes les fois qu'il s'agira de procéder à de telles ventes, et avant que les tribunaux de commerce puissent accorder leur autorisation, sauf les cas de faillite, les courtiers déposeront au greffe du tribunal de commerce, une déclaration, sur papier timbré, du négociant, fabricant ou commissionnaire qui aura demandé la faculté de vendre aux enchères, portant que les marchandises à vendre à la Bourse, en vente publique et aux enchères, sont sa propriété ; ou bien qu'elles lui ont été adressées du dehors par des marchands ou négociants qui l'ont autorisé à les vendre et à les réaliser par la voie de la vente publique et à la Bourse ; ou bien encore, que le produit desdites ventes doit servir à rembourser des avances faites, ou à payer des acceptations accordées, par suite de l'envoi desdites marchandises.

Néanmoins, et malgré les cas énoncés ci-dessus, les tribunaux de commerce seront juges de la validité des motifs.

Art. 4. Avant de procéder aux ventes mentionnées ci-dessus, il sera dressé et imprimé un catalogue des denrées et marchandises à vendre, lequel portera la date de l'approbation accordée par le tribunal de commerce, et sera signé par le courtier chargé de la vente.

Ce catalogue contiendra sommairement les marques, numéros, nature, qualité et quantité de chaque lot de marchandises, les magasins où elles sont déposées, les jours et les heures où elles pourront être examinées, et les jours et les heures où la vente publique et aux enchères en sera faite à la Bourse.

Seront également mentionnées les époques des livraisons, les conditions de paiement, les tares, avaries, et
toutes les autres indications et conditions qui seront la
base et la règle du contrat entre les vendeurs et les acheteurs.

Ces imprimés seront affichés aux lieux les plus appa-
rents et les plus fréquentés de la Bourse, pendant le
temps qui sera fixé par le tribunal de commerce, mais
au moins pendant les trois jours consécutifs qui précé-
deront la vente.

Art. 5. Au moment de la vente, et avant qu'il soit procédé aux enchères, un échantillon de chaque lot sera exposé sur le bureau et placé de manière que les acheteurs
puissent l'examiner et le comparer avec l'indication portée sur l'imprimé.

Art. 6. En marge de chaque lot, et lors de la vente,
seront écrits les noms et demeures des acheteurs et le
prix de l'adjudication.

Les lots ne pourront être, d'après l'évaluation approximative et selon le cours moyen des marchandises, au-
dessous de deux mille francs pour la place de Paris, et
de mille francs pour les autres places de commerce.

Les tribunaux de commerce pourront les fixer à un
taux plus élevé ; mais, dans aucun cas, les lots ne pourront excéder une valeur de cinq mille francs.

Art. 7. Les enchères seront reçues, et les adjudications
faites par le courtier chargé de la vente. Il dressera procès-verbal de chaque séance d'enchères ; et, dans les
vingt-quatre heures, il le déposera au greffe du tribunal
de commerce.

Art. 8. Après chaque séance d'enchères, les noms des

acheteurs, le numéro des lots et les prix d'adjudications seront recordés ; et les acquéreurs apposeront leur signature sur les feuilles qui contiendront leurs enchères, en témoignage de reconnaissance des lots qui leur sont échus.

S'il s'élevait à cet égard quelques difficultés, la déclaration du courtier vaudra ce qu'elle vaudrait dans les achats et ventes de gré à gré.

Art. 9. Faute par l'adjudicataire de prendre livraison dans les délais fixés, la marchandise sera revendue à la folle enchère et à ses périls et risques, trois jours après la sommation qui lui aura été faite de recevoir, et sans qu'il soit besoin de jugement.

Art. 10. Après les livraisons des marchandises, les comptes seront dressés par les négociants vendeurs ; ils seront visés par le courtier chargé de la vente, et ils seront ainsi payés par les acheteurs, suivant les conditions des enchères.

Art. 11. Le droit de courtage pour ces ventes sera fixé par les tribunaux de commerce ; mais, dans aucun cas, il ne pourra excéder le droit établi dans les ventes de gré à gré pour les mêmes sortes de marchandises.

Art. 12. En cas de contestation, elle sera portée devant le tribunal de commerce, qui prononcera, sauf l'appel, s'il y a lieu.

Art. 13. Au surplus, les courtiers de commerce se conformeront aux dispositions prescrites par la loi du 22 pluviôse an VII, concernant la vente publique des meubles.

TABLEAU.

Alizari, alun, amandes, amidons, anis vert, argent-

vif. Bois de teinture, bois d'acajou, bois d'ébène, borax
raffiné, brai. Cacao, café, camphre, cannelle, caret, céruse, chanvre, cire, cotons en laine, cochenille, colle,
couperose, crême de tartre, cuirs en poil. Dents d'éléphant. Eau-de-vie, étain, essence de térébenthine. Fanons de baleine, fer-blanc. Galles, garance, girofle, gom-
mes. Huiles. Indigo, ipécacuanha. Jalap. Laines, litharge,
Manne, mélasse, miel, minium, morue, muscades. Nan-
kins. Opium. Piment, plombs, poivre, potasse, prunes
d'Ante en caisse. Quercitron, quinquina. Réglisse, rhubarbe, riz, rocou. Safran, safranum, salsepareille, savon,
sel, soudes, soufre en canne et en masse, soie de porc,
sumac, sucre de réglisse, suif. Thé. Vanille, verdet, vins.
Zinc.

27

22 *décembre* 1812. — Décret relatif aux déclarations à
faire par les titulaires de cautionnements en faveur de
leurs bailleurs de fonds, pour leur faire acquérir le
privilège du second ordre.

Art. 1. Les déclarations à faire à l'avenir par les titulaires de cautionnements en faveur de leurs bailleurs de
fonds, pour leur faire acquérir le privilège du second
ordre, seront conformes au modèle ci-annexé, passées
devant notaires, et légalisées par le président du tribunal de l'arrondissement.

Art. 2. Dans le cas où le versement à la caisse d'amortissement serait antérieur de plus de huit jours à la date

de ces déclarations, elles ne seront valables qu'autant qu'elles seront accompagnées du certificat de non-opposition, délivré par le greffier du tribunal du domicile des parties, dont il sera fait mention dans lesdites déclarations, lesquelles au surplus ne seront admissibles à la caisse d'amortissement, s'il y a des oppositions à cette caisse, que sous la réserve de ces oppositions.

Art. 3. Le droit d'enregistrement de ces déclarations est fixé à un franc.

Art. 4. Il n'est point dérogé par le présent décret à celui du 28 août 1808, portant que « les prêteurs de fonds » ne pourront exercer le privilège du second ordre qu'en » représentant le certificat mentionné à l'art. 2 de ce » décret, » à moins cependant que leur opposition ou la déclaration faite à leur profit ne soit consignée aux registres des oppositions et déclarations de la caisse d'amortissement; faute de quoi, ils ne pourront exercer de recours contre la caisse d'amortissement que comme les créanciers ordinaires, et en vertu des oppositions qu'ils auraient formées aux greffes des tribunaux indiqués par la loi.

28

22 *janvier* 1813. — Décret relatif à une nouvelle fixation du nombre des courtiers attachés au service de la Bourse de Marseille, et au mode de désignation de ceux d'entre eux qui pourront exercer les fonctions spéciales de courtiers interprètes conducteurs de navires et celles de courtiers d'assurances.

Art. 1. Le nombre des courtiers attachés au service de la Bourse de Marseille, qui a été fixé à cinquante par l'arrêté du 13 messidor an IX (2 juillet 1801), sera porté à cinquante-quatre.

Leur cautionnement demeurera fixé à cinq mille francs.

Art. 2. Sur le nombre ci-dessus, il sera nommé huit courtiers qui joindront à la faculté d'exercer les différents courtages mentionnés dans le susdit arrêté de l'an IX les fonctions spéciales de courtiers interprètes conducteurs de navires, conformément au Code de commerce.

Art. 3. A dater du présent décret, les courtiers qui désireront cumuler les fonctions de courtiers interprètes conducteurs de navires seront tenus de justifier de leur aptitude à remplir ces fonctions, par la déclaration assermentée de quatre négociants faisant ou ayant fait le commerce avec l'étranger, et désignés par le tribunal de commerce ; lesquels négociants affirmeront devant le tribunal de commerce qu'il est à leur connaissance que tel individu, courtier de commerce, sait telle ou telle langue, est capable de l'entendre et de l'interpréter.

Art. 4. Dans les dix jours de la notification qui leur sera faite du présent décret, en la personne du syndic de leur compagnie, par le préfet des Bouches-du-Rhône, les courtiers actuels qui voudront exercer les fonctions de courtiers interprètes conducteurs de navires, et qui auront les qualités nécessaires, seront tenus d'en faire la déclaration à la préfecture du département. Ils justifieront de leur capacité suivant les règles prescrites par l'art. 3 ci-dessus.

Art. 5. Après l'expiration du susdit délai de dix jours,

le préfet du département des Bouches-du-Rhône provo-
quera la convocation du jury de commerce, lequel devra
procéder à la formation d'une liste double du nombre
des places de courtiers à remplir.

Cette liste, ainsi que l'état des déclarations faites et
des attestations obtenues en exécution de l'article précédent, seront adressés à notre ministre des manufactures
et du commerce, sur le rapport duquel il sera procédé
par nous à la nomination aux places qui ne se trouveront
pas remplies, et à la délivrance de nouveaux brevets à
ceux qui seront autorisés à cumuler les fonctions de
courtiers de marchandises et de courtiers interprètes
conducteurs de navires.

Art. 6. Dans le cas où il ne se trouverait pas, parmi
les courtiers actuels, et où il ne se présenterait pas le
nombre d'individus nécessaire, aux termes de l'article
ci-dessus, pour exercer les fonctions de courtiers interprètes conducteurs de navires des nations étrangères
avec lesquelles la ville de Marseille est destinée à avoir
des relations commerciales, le jury aura soin, à l'avenir, de choisir parmi les nouveaux candidats ceux qui,
ayant d'ailleurs toutes les autres qualités requises, seront en état d'interpréter celles des langues étrangères
qui sont les plus nécessaires au commerce de Marseille,
et pour lesquelles il n'y aurait pas déjà de courtier proposé ou nommé.

Art. 7. Les courtiers de commerce institués en vertu
de l'arrêté du 13 messidor an IX continueront, à présent et à l'avenir, les fonctions cumulées qui leur ont été
attribuées par ledit arrêté.

Art. 8. A l'avenir, les courtiers de commerce qui se-

ront nommés et voudront exercer les fonctions de courtiers d'assurances subiront un examen devant un jury
composé du président du tribunal de commerce, du président de la chambre de commerce, de deux négociants
armateurs et de deux négociants assureurs.

Les deux négociants armateurs et les deux négociants
assureurs seront nommés par le préfet.

Art. 9. Les candidats seront interrogés sur les règles
et les principes du contrat d'assurances et du contrat à la
grosse, sur les obligations des assureurs et des assurés,
sur les actes de délaissement et les règlements d'avaries,
sur les devoirs et les qualités des courtiers d'assurances,
et généralement sur tous les objets et détails qui sont relatifs à l'exercice de ce courtage.

Art. 10. Il sera délivré un certificat à ceux des courtiers de commerce qui auront été reconnus, par le jury,
avoir les connaissances et les qualités nécessaires.

Ce certificat sera remis au préfet et transmis à notre
ministre des manufactures et du commerce, qui nous
proposera, s'il y a lieu, d'accorder au courtier, par sa
commission, l'autorisation de cumuler le courtage des
assurances.

Art. 11. Les dispositions des arrêtés et décrets rendus
précédemment pour la Bourse de Marseille, qui seraient contraires au présent décret, seront regardées
comme nulles et non avenues.

Art. 12. Notre ministre des manufactures et du commerce, et notre ministre des finances, sont chargés de
l'exécution du présent décret, qui sera inséré au *Bulletin
des lois.*

29

28 *avril* 1816. — Extrait de la LOI SUR LES FINANCES.

TITRE IX. — *Des cautionnements.*

Art. 90. Il sera fait, par le gouvernement, une nouvelle fixation des cautionnements des agents de change et courtiers de commerce : cet état sera réglé sur la population et le commerce des lieux où résident lesdits agents de change et courtiers, et portera les cautionnements au *minimum* de quatre mille francs, et au *maximum* de cent vingt-cinq mille francs.

Art. 91. Les... agents de change et courtiers, etc., pourront présenter à l'agrément de Sa Majesté des successeurs, pourvu qu'ils réunissent les qualités exigées par la loi. Cette faculté n'aura pas lieu pour les titulaires destitués.

Il sera statué, par une loi particulière, sur l'exécution de cette disposition et sur les moyens d'en faire jouir les héritiers ou ayants cause desdits officiers.

Cette faculté de présenter des successeurs ne déroge point, au surplus, au droit de Sa Majesté de réduire le nombre desdits fonctionnaires..., etc.

Art. 92. Les cautionnements et suppléments de cautionnement demandés par la présente loi seront versés au trésor, savoir : un quart en numéraire, un mois après la promulgation de la présente loi, et les trois autres quarts en obligations payables à la fin des mois de juillet, octobre et décembre 1816.

. A l'égard des cautionnements intégraux à fournir pour des créations de places nouvelles ou pour des mutations, ils seront versés en numéraire avant l'installation des fonctionnaires.

Art. 93. L'intérêt des cautionnements et des suppléments de cautionnement continuera d'être payé comme pour le cautionnement primitif, aux taux et aux époques usités pour le passé.

Art. 94. Les fonds de tous les cautionnements fournis jusqu'à ce jour ayant été remis au trésor, il demeure chargé de rembourser le capital lorsqu'il y aura lieu, et d'en payer les intérêts ainsi que ceux des suppléments et des cautionnements nouveaux qu'il recevra en exécution de la présente loi.

L'intérêt des cautionnements nouveaux sera fixé à quatre pour cent sans retenue.

Art. 95. Il sera pourvu au remplacement des fonctionnaires qui ne fourniraient pas les cautionnements et suppléments de cautionnement dans le délai ci-dessus fixé, ou qui manqueraient de s'acquitter aux époques déterminées ci-dessus.

Art. 96. Nul ne sera admis à prêter serment et à être installé dans les fonctions auxquelles il aura été nommé, s'il ne justifie préalablement de la quittance de son cautionnement.

30

1er *mai* 1816. — Extrait de l'ORDONNANCE DU ROI concernant l'exécution du titre 9 de la loi des finances, relatif aux suppléments de cautionnement.

Louis, etc.

Vu le titre 9 de la loi du 28 avril 1816, relatif aux suppléments de cautionnement,

Avons ordonné et ordonnons :

Art. 1. Les suppléments de cautionnement à fournir, en exécution de ladite loi, par les receveurs généraux, receveurs particuliers d'arrondissement, payeurs des divisions militaires et des départements, employés des contributions directes, conservateurs des hypothèques, agents de l'administration des douanes, *agents de change et courtiers de commerce*, sont fixés conformément aux états annexés à la loi.

31

8 *mai* 1816. — Extrait de l'ORDONNANCE DU ROI qui transfère au trésor l'administration des cautionnements, précédemment attribuée à l'ancienne caisse d'amortissement.

Art. 1. Le service des cautionnements, précédemment attribué à la caisse d'amortissement, est transféré au trésor royal.

Art. 3. Les règles suivies, tant pour la recette, l'inscription, les transferts, applications et remboursements des cautionnements que pour le mode et les époques de paiement des intérêts, sont maintenues, sauf les modifications dont le temps et l'expérience pourront démontrer la convenance et la nécessité pour l'avantage respectif des créanciers et du trésor.

32

3 *juillet* 1816. — ORDONNANCE DU ROI qui règle le mode de transmission des fonctions d'agents de change et de courtiers de commerce dans tout le royaume, en cas de démission ou de décès.

LOUIS, etc.

Vu l'art. 91 de la loi du 28 avril présente année, après avoir réglé, par notre ordonnance du 29 mai 1816, le mode de nomination des agents de change de Paris, placés dans les attributions du ministre secrétaire d'Etat au département des finances ;

Voulant statuer sur celui qu'il convient d'adopter tant pour les agents de change des autres places que pour les courtiers de commerce de tout le royaume, les uns et les autres ressortissant au ministre de l'intérieur.

Sur le rapport de notre ministre secrétaire d'Etat au département de l'intérieur,

Nous avons ordonné et ordonnons ce qui suit :

Art. 1. Dans le cas de transmission prévu par l'art. 91 de la loi du 28 avril dernier, les agents de change et courtiers de commerce pourront présenter leurs successeurs, à la charge, par ces derniers, de justifier, de la manière ci-après déterminée, qu'ils réunissent les qualités requises.

La même faculté est accordée aux veuves et enfants des titulaires qui décéderaient en exercice.

Art. 2. Les demandes de transmission seront adressées aux préfets, et par eux renvoyées aux tribunaux de commerce du ressort.

Ces tribunaux donneront leur avis motivé sur l'aptitude et la réputation de probité du candidat présenté, en se conformant d'ailleurs aux art. 88 et 89 du Code de commerce, et aux art. 6 et 7 de l'arrêté du 29 germinal an IX [19 avril 1801].

Les demandes seront ensuite communiquées par le préfet aux syndic et adjoints des agents de change et des courtiers, pour avoir leurs observations.

Partout où il n'existe pas de syndic et adjoints, l'avis favorable du tribunal de commerce sera suffisant.

Art. 3. Ces formalités remplies, la demande sera adressée à notre ministre secrétaire d'Etat de l'intérieur par le préfet, qui y joindra son avis.

Notre ministre secrétaire d'Etat agréera définitivement le candidat et le proposera à notre nomination.

Art. 4. Les agents de change ou courtiers de commerce, leurs veuves et enfants, ne pourront jouir du bénéfice de l'art. 91 de la loi du 28 avril dernier, s'ils ne justifient du versement intégral du cautionnement, tant en principal qu'à titre de supplément.

Art. 5. Il n'est rien changé au mode actuel de nomination des agents de change et des courtiers de commerce, toutes les fois qu'il n'y aura pas lieu à l'application de l'art. 91 de ladite loi.

33

3 *juillet* 1816. — Extrait de l'ORDONNANCE DU ROI relative aux attributions de la caisse des dépôts et consignations créée par la loi du 28 avril 1816.

SECTION I. — *Des sommes qui doivent être versées dans la caisse des dépôts et consignations.*

Art. 1. La caisse des dépôts et consignations, créée par l'art. 110 de la loi du 28 avril dernier, recevra seule toutes les consignations judiciaires.

Art. 2. Seront en conséquence versés dans ladite caisse :

8° Les sommes saisies et arrêtées entre les mains de dépositaires ou débiteurs, à quelque titre que ce soit ; celles qui proviendraient de vente de biens meubles de toute espèce, par suite de toute sorte de saisies, ou même de ventes volontaires, lorsqu'il y aura des oppositions dans les cas prévus par les art. 656 et 657 du Code de procédure civile.

11° Les deniers provenant des ventes des meubles, marchandises des faillis et de leurs dettes actives, dans le cas prévu par l'art. 497 du Code de commerce.

12° Les sommes d'argent trouvées ou provenues des ventes et recouvrements dans une succession bénéficiaire, lorsque, sur la demande de quelque créancier, le tribunal en aura ordonné la consignation.

SECTION II. — *Obligations des officiers ministériels ou autres, tenus de faire des versements à la caisse des dépôts et consignations.*

Art. 7. Tout notaire, greffier, huissier, commissaire-priseur, *courtier*, etc., qui aura procédé à une vente, sera tenu de déclarer au pied de la minute du procès-verbal en le présentant à l'enregistrement, et de certifier, par sa signature, qu'il a ou n'a pas d'oppositions, et qu'il a ou n'a pas connaissance d'oppositions aux scellés ou autres opérations qui ont précédé ladite vente.

Art. 8. Les versements des sommes énoncées au n° 8 de l'art. 2 seront faits dans la huitaine, à compter de l'expiration du mois accordé par l'art. 656 du Code de - procédure aux créanciers pour procéder à une distribution amiable.

Ce mois comptera, pour les sommes saisies et arrêtées, du jour de la signification au tiers-saisi, du jugement qui fixe ce qu'il doit rapporter.

S'il s'agit de deniers provenant de ventes ordonnées par justice, ou résultant de saisies-exécutions, saisies foraines, saisies-brandons, ou même de ventes volontaires auxquelles il y aurait eu des oppositions, ce délai courra du jour de la dernière séance du procès-verbal de vente.

Art. 9. Conformément à l'art. 10 de la déclaration du 29 février 1648 et de celle du 16 juillet 1669, le directeur général de la caisse des consignations pourra décerner, ou faire décerner par les préposés de la caisse, des contraintes contre toute personne qui, tenue, d'après les dispositions ci-dessus, de verser des sommes dans ladite caisse ou dans celle de ses préposés, sera en retard de remplir ces obligations; il sera procédé pour l'exécution desdites contraintes comme pour celles qui sont décernées en matière d'enregistrement, et la procédure sera communiquée à nos procureurs près les tribunaux.

Art. 10. Tout notaire, *courtier*, commissaire-priseur,

huissier ou geôlier, qui aura contrevenu aux obligations qui lui sont imposées par la présente ordonnance, en conservant des sommes de nature à être versées dans la caisse des consignations, sera dénoncé par nos préfets ou procureurs à celui de nos ministres dans les attributions duquel est sa nomination, pour sa révocation nous être proposée, s'il y a lieu, sans préjudice des peines qui sont ou pourront être prononcées par les lois.

SECTION III. — *Obligations de la caisse des dépôts et consignations et de ses préposés.*

Art. 11. La caisse des consignations aura des préposés, pour le service qui lui est confié, dans toutes les villes du royaume où siège un tribunal de première instance.

Elle sera responsable des sommes par eux reçues, lorsque les parties auront fait enregistrer leurs reconnaissances dans les cinq jours de celui du versement, conformément à l'art. 3 de la loi du 18 janvier 1805 [28 nivôse an XIII].

34

18 *décembre* 1816. — ORDONNANCE DU ROI portant établissement de cinq courtiers d'assurances maritimes près la Bourse de Paris.

Art. 1. Il y aura près la Bourse de Paris cinq courtiers d'assurances maritimes.

Art. 2. Ils seront réunis aux courtiers de commerce ,
et ne formeront avec eux qu'une seule compagnie.

Art. 3. Leur cautionnement sera de quinze mille
francs.

Art. 4. Les droits pour le courtage d'assurances seront
réglés d'après l'usage de nos places maritimes. Le tarif
en sera reconnu et proposé immédiatement par le tribunal de commerce : notre ministre secrétaire d'Etat de
l'intérieur statuera , et le règlement adopté sera affiché
au tribunal de commerce de la Bourse.

Art. 5. Les courtiers d'assurances qui seront nommés
ne pourront entrer en fonctions, s'ils n'ont , au préalable , justifié du versement intégral de leur cautionnement.

35

9 *janvier* 1818. — ORDONNANCE DU ROI portant fixation des
cautionnements des agents de change et courtiers.

LOUIS , etc.

Sur le rapport de nos ministres secrétaires d'État aux
départements de l'intérieur et des finances ;

Vu l'article 90 de la loi du 28 avril 1816 ;

Vu notre ordonnance du 1er mai suivant ;

Notre Conseil d'Etat entendu :

Nous avons ordonné et ordonnons ce qui suit :

Art. 1. Les cautionnements des agents de change et
courtiers sont et demeurent fixés conformément au tableau ci-joint.

Art. 2. Nos ministres secrétaires d'Etat aux départements de l'intérieur et des finances sont chargés de l'exécution de la présente ordonnance, qui sera insérée au
Bulletin des lois.

EXTRAIT DU TABLEAU.

DÉPARTEMENTS.	RÉSIDENCE.	QUALITÉS.	FIXATION.
Bouches-du-Rh.	Marseille.	Court. d'ass. et cond. de nav.	8,000
Calvados.	Caen.	Court. conducteur de navires.	5,000
—	Honfleur.	Court. d'ass. et cond. de nav.	4,000
Charente.	La Rochelle.	Court. conducteur de navires.	4,000
Charente-Infér.	La Tremblade.	Id.	4,000
—	Marans.	Id.	4,000
—	Marennes.	Id.	4,000
—	Oléron (Ile d').	Id.	4,000
—	St-Martin-de-Ré.	Id.	4,000
—	Rochefort.	Id.	4,000
—	Tonnay-Charente	Id.	4,000
Finistère.	Brest.	Id.	5,000
—	Morlaix.	Court. d'ass. et cond. de nav.	4,000
—	Quimper.	Court. conducteur de navires.	4,000
Gironde.	Barsac.	Court. d'ass. et cond. de nav.	4,000
—	Blaye.	Id.	4,000
—	Bordeaux.	Id.	8,000
—	Lamarque.	Id.	4,000
—	Langon.	Id.	4,000
—	Langoiran.	Id.	4,000
—	Libourne.	Id.	4,000
Hérault.	Cette.	Court. conducteur de navires.	4,000
Ile-et-Villaine.	Redon.	Id.	4,000
—	Saint-Malo.	Court. d'ass. et cond. de nav.	4,000
Loire-Inférieure	Nantes.	Id.	8,000

DÉPARTEMENTS.	RÉSIDENCE.	QUALITÉS.	FIXATION.
Loire-Inférieure	Le Croisic.	Court. conducteur de navires.	4,000
—	Paimbœuf.	Id.	4,000
—	Saint-Nazaire.	Id.	4,000
Manche.	Cherbourg.	Id.	4,000
Morbihan.	Lorient.	Court. d'ass. et cond. de nav.	4,000
—	Port-Louis.	Court. conducteur de navires.	4,000
—	Vannes.	Court. d'ass. et cond. de nav.	4,000
Nord.	Dunkerque.	Agent de change, courtier de marchandises et de navires.	12,000
Pas-de-Calais.	Boulogne.	Court. conducteur de navires.	5,000
—	Calais.	Id.	4,000
Basses-Pyrénées	Bayonne.	Court. d'ass. et cond. de nav.	4,500
Seine.	Paris.	Courtier d'assurances. . . .	15,000
Seine-Inférieure	Le Havre.	Court. d'ass. et cond. de nav.	8,000
—	Rouen.	Id.	7,000
—	Dieppe.	Court. conducteur de navires.	4,000
Var.	Toulon.	Id.	4,500

36.

21 *avril* 1818. — Extrait de LA LOI SUR LES DOUANES.

TITRE VII. — *Dispositions réglementaires.*

Art. 51. Les marchandises avariées par suite d'événements de mer, qui ne conservent plus la valeur fixée par le prix courant des mêmes espèces de marchandises obtiendront une réduction de droits proportionnelle à leur dépréciation, lorsqu'elle résultera d'une vente publique.

Art. 52. Cette vente aura lieu par courtiers de commerce ou autres officiers publics, et sous la surveillance du receveur des douanes, sans le concours duquel il ne pourra être fait aucune opération ni passé aucun acte.

Art. 53. L'administration des douanes pourra, dans les vingt-quatre heures, déclarer qu'elle prend l'adjudication à son compte, en payant cinq pour cent au dernier enchérisseur.

Art. 54. Les marchandises avariées qu'il ne conviendrait pas aux consignataires de faire vendre aux conditions ci-dessus pourront être réexportées, lors même qu'elles auraient été déclarées pour la consommation, nonobstant les dispositions de loi à ce contraires.

Art. 55. Les déclarants conserveront la faculté de séparer, dans une partie de marchandises qu'une même déclaration comprend, les colis qu'ils veulent réexporter, vendre à l'enchère ou soumettre au triage, ainsi qu'il va être dit, des colis qui sont en état de supporter l'application pure et simple du tarif.

Si, dans un même colis, l'on peut séparer les parties de marchandises avariées de celles restées intactes, la douane (dans le cas où le négociant ne consentirait pas à la vente publique) en permettra le triage, pour n'assujettir que ces dernières au droit intégral ; le reste sera détruit en présence des préposés, qui en dresseront procès-verbal.

Art. 56. Les procès-verbaux de vente ou destruction dressés en vertu de la présente ne seront assujettis qu'au droit fixe d'un franc pour leur enregistrement.

Art. 57. Aucunes denrées, comestibles ou substances médicales, pour lesquelles on aura demandé une réduction de droits par suite d'avarie, ne pourront être vendues ni livrées que d'après une attestation délivrée par le magistrat chargé en chef de la police locale, portant que l'avarie des marchandises n'est pas de nature à nuire à la santé.

Art. 58. Nulle réduction de droits ne peut être accordée, à quelque titre que ce soit, ailleurs que dans les ports ouverts à l'entrée des marchandises désignées par l'art. 22 de la loi du 28 avril 1816.

Art. 59. Au moyen des huit articles qui précèdent, la troisième section du titre VIII de la loi du 8 floréal an XI est annulée.

37

15 *mai* 1818. — Extrait de la LOI DES FINANCES.

TITRE VII. — *Droit d'enregistrement et de timbre.*

Art. 74. Le droit d'enregistrement des ventes d'objets mobiliers, fixé à deux pour cent par l'art. 69 de la loi du 22 frimaire an VII, est réduit à cinquante centimes par cent francs pour les ventes publiques de marchandises qui, conformément au décret du 17 avril 1812, seront faites, à la Bourse et aux enchères, par le ministère des courtiers de commerce, d'après l'autorisation du tribunal de commerce.

38

17 *juin* 1818. — ORDONNANCE ROYALE portant à huit le

nombre des courtiers d'assurances maritimes près la Bourse de Paris.

Art. 1. Le nombre des courtiers d'assurances maritimes créés par notre ordonnance du 18 décembre 1816, près la Bourse de Paris, est porté à huit.

Art. 2. Il n'est rien innové par la présente aux autres dispositions de l'ordonnance précitée.

39

1er *juillet* 1818. — ORDONNANCE DU ROI portant que le tribunal et la chambre de commerce de Paris concourront à la formation du tableau des marchandises que les courtiers peuvent vendre.

LOUIS, etc.

Sur le rapport de notre ministre secrétaire d'Etat au département de l'intérieur,

Nous avons ordonné et ordonnons ce qui suit :

Art. 1. Lorsqu'il y aura lieu à faire quelques changements dans le tableau des espèces de marchandises que les courtiers de commerce à Paris peuvent vendre à la Bourse et aux enchères dans les formes déterminées par le décret du 17 avril 1812 et l'art. 74 de la loi du 15 mai 1818, le tribunal de commerce et la chambre de commerce de Paris concourront à ces changements dans le même sens que l'ordonne, pour le reste du royaume, l'art. 2 du décret précité. Leurs avis seront soumis à notre ministre secrétaire d'Etat au département de l'intérieur, qui statuera.

40

9 *avril* 1819. — Ordonnance du roi concernant les ventes
publiques de marchandises par le ministère des courtiers.

Louis, etc.

Notre Conseil d'Etat entendu ,

Sur le rapport de notre ministre secrétaire d'Etat au
département de l'intérieur,

Nous avons ordonné et ordonnons ce qui suit :

Art. 1. Les ventes publiques de marchandises à l'enchère, faites par le ministère des courtiers, pourront
avoir lieu au domicile du vendeur, ou en tout autre lieu
convenable, dans les lieux où il n'y aura pas de local
affecté à la Bourse et fréquenté par les commerçants.

Il sera prononcé sur cette faculté par les tribunaux de
commerce, auxquels, en vertu de l'art. 492 du code de
commerce, des décrets des 22 novembre 1811 et 17 avril
1812, et de l'art. 14 de la loi du 15 mai 1818, il appartient d'autoriser les ventes publiques de marchandises
par le ministère des courtiers.

Art. 2. Dans les villes où la Bourse est ouverte et fré-
quentée, les tribunaux de commerce pourront aussi permettre la vente à domicile ou ailleurs, mais seulement
dans le cas où ils estimeront que l'état où la nature de
la marchandise ne permet pas qu'elle soit exposée en
vente à la Bourse, ou qu'elle ÿ soit vendue sur échantillons.

Art. 3. Dans tous les cas, l'ordonnance du tribunal

fixera le lieu et l'heure des ventes, de manière que la réunion des courtiers et le concours des acheteurs puissent leur conserver le même degré de publicité.

Art. 4. Il ne pourra être mis aux enchères dans lesdites ventes que les marchandises spécifiées dans l'ordonnance du tribunal, lesquelles ne pourront être d'autre espèce que celles qui seront comprises aux états dressés en conformité du décret du 17 avril 1812 et de notre ordonnance du 1er juillet 1818.

Art. 5. Les tribunaux de commerce pourront, par leurs ordonnances motivées, déroger à la fixation du *maximum* et du *minimum* de la valeur des lots portée au décret du 17 avril 1812, s'ils reconnaissent que les circonstances exigent cette exception, sous la réserve néanmoins qu'ils ne pourront autoriser la vente des articles pièce à pièce, ou en lots à la portée immédiate des particuliers consommateurs, mais seulement en nombre ou quantité suffisants d'après les usages, pour ne pas contrarier les opérations du commerce en détail.

Art. 6. Les dispositions du décret du 17 avril 1812 contraires à celles de la présente ordonnance sont abrogées.

Art. 7. Notre garde des sceaux, ministre secrétaire d'Etat de la justice, et notre ministre secrétaire d'Etat de l'intérieur, sont chargés de l'exécution de la présente ordonnance, qui sera insérée au *Bulletin des lois*.

41

6 *octobre* 1819. — Circulaire du directeur général des douanes.

J'ai été consulté, Monsieur, sur la question de savoir si un capitaine français parlant sa langue, et n'ayant par conséquent besoin ni de truchement, ni de traducteur, et venant lui-même porter et affirmer sa déclaration à la Douane, était tenu d'employer l'assistance d'un courtier. Je n'ai pas hésité à décider que toutes les fois qu'un capitaine français se présentait pour remettre lui-même une déclaration dont il signe la transcription au registre de gros, on devait admettre cette déclaration sans difficulté, si elle est régulière et contient les indications voulues par les lois; qu'en un mot, il n'y avait aucune vérification d'écritures à faire, quand le capitaine qui se présente signe, parle et agit par lui-même. Je me suis appuyé des considérations suivantes : L'art. 80, C. com., veut que les capitaines qui n'agissent pas par eux-mêmes, et en pleine connaissance de cause, apportent des déclarations qu'ils n'ont pas écrites, mais qu'ils ont signées et dont ils répondent, lesquelles peuvent avoir été écrites sous leur dictée par quelqu'un de l'équipage ou de la famille. On ne pourrait d'ailleurs établir les employés juges de l'identité des écritures, sans s'engager dans des vérifications qui ne sont pas de leur compétence et qui occasionneraient des contestations interminables.

Des courtiers ont réclamé contre cette décision, qui

leur semblait restreindre les droits et prérogatives qui leur sont accordés. Je me suis dès lors fait un devoir d'en référer au ministre de l'intérieur, que la matière concerne spécialement. Son Excellence me fait connaître, par sa lettre du 26 août dernier, qu'elle partage mon opinion et adhère pleinement à ma première réponse. Elle ajoute que les courtiers ont d'autant moins le droit de contester à cet égard que l'art. 80, C. com., leur seul titre, ne crée aucun droit pour une semblable assistance. En effet, il ne leur attribue que : 1° le courtage d'affrétement; 2° la traduction des papiers; 3° l'office de truchement et rien de plus. Pour reconnaître aux courtiers le droit d'assistance exclusive hors les cas ci-dessus, il faudrait recourir au nom de conducteurs que la loi leur donne; mais, dans ce système encore, l'interprétation la plus favorable n'ira jamais à empêcher que celui qui a agi ne puisse apporter des papiers écrits d'une autre main que la sienne.

42

16 *juin* 1824. — Loi relative aux droits d'enregistrement et de timbre.

Art. 11. Les dispositions des lois relatives à la tenue et au dépôt des répertoires sont applicables aux commissaires-priseurs et aux courtiers de commerce; mais seulement pour les procès-verbaux de ventes de meubles et de marchandises, et pour les actes faits en conséquence de ces ventes.

43

26 *novembre* 1826. — Ordonnance du préfet de police concernant la translation et la police de la Bourse de   Paris.

Nous, conseiller d'Etat, préfet de police;

Vu la lettre de M. le conseiller d'Etat, préfet du département de la Seine, en date du 27 octobre dernier, par laquelle il nous annonce que les travaux à faire dans le nouveau local destiné à la tenue de la Bourse seront terminés pour le 4 novembre;

Vu les articles 2 et 3 de l'arrêté du gouvernement du 1er juillet 1800.

Ordonnons ce qui suit :

Art. 1. A dater du 6 novembre, les opérations de la Bourse auront lieu dans le local qui lui est affecté, et dont l'entrée principale est par la rue Vivienne.

Art. 2. La Bourse ouvrira à deux heures et fermera à cinq heures précises.

Art. 3. La Bourse tiendra tous les jours, excepté les jours fériés, depuis deux heures jusqu'à trois pour les négociations des effets publics, et depuis deux heures jusqu'à cinq pour les opérations commerciales.

Art. 4. Il ne pourra être fait à la Bourse aucune négociation des effets publics, ni aucune opération commerciale, après les heures fixées par l'article précédent.

Dans aucun cas, de pareilles opérations ne pourront avoir lieu hors de la Bourse.

Art. 5. L'ouverture et la fermeture de la Bourse seront

annoncées au son de la cloche. — La cloche sera aussi sonnée à trois heures pour annoncer la clôture des négociations des effets publics.

Art. 6. La Bourse sera évacuée à cinq heures précises.

Art. 7. Il est expressément défendu de faire aucune dégradation, d'écrire sur les murs ou piliers du monument, tant à l'intérieur qu'à l'extérieur, ou d'y apposer aucune affiche.

Art. 9. Les contraventions à la présente ordonnance seront constatées par des procès-verbaux qui seront transmis aux tribunaux compétents, et punies conformément aux lois et règlements.

Art. 10. La présente ordonnance sera imprimée et affichée.

44

24 *avril* 1833. — Loi relative aux formes et au contrôle des récépissés et autres actes qui engagent le trésor.

Art. 5. Les certificats d'inscriptions délivrés pour la concession d'une pension, à quelque titre que ce soit, ceux d'inscription de cautionnement et ceux de privilège de second ordre à délivrer aux bailleurs de fonds, devront, pour former titre valable contre le trésor, être également revêtus du visa du contrôle.

45

14 *novembre* 1835. — ORDONNANCE DU ROI portant fixation

des droits à percevoir par les courtiers maritimes dans les différents ports du royaume.

Louis-Philippe, etc.

Vu la loi du 28 ventôse an IX ;

Les articles 80 à 90 et 492 du code de commerce ;

L'arrêté du 29 germinal an IX ;

Les conventions de navigation et de commerce passées avec les Etats-Unis d'Amérique, la Grande-Bretagne et le Brésil.

Sur le rapport de notre ministre secrétaire d'Etat du commerce ;

Notre conseil d'Etat entendu, etc.

Art. 1. Les droits à percevoir par les courtiers maritimes, dans les différents ports du royaume, seront désormais réglés conformément aux dispositions suivantes.

Art. 2. Les tarifs de ces droits, qui nous seront soumis par notre ministre du commerce, distingueront les rétributions affectées aux différents services dont les courtiers pourront être requis, savoir :

1° La conduite du navire, qui comprend l'accomplissement des formalités et obligations à remplir auprès du tribunal de commerce, de la douane et des autres administrations publiques, et l'assistance à prêter aux capitaines et équipages, suivant l'usage des lieux ;

2° L'affrétement ou le fret procuré ;

3° La vente des bâtiments ;

4° La traduction des documents écrits en langue étrangère, en cas de contestation prévue par l'article 80 du code de commerce.

Art. 3. La rétribution pour la **conduite** d'entrée sera distincte de la rétribution pour la **conduite** de sortie.

Art. 4. Dans la conduite du navire se trouve comprise l'interprétation orale ou la fonction de truchement envers les capitaines qui ne parlent pas la langue française. Dans les lieux, néanmoins, où l'interprétation orale serait susceptible d'une rétribution supplémentaire, cette rétribution ne pourra excéder la moitié des droits de conduite, ou, quand il y a lieu au droit d'affrétement, la moitié des droits de conduite et d'affrétement réunis.

Art. 5. Les navires en simple relâche, repartant sans avoir embarqué ou débarqué de marchandises, ne paieront pas de droits plus élevés que les navires sur lest.

Art. 6. Quand un navire relâchera dans plusieurs ports pour compléter son chargement ou débarquer des marchandises, il devra des droits de courtage dans chaque port, à raison seulement du nombre de tonneaux qu'il aura embarqués ou débarqués, sans que ces droits puissent être moindres que les droits payés par les navires sur lest.

Art. 7. Le plâtre, les pierres meulières, les briques et autres matières embarquées comme lest ne seront pas soumis au droit de courtage maritime.

Art. 8. Dans aucun cas, les droits de courtage ne pourront être perçus contrairement à l'exécution des traités.

Art. 9. Notre ministre secrétaire d'Etat du commerce est chargé, etc.

46

9 *juillet* 1836. — Extrait de la LOI portant règlement définitif du budget de l'exercice 1833.

Art. 13. Toutes saisies-arrêts ou oppositions sur des

sommes dues par l'État, toutes significations de cession ou transport desdites sommes, et toutes autres ayant pour objet d'en arrêter le payement, devront être faites entre les mains des payeurs, agents ou préposés sur la caisse desquels les ordonnances ou mandats seront délivrés.

Néanmoins, à Paris, et pour tous les payements à effectuer à la caisse du payeur central au trésor public, elles devront être exclusivement faites entre les mains du conservateur des oppositions au ministère des finances. Toutes dispositions contraires sont abrogées.

Seront considérées comme nulles et non avenues toutes oppositions ou significations faites à toutes autres personnes que celles ci-dessus indiquées.

Il n'est pas dérogé aux lois relatives aux oppositions à faire sur les capitaux et intérêts des cautionnements.

Art. 14. Lesdites saisies-arrêts, oppositions et significations, n'auront d'effet que pendant cinq années à compter de leur date, si elles n'ont pas été renouvelées dans ledit délai, quels que soient d'ailleurs les actes, traités ou jugements intervenus sur lesdites oppositions et significations.

En conséquence, elles seront rayées d'office des registres dans lesquels elles auraient été inscrites et ne seront pas comprises dans les certificats prescrits par l'article 14 de la loi du 19 février 1792, et par les articles 7 et 8 du décret du 18 août 1807.

Art. 15. Les saisies-arrêts, oppositions et significations de cession ou transport, et toutes autres faites jusqu'à ce jour, ayant pour objet d'arrêter le payement de sommes dues par l'État, devront être renouvelées dans le délai d'un an, à partir de la publication de la présente loi, et conformément aux dispositions ci-dessus prescrites, faute de quoi elles resteront sans effet et seront rayées des registres dans lesquels elles auront été inscrites.

Art. 16. Le montant des cautionnements dont le remboursement n'aura pas été effectué par le trésor public, faute de productions ou de justifications suffisantes, dans le délai d'un an à compter de la cessation des fonctions du titulaire ou de la réception des fournitures et travaux, pourra être versé en capital et intérêt à la caisse des dépôts et consignations, à la conservation des droits de qui il appartiendra.

Ce versement libérera définitivement le trésor public.

47

8 *juillet* 1837. — Extrait de la LOI portant règlement définitif du budget de l'exercice 1834.

Art. 11. Les dispositions des art. 14 et 15 de la loi du 9 juillet 1836 sont déclarées applicables aux saisies-arrêts, oppositions et autres actes ayant pour objet d'arrêter le payement des sommes versés, à quelque titre que ce soit, à la caisse des dépôts et consignations et à celle de ses préposés.

Toutefois le délai de cinq ans, mentionné à l'art. 14, ne courra, pour les oppositions et signification faites ailleurs qu'à la caisse où à celle de ses préposés, que du jour du dépôt des sommes grevées desdites oppositions et significations.

Les dispositions du décret du 18 août 1807, sur les saisies-arrêts ou oppositions, sont également déclarées applicables à la caisse des dépôts et consignations.

48

18 *juin* 1838. — ORDONNANCE ROYALE qui fixe le tarif des droits à percevoir par les courtiers interprètes conducteurs de navires des ports du Havre, de Fécamp et de Harfleur. (V. *Bull. des Lois*, 1838, n° 7447.)

49

12 *novembre* 1838. — ORDONNANCE ROYALE qui fixe le tarif des droits à percevoir par les courtiers interprètes conducteurs de navires du port de Honfleur. (V. *Bull. des Lois*, 1838, n° 7674.)

50

26 *août* 1839. — ORDONNANCE DU ROI qui augmente le nombre des courtiers près la Bourse de Marseille.

Art. 1. Le nombre des courtiers près la Bourse de Marseille, fixé à soixante et dix par l'ordonnance du 15 octobre 1817, est porté à cent quarante.

Art. 2. Pour cette fois seulement, un candidat pourra être présenté à notre agrément par chacun des soixante et dix courtiers en exercice.

Art. 3. Un délai de trois mois, à partir de la promulgation de la présente ordonnance, leur est accordé pour user de cette faculté, dont l'exercice sera d'ailleurs soumis aux formes et conditions établies par l'ordonnance royale du 3 juillet 1816 pour les présentations admises par l'art. 91 de la loi du 28 avril 1816.

Art. 4. Il sera pourvu par le Gouvernement, sur des listes de présentation dressées conformément à l'arrêté du 29 germinal an XI, aux places pour lesquelles il n'aurait pas été présenté de candidat admissible dans les formes et les délais fixés par les art. 2 et 3 de la présente ordonnance.

<hr>

51

25 *juin* 1841. — Loi portant fixation du budget des recettes de l'exercice 1842.

Art. 6. A compter de la promulgation de la présente loi, tout traité ou convention ayant pour objet la transmission, à titre onéreux ou gratuit, en vertu de l'art. 91 de la loi du 28 avril 1816, d'un office, de la clientèle, des minutes, répertoires, recouvrements et autres objets en dépendant, devra être constaté par écrit et enregistré, avant d'être produit à l'appui de la demande de nomination du successeur désigné.

Les droits d'enregistrement seront perçus sur les bases et quotités ci-après déterminées.

Art. 7. Pour les transmissions à titre onéreux, le droit d'enregistrement sera de 2 pour 100 du prix exprimé dans l'acte de cession et du capital des charges qui pourront ajouter au prix.

Art. 8. Si la transmission de l'office et des objets en dépendant s'opère par suite de disposition gratuite entre-vifs ou à cause de mort, les droits établis pour les donations de biens meubles par les lois existantes seront perçus sur l'acte ou écrit constatant la libéralité, d'après une évaluation en capital.

Dans aucun cas le droit ne pourra être au-dessous de 2 pour 100.

Art 9. La perception aura lieu conformément à l'art. 7, lorsque l'office transmis par décès passera à l'un des héritiers ; lorsqu'il passera à l'héritier unique du titulaire, le droit de 2 pour 100 sera perçu d'après une déclaration estimative de la valeur de l'office et des objets en dépendant.

Cette déclaration sera faite au bureau de l'enregistrement de la résidence du titulaire décédé. La quittance du receveur devra être jointe à l'appui de la demande de nomination du successeur.

Le droit acquitté sur cette déclaration ou sur le traité fait entre les cohéritiers sera imputé, jusqu'à due concurrence, sur celui que les héritiers auront à payer, lors de la déclaration de succession, sur la valeur estimative de l'office, d'après les quotités fixées, pour les biens meubles, par les lois en vigueur.

Art. 10. Le droit d'enregistrement de transmission des offices, déterminé par les art. 7, 8 et 9 ci-dessus, ne pourra, dans aucun cas, être inférieur au dixième du cautionnement attaché à la fonction ou à l'emploi.

Art. 11. Lorsque l'évaluation donnée à un office pour la perception du droit d'enregistrement d'une transmission à titre gratuit, entre-vifs ou par décès, sera reconnue insuffisante, ou que la simulation du prix exprimé dans l'acte de cession à titre onéreux sera établie d'après des actes émanés des parties ou de l'autorité administrative ou judiciaire, il sera perçu, à titre d'amende, un droit en sus de celui qui sera dû sur la différence de prix ou d'évaluation.

Les parties, leurs héritiers ou ayants cause sont solidaires pour le payement de cette amende.

Art. 12. En cas de création nouvelle de charges ou offices, ou en cas de nomination de nouveaux titulaires sans présentation, par suite de destitution ou par tout autre motif, les ordonnances qui y pourvoiront seront assujetties à un droit d'enregistrement de 20 pour 100 sur le montant du cautionnement attaché à la fonction ou à l'emploi.

Toutefois, si les nouveaux titulaires sont soumis, comme condition de leur nomination, à payer une somme déterminée pour la valeur de l'office, le droit d'enregistrement de 2 pour 100 sera exigible sur cette somme, sauf l'application du minimum de perception établi à l'art. 10 ci-dessus. Ce droit devra être acquitté avant la prestation de serment du nouveau titulaire, sous peine du double droit.

Art. 13. En cas de suppression d'un titre d'office, lorsqu'à défaut de traité l'ordonnance qui prononcera l'extinction fixera une indemnité à payer au titulaire de l'office supprimé ou à ses héritiers, l'expédition de cette ordonnance devra être enregistrée dans le mois de la délivrance, sous peine du double droit.

Le droit de 2 pour 100 sera perçu sur le montant de l'indemnité.

Art 14. Les droits perçus en vertu des articles qui précèdent seront sujets à restitution toutes les fois que la transmission n'aura été suivie d'aucun effet.

S'il y a lieu seulement à réduction du prix, tout ce qui aura été perçu sur l'excédent sera également restitué.

La demande en restitution devra être faite conformément à l'art. 61 de la loi du 22 frimaire an VII, dans le délai de deux ans à compter du jour de l'enregistrement du traité ou de la déclaration.

52

25 *juin* 1841. — Loi sur les ventes aux enchères de marchandises neuves.

Art. 1. Sont interdites les ventes en détail des marchandises neuves, à cri public, soit aux enchères, soit au rabais, soit à prix fixe proclamé avec ou sans l'assistance des officiers ministériels.

Art 2. Ne sont pas comprises dans cette défense les ventes prescrites par la loi, ou faites par autorité de justice, non plus que les ventes après décès, faillite ou cessation de commerce, ou dans tous les autres cas de nécessité dont l'appréciation sera soumise au tribunal de commerce.

Sont également exceptées les ventes à cri public de comestibles et objets de peu de valeur; connus dans le commerce sous le nom de menue mercerie.

Art. 3. Les ventes publiques et en détail de marchandises neuves, qui auront lieu après décès ou par autorité de justice, seront faites selon les formes prescrites et par les officiers ministériels préposés pour la vente forcée du mobilier, conformément aux articles 625 et 945 du Code de procédure civile.

Art. 4. Les ventes de marchandises après faillite seront faites, conformément à l'article 486 du Code de commerce, par un officier public de la classe que le juge-commissaire aura déterminée.

Quant au mobilier du failli, il ne pourra être vendu aux enchères que par le ministère des commissaires-priseurs, notaires, huissiers ou greffiers de justice de paix, conformément aux lois et règlement qui déterminent les attributions de ces différents officiers.

Art. 5. Les ventes publiques et par enchères après cessation de commerce, ou dans les autres cas de nécessité prévus par l'article 2 de la présente loi, ne pourront avoir lieu qu'autant qu'elles auront été préalablement autorisées par le tribunal de commerce, sur la requête du commerçant propriétaire, à laquelle sera joint un état détaillé des marchandises.

Le tribunal constatera, par son jugement, le fait qui donne lieu à la vente; il indiquera le lieu de l'arrondissement où se fera la vente; il pourra même ordonner que les adjudications n'auront lieu que par lots dont il fixera l'importance.

Il décidera, d'après les lois et règlement d'attribution, qui, des courtiers ou des commissaires-priseurs et autres officiers publics, sera chargé de la réception des enchères.

L'autorisation ne pourra être accordée pour cause de nécessité qu'au marchand sédentaire, ayant depuis un an au moins son domicile réel dans l'arrondissement où la vente doit être opérée.

Des affiches apposées à la porte du lieu où se fera la vente énonceront le jugement qui l'aura autorisée.

Art. 6. Les ventes publiques aux enchères de marchandises en gros continueront à être faites par le ministère des courtiers, dans les cas, aux conditions et selon les formes indiquées par les décrets des 22 novembre 1811, 17 avril 1812, la loi du 15 mai 1818, et les ordonnances des 1er juillet 1818 et 9 avril 1819.

Art. 7. Toute contravention aux dispositions ci-dessus sera punie de confiscation des marchandises mises en vente, et, en outre, d'une amende de 50 à 3,000 francs, qui sera prononcée solidairement tant contre le vendeur que contre l'officier public qui l'aura assisté, sans préjudice des dommages-intérêts, s'il y a lieu.

Ces condamnations seront prononcées par les tribunaux correctionnels.

Art. 8. Seront passibles des mêmes peines les vendeurs ou officiers publics qui comprendraient sciemment dans les ventes faites par autorité de justice, sur saisie, après décès, faillite, cessation de commerce, ou dans les autres cas de nécessité prévus par l'article 2 de la présente loi, des marchandises neuves ne faisant pas partie du fonds ou mobilier mis en vente.

Art. 9. Dans tous les cas ci-dessus où les ventes publiques seront faites par le ministère des courtiers, ils se conformeront aux lois qui les régissent, tant pour les formes de la vente que pour les droits de courtage.

Art. 10. Dans les lieux où il n'y aura point de courtiers de commerce, les commissaires-priseurs, les notaires, huissiers et greffiers de justice de paix feront les ventes ci-dessus, selon les droits qui leur sont respectivement attribués par les lois et règlements.

Ils seront, pour lesdites ventes, soumis aux formes, conditions et tarifs imposés aux courtiers.

53

11 *juin* 1842. — ORDONNANCE ROYALE qui fixe le tarif des droits à percevoir par les courtiers interprètes conducteurs de navires du port de Marseille. (V. *Bull. des lois*, 1842, n° 10,045.)

54

13 *octobre* 1842. — ORDONNANCE ROYALE qui fixe le tarif des droits à percevoir par les courtiers interprètes conducteurs de navires des ports de Nantes et de Paimbœuf. (V. *Bull. des lois*, 1842, n° 10,269.)

55

31 *janvier* 1844. — DÉCISION du ministre des affaires étrangères.

J'ai reçu la lettre que vous m'avez fait l'honneur de m'écrire le 10 de ce mois, au sujet d'une réclamation des courtiers interprètes conducteurs de navires de Bayonne, contre la prétention du consul d'Espagne dans cette ville, d'intervenir exclusivement pour assister, comme interprète, les capitaines des bâtiments espagnols.

Ainsi que M. le directeur de l'administration des douanes l'a très justement établi dans le rapport dont vous avez bien voulu me donner communication, l'intervention des consuls espagnols pour assister les capitaines de leur nation, et pour leur servir d'interprètes, pour exercer, en un mot, auprès d'eux, l'office de courtier, est purement facultative, aux termes des conventions existantes entre la France et l'Espagne, et n'a rien d'obligatoire pour les capitaines, qui conservent la faculté d'agir par eux-mêmes, s'ils parlent français, ou de se faire assister, selon qu'ils le jugent convenable, soit par leur consul, soit par un courtier. L'art. 4 de la convention du 13 mars 1769, base du droit qu'ont les consuls respectifs d'accompagner à la douane, chez les ministres et officiers du pays, les capitaines de leur nation, pour leur servir d'agents et d'interprètes, n'avait évidemment d'autre but que de procurer aux navigateurs des deux pays des facilités particulières, et de leur assurer, dans certains cas, un appui efficace contre des exigences mal fondées : ce que l'on devait prévoir à une époque où la perception des droits de douane était affermée, en France comme en Espagne, à des compagnies financières.

Je pense donc, avec vous, que l'administration des douanes françaises ne peut se refuser à admettre l'intervention des courtiers lorsqu'elle est réclamée par les capitaines espagnols.

56

6 *mai* 1844. — ARRÊTÉ MINISTÉRIEL portant règlement général sur l'exercice de la profession de courtier en Algérie.

Art. 1. Des courtiers sont institués en Algérie, savoir : à Alger, Oran, Bône, Philippeville, Mostaganem, Tenès, Cherchell, Bougie et Djidgelli. Il pourra en être créé dans les autres villes de l'Algérie, lorsque l'importance des affaires l'exigera.

Art. 2. Les courtiers se divisent en deux classes : 1° les courtiers de marchandises ; 2° les courtiers maritimes.

Art. 3. Les courtiers de marchandises, institués conformément aux dispositions du présent arrêté, ont seuls le droit de faire le courtage des marchandises et d'en constater le cours. — A défaut d'agents de change, ils ont seuls le droit de faire les négociations des effets publics et autres susceptibles d'être cotés, de faire pour le compte d'autrui les négociations des lettres de change ou billets et de tous papiers commerçables, et d'en constater le cours ; de faire les négociations et le courtage des ventes ou achats de matières métalliques, et d'en constater le cours.

Art. 4. Les courtiers maritimes rédigent les contrats ou polices d'assurances, concurremment avec les notaires ; ils en attestent la vérité par leur signature, certifient le taux des primes pour tous les voyages de mer ou de rivière. — Ils ont seuls, en outre, le droit de traduire, en cas de contestations, devant les tribunaux, les

déclarations, chartes-parties, connaissements, contrats
et tous actes de commerce dont la traduction serait nécessaire; enfin, de constater le cours du fret ou du nolis.
— Dans les affaires contentieuses de commerce et pour
le service de toutes les administrations, ils serviront
seuls de truchement à tous étrangers, maîtres de navires,
marchands, équipages de vaisseaux et autres personnes
de mer. — L'arrêté de nomination déterminera les langues que chaque courtier aura droit d'interpréter.

Art. 5. Dans le cas où, parmi les courtiers régulièrement institués, il ne se trouverait pas d'interprète ou de
traducteur pour remplir les fonctions déterminées au
présent article, il pourra être commissionné par le ministère de la guerre des interprètes ou traducteurs suppléants. — Ces interprètes traducteurs cesseront leurs
fonctions aussitôt qu'ils seront remplacés par des courtiers, relativement à la langue pour laquelle ils auront
été nommés.

Art. 6. Lorsqu'il y aura lieu de faire une interprétation ou une traduction à l'audience, et qu'il y aura urgence et péril en la demeure, le président du tribunal
pourra, en cas d'empêchement des interprètes traducteurs titulaires ou suppléants, en désigner un d'office et
séance tenante, lequel prêtera serment avant d'opérer,
et ne sera admis à interpréter ou à traduire que dans les
affaires pour lesquelles il aura été commis par le président. — Il sera fait mention sur le plumitif d'audience
de la désignation faite par le président, et du serment
prêté par l'interprète traducteur commis d'urgence.

Art. 7. Les courtiers de marchandises seront exclusivement chargés des ventes de marchandises aux enchè-

res publiques ordonnées par le tribunal de commerce, ou le tribunal qui le remplace, pour quelque cause que ce soit. — Néanmoins, en cas de faillite, les dispositions de l'art. 486, C. com., continueront de recevoir leur exécution.

Art. 8. La vente de marchandises aux enchères publiques, même lorsqu'elle est volontaire, ne peut se faire qu'avec l'autorisation du tribunal de commerce ou du tribunal qui le remplace. Il n'y a pas lieu, dans ce cas, de dresser le tableau prescrit par l'art. 2 du décret du 17 avril 1812; mais la vente ne peut être autorisée que par lots, dont le montant sera déterminé par le tribunal de commerce, et qui ne pourront être au-dessous de 1,000 fr. ni excéder 10,000 fr.

Art. 9. Hors les cas prévus par les art. 195, 197 et suiv., C. com., et 620, C. pr. civ., les courtiers maritimes procéderont exclusivement à la vente des navires, chaloupes et autres bâtiments destinés à la navigation fluviale et maritime, ainsi qu'à la vente des agrés, apparaux, armements et victuailles.

Art. 10. Le cumul des fonctions déterminées en l'art. 2 pourra être autorisé par l'arrêté de nomination de chaque courtier.

Art. 11. Dans les localités où il n'y aura pas de courtiers de commerce, les commissaires-priseurs et, à défaut de commissaires-priseurs, les huissiers, notaires ou greffiers des justices de paix, pourront faire les ventes mentionnées aux art. 8 et 9, mais selon les formes, conditions et tarifs imposés aux courtiers.

Art. 12. Les droits exigibles pour le courtage et le change sont fixés ainsi qu'il suit :

1º Pour le courtage des marchandises, 1 p. 100 payable par le vendeur, et 1 p. 100 payable par l'acheteur ;

2º Pour le change de papier en espèces métalliques, 1/3 p. 100, payable par le cédant ;

3º Pour le courtage de nolissement, 3 p. 100 sur les affrétements en bloc, et 5 p. 100 sur les affrétements à la cueillette payables par le capitaine seulement ;

4º Pour le courtage d'assurances, 7 1/2 p. 100 payables sur la prime par l'assureur seulement;

5º Pour les ventes aux enchères, 2 p. 100 payables par l'acheteur, et compris dans le procès-verbal de vente, indépendamment des frais d'enregistrement, de ceux de publication et autres, dont le montant sera fixé, suivant l'importance de la vente, par le tribunal de commerce, dans l'autorisation mentionnée en l'art. 8 ci-dessus, et qui tous demeureront à la charge de l'acheteur.

Art. 13. Les courtiers sont nommés et révocables par le ministre de la guerre : l'arrêté de nomination déterminera la résidence à laquelle ils sont attachés. Ils ne peuvent entrer en fonctions qu'après avoir prêté serment. Leur nombre est réglé par le ministre de la guerre selon les besoins du service. Il est présentement fixé, savoir : 40, pour la résidence d'Alger ; 15, pour celle d'Oran ; 5, pour celle de Philippeville ; 8, pour celle de Bône ; 3, pour celle de Mostaganem ; 2, pour celle de Bougie ; 2, pour celle de Djidgelli ; 2, pour celle de Cherchell ; 2, pour celle de Tenès. — Les courtiers qui exercent actuellement à titre provisoire, en vertu de l'arrêté du 2 avril 1833, devront se pourvoir d'une commission confirmative qui leur sera délivrée, s'il y a lieu.

Art. 14. Nul ne sera admis aux fonctions de courtier :

1º s'il n'est français; 2º s'il n'a 25 ans accomplis; 3º s'il n'a satisfait à la loi du recrutement; 4º s'il ne réside depuis deux ans en Algérie, dont un an au moins dans la ville où il demande à exercer lesdites fonctions; 5º s'il ne produit un certificat de moralité et s'il n'a fait vérifier sa capacité. — Toutefois les étrangers peuvent être admis aux fonctions de courtier, après une résidence de trois années consécutives en Algérie, et s'ils remplissent les conditions d'âge, de moralité et de capacité prescrites par les dispositions ci-dessus.

Art. 15. Les conditions de résidence prescrites par le nº 4 de l'article qui précède pourront n'être pas exigées pour les premières nominations, qui seront faites conformément à l'art. 13.

Art. 16. Le certificat de moralité sera délivré par l'autorité administrative du lieu dans lequel le candidat sera domicilié en Algérie. Si ce candidat est domicilié en Algérie depuis moins de cinq ans, il devra produire, en outre, un certificat de moralité délivré par l'autorité municipale du lieu de son dernier domicile en France.

Art. 17 (modifié par arr. ministériel du 10 juil. 1844). La capacité du candidat sera vérifiée par la chambre de commerce d'Alger. Pour les premières nominations à faire conformément à l'art. 13, le candidat qui ne résiderait pas en Algérie sera admis à faire vérifier sa capacité par la chambre de commerce de l'arrondissement de son domicile ou, à défaut, par la chambre de commerce la plus voisine.

Art. 18. Les courtiers sont assujettis à un cautionnement de 5,000 fr. pour Alger, et de 3,000 fr. pour les autres résidences. Le cautionnement est reçu sur la pro-

duction d'une copie de leur nomination, certifiée à Alger
par le directeur de l'intérieur, et dans les autres villes
par les sous-directeurs de l'intérieur. Il est affecté, par
privilège à l'acquittement des condamnations prononcées
et des contraintes décernées contre les titulaires à raison
de leurs fonctions. Il donne lieu au privilège de second
ordre en faveur des bailleurs de fonds.

Art. 19. Les courtiers sont tenus de se munir d'une
patente, dont le montant est fixé à 150 fr. pour Alger et
à 100 fr. pour toutes les autres résidences.

Art. 20 (modifié par arr. minist. du 27 mai 1846). Le
ministre de la guerre désigne, parmi les courtiers de
chaque résidence et sur une liste de trois candidats présentés par eux pour chaque fonction, un syndic, et, s'il
y a lieu, des syndics adjoints, dont le nombre pourra
être porté jusqu'à six. Les attributions des syndics et adjoints consistent : 1° à donner leur avis après informa-
tion, le cas échéant, sur toutes les plaintes portées contre
un courtier de leur résidence ; 2° à intervenir officieuse-
ment, et comme conciliateurs, dans les débats qui s'élè-
veraient soit entre des courtiers du ressort, soit entre les
mêmes courtiers et leurs clients ; 3° à représenter les
intérêts collectifs des courtiers pour toutes demandes ou
réclamations, et dans toutes les relations ou communi-
cations avec l'autorité.

Art. 21. Les règlements de discipline intérieure pourront être préparés par les syndics et seront transmis au
directeur de l'intérieur, qui les soumettra, avec les modifications qu'il jugera convenables, à l'approbation du
ministre de la guerre.

Art. 22. Tout courtier convaincu d'avoir exigé des

droits plus élevés que ceux du tarif ci-dessus sera révoqué et poursuivi comme concussionnaire.

Art. 23. Tout individu qui se livrera à l'exercice des fonctions de courtier sans y être légalement autorisé sera passible des peines portées par la loi.

Art. 24. Tout traité direct ou indirect pour la cession de titre ou clientèle de courtier est interdit, et sera considéré comme nul et de nul effet entre les contractants et leurs ayants cause, sans préjudice de la peine de destitution. La destitution sera prononcée même contre le successeur régulièrement nommé, à quelque époque que soit constatée l'existence d'accords ou de conventions quelconques avec le précédent titulaire.

Art. 25. Le directeur de l'intérieur et, en ce qui concerne les opérations de douane, le directeur des finances, exerceront la haute surveillance sur les courtiers, et proposeront au ministre de la guerre la suspension ou la révocation de ceux dont la conduite donnera lieu à des plaintes graves, ou qui seront reconnus avoir favorisé des opérations de fraude ou de contrebande.

Art. 26. Sont applicables aux courtiers de l'Algérie les dispositions des lois, ordonnances et règlements qui, en France, régissent les courtiers, sauf ce qui est réglé par le présent arrêté.

Art. 27. Toutes les dispositions antérieures, et notamment celles des art. 1 et 4 de l'arrêté du 1er juin 1841 sur les commissaires-priseurs, sont abrogées en ce qu'elles ont de contraire au présent arrêté. Les arrêtés des 2 avril et 2 mai 1833, relatifs, l'un à l'institution des courtiers, et l'autre à la fixation du taux de leur patente, sont rapportés.

57

4 *août* 1844. — Loi de finances.

Art. 7. L'intérêt des cautionnements en numéraire est fixé à trois pour cent à partir du 1er janvier 1845.

58

19 *janvier* 1847. — Ordonnance du roi qui rapporte une disposition du tarif accompagnant l'ordonnance du 13 octobre 1842 , et relatif aux droits de courtage des courtiers interprètes conducteurs de navires de Nantes et de Paimbœuf.

Art. 1. Est rapportée la disposition du tarif annexé à notre ordonnance du 13 octobre 1842, portant que l'indemnité de conduite, à la sortie, n'est pas due, et se confond avec le courtage d'affrétement, quand ce dernier droit est payé au même courtier sur la cargaison entière.

59

29 *avril* 1847. — Ordonnance du roi qui fixe le droit de commission à percevoir par les courtiers d'assurances maritimes , à Paris.

Art. 1. Le droit de commission à percevoir par les courtiers d'assurances de Paris est fixé sept et demi pour cent du montant de la prime de la somme assurée.

Ce droit sera payé exclusivement par les assureurs.

Art. 2. Les courtiers d'assurances ne pourront rien exiger ni recevoir au delà de la commission qui leur est attribuée ci-dessus, sous les peines de droit.

60

9 *juin* 1847. — ORDONNANCE DU ROI qui fixe le taux des droits à percevoir par les courtiers interprètes conducteurs de navires du port de Cette. (V. *Bull. des lois*, p. 620.)

61

31 *août* 1847. — ORDONNANCE DU ROI qui augmente le nombre des courtiers de marchandises de Marseille, autorisés à cumuler les fonctions de courtier interprète et conducteur de navires. (V. *Bull. des lois*, n° 13,809.)

62

1er *septembre* 1847. — ORDONNANCE DU ROI qui fixe les tarifs des droits à percevoir par les courtiers interprètes conducteurs de navires du port de Brest. (V. *Bull. des lois*, n° 13. 810.)

63

5 *juin* 1850. — Loi relative au timbre des effets de commerce, des bordereaux de commerce, des actions dans les sociétés, des obligations négociables des départements, communes, établissements publics et compagnies, et des polices d'assurances.

Art. 42. A compter du 1ᵉʳ octobre 1850, tout contrat d'assurances maritimes, ainsi que toute convention postérieure contenant prolongation de l'assurance, augmentation dans la prime ou dans le capital assuré, ou bien (en cas de police flottante) portant désignation d'une somme en risque ou d'une prime à payer, sera rédigé sur papier d'un timbre de dimension, sous peine de cinquante francs d'amende contre chacun des assureurs et assurés.

Les conventions postérieures énoncées dans le paragraphe précédent pourront être inscrites à la suite de la police, à la charge pour chacune d'un visa pour timbre au même droit que celui de la police.

Le visa devra être apposé dans les deux jours de la date des nouvelles conventions.

Art. 43. Les compagnies d'assurances maritimes seront tenues de faire, au bureau d'enregistrement du siège de leur établissement et à celui du siège de chaque agence, une déclaration constatant la nature des opérations et les noms du directeur et de l'agent de la compagnie.

Cette déclaration sera faite, pour les compagnies actuellement existantes, avant le 1ᵉʳ octobre 1850, et pour les autres avant de commencer leurs opérations.

Toute contravention aux dispositions de cet article sera passible d'une amende de mille francs.

Art. 44. Les compagnies d'assurances maritimes seront tenues d'avoir, dans chaque agence, un répertoire non sujet au timbre, mais coté, paraphé et visé, soit par un des juges du tribunal de commerce, soit par le juge de paix, sur lequel seront, dans les trois jours de leur date, portées par ordre de numéros les assurances qui auront été faites dans ladite agence sans intermédiaire de courtier ou de notaire, ainsi que les conventions qui prolongeront l'assurance, augmenteront la prime ou le capital assuré, ou bien (en cas de police flottante) qui porteront la désignation d'une somme en risque ou d'une prime à payer.

A l'égard des compagnies actuellement existantes, le répertoire ne sera obligatoire que pour les opérations qui seront faites à compter du 1er octobre 1850. Ce répertoire sera soumis au visa des préposés de l'enregistrement, selon le mode indiqué par la loi du 22 frimaire an VII, et, toutes les fois qu'ils le requerront, la représentation des polices pourra être exigée au moment du visa.

Art. 45. Quiconque voudra faire des assurances maritimes autrement que par l'entremise des notaires ou courtiers sera tenu de se conformer à l'art. 43 et au premier paragraphe de l'art. 44.

Le répertoire des assureurs particuliers ne donnera lieu qu'au visa prescrit par l'art. 51 de la loi du 22 frimaire an VII. La représentation des polices pourra être exigée lors du visa.

Art. 46. Chaque contravention à l'art. 44 et au

deuxième paragraphe de l'art. 45 sera passible d'une amende de dix francs.

Art. 47. Le livre que les courtiers doivent tenir, conformément à l'art. 84 du Code de commerce, sera assujetti au timbre de dimension.

Les notaires seront tenus, comme les courtiers, d'avoir un registre spécial et timbré, sur lequel ils transcriront les polices des assurances faites par leur ministère.

Le livre des courtiers et le registre des notaires seront soumis au visa des préposés de l'enregistrement toutes les fois que ceux-ci le requerront.

Toute contravention aux dispositions de cet article emportera une amende de cinquante francs.

Art. 48. Tout courtier ou notaire qui sera convaincu d'avoir rédigé une police d'assurance ou d'en avoir délivré une expédition ou un extrait sur papier non timbré conformément à l'art. 42 encourra une amende de cinq cents francs, et, en cas de récidive, une amende de mille francs, outre les peines disciplinaires prononcées par les lois spéciales.

TITRE IV. — *Dispositions générales.*

Art. 49. Lorsqu'un effet, certificat d'action, titre, livre, bordereau, police d'assurance, ou tout autre acte sujet au timbre et non enregistré, sera mentionné dans un acte public, judiciaire ou extrajudiciaire, et ne devra pas être représenté au receveur lors de l'enregistrement de cet acte, l'officier public ou officier ministériel sera tenu de déclarer expressément dans l'acte si le titre est revêtu du timbre prescrit, et d'énoncer le montant du droit de timbre payé.

En cas d'omission, les notaires, avoués, greffiers, huissiers et autres officiers publics seront passibles d'une amende de dix francs par chaque contravention.

64

31 *mars* 1851. — DÉCRET concernant les courtiers institués à Dieppe.

Art. 1. Le nombre des courtiers institués à Dieppe reste fixé à six. Les fonctions qu'ils exerçaient cumulativement sont séparées.

Art. 2. Il y aura en cette ville, deux courtiers de marchandises et quatre courtiers d'assurances, interprètes et conducteurs de navires.

Les quatre titulaires en exercice sont maintenus dans ces dernières fonctions, et il leur sera délivré de nouvelles commissions.

Art. 3. Le cautionnement affecté à chacune des six places continuera à être de 4,000 fr.

65

31 *décembre* 1852. — DÉCRET qui fixe les droits de commission et de courtage à percevoir par les courtiers d'assurances de Nantes.

Art. 1. . . . . . Le droit de commission à percevoir

par les courtiers d'assurances est fixé à un pour mille du montant de la somme assurée, quel que soit le montant de la prime. Ce droit sera payé exclusivement par les assureurs.

66

25 *mai* 1857. — Décret qui fixe les droits de courtage à percevoir par les courtiers interprètes conducteurs de navires de Toulon. (V. *Bull. des lois*, n° 4557.)

67

24 *juillet* 1857. — Décret qui fixe les droits de courtage à percevoir par les courtiers d'assurances et les courtiers interprètes conducteurs de navires de Dieppe. (V. *Bull. des lois*, n° 4838.)

68

26 *août* 1857. — Décret qui fixe les droits à percevoir par les courtiers interprètes conducteurs de navires de Cherbourg. (V. *Bull. des lois*, n° 4935.)

69

28 *mai* 1858.— Loi sur les négociations concernant les marchandises déposées dans les magasins généraux.

Art. 1. Les magasins généraux établis en vertu du décret du 21 mars 1848, et ceux qui seront crées à l'avenir, recevront les matières premières, les marchandises et les objets fabriqués que les négociants et industriels voudront y déposer.

Ces magasins sont ouverts, les chambres de commerce ou les chambres consultatives des arts et manufactures entendues, avec l'autorisation du gouvernement, et placés sous sa surveillance.

Des récépissés délivrés aux déposants énoncent leur nom, profession et domicile, ainsi que la nature de la marchandise déposée et les indications propres à en établir l'identité et à en déterminer la valeur.

Art. 2. A chaque récépissé de marchandises est annexé, sous la dénomination de *warrant*, un bulletin de gage, contenant les mêmes mentions que le récépissé.

Art. 3. Les récépissés et les warrants peuvent être transférés par voie d'endossement, ensemble ou séparément.

Art. 4. L'endossement du warrant séparé du récépissé vaut nantissement de la marchandise au profit du cessionnaire de warrant.

L'endossement du récépissé transmet au cessionnaire le droit de disposer de la marchandise, à la charge par lui, lorsque le warrant n'est pas transféré avec le récépissé, de payer la créance garantie par le warrant, ou d'en laisser payer le montant sur le prix de la vente de la marchandise.

Art. 5. L'endossement du récépissé et du warrant, transférés ensemble ou séparément, doit être daté.

L'endossement du warrant séparé du récépissé doit,

en outre, énoncer le montant intégral, en capital et intérêts, de la créance garantie, la date de son échéance,
et les nom, profession et domicile du créancier.

Le premier cessionnaire du warrant doit immédiatement faire transcrire l'endossement sur les registres du
magasin, avec les énonciations dont il est accompagné.
Il est fait mention de cette transcription sur le warrant.

Art. 6. Le porteur du récépissé séparé du warrant
peut, même avant l'échéance, payer la créance garantie
par le warrant.

Si le porteur du warrant n'est pas connu ou si, étant
connu, il n'est pas d'accord avec le débiteur sur les conditions auxquelles aurait lieu l'anticipation de paiement,
la somme due, y compris les intérêts jusqu'à l'échéance,
est consignée à l'administration du magasin général,
qui en demeure responsable, et cette consignation libère
la marchandise.

Art. 7. A défaut de paiement à l'échéance, le porteur
du warrant séparé du récépissé peut, huit jours après
le protêt, et sans aucune formalité de justice, faire procéder à la vente publique aux enchères et en gros de
la marchandise engagée, dans les formes et par les officiers publics indiqués dans la loi du 28 mai 1858.

Dans le cas où le souscripteur primitif du warrant l'a
remboursé, il peut faire procéder à la vente de la marchandise, comme il est dit au paragraphe précédent,
contre le porteur du récépissé, huit jours après l'échéance
et sans qu'il soit besoin d'aucune mise en demeure.

Art. 8. Le créancier est payé de sa créance sur le
prix, directement et sans formalité de justice, par privilège et préférence à tous créanciers, sans autre déduc-

tion que celles : 1° des contributions indirectes, des taxes d'octroi et des droits de douane dus par la marchandise ; 2° des frais de vente, de magasinage et autres faits pour la conservation de la chose.

Si le porteur du récépissé ne se présente pas lors de la vente de la marchandise, la somme excédant celle qui est due au porteur du warrant est consignée à l'administration du magasin général, comme il est dit à l'art. 6.

Art. 9. Le porteur du warrant n'a de recours contre l'emprunteur et les endosseurs qu'après avoir exercé ses droits sur la marchandise et en cas d'insuffisance.

Les délais fixés par les art. 165 et suiv., C. com., pour l'exercice du recours contre les endosseurs ne courent que du jour où la vente de la marchandise est réalisée.

Le porteur du warrant perd, en tout cas, son recours contre les endosseurs, s'il n'a pas fait procéder à la vente dans le mois qui suit la date du protêt.

Art. 10. Les porteurs de récépissés et de warrants ont, sur les indemnités d'assurances dues en cas de sinistre, les mêmes droits et privilèges que sur la marchandise assurée.

Art. 11. Les établissements publics de crédit peuvent recevoir les warrants comme effets de commerce, avec dispense d'une des signatures exigées par leurs statuts.

Art. 12. Celui qui a perdu un récépissé ou un warrant peut demander et obtenir par ordonnance du juge, en justifiant de sa propriété et en donnant caution, un duplicata s'il s'agit du récépissé, le paiement de la créance garantie s'il s'agit du warrant.

Art. 13. Les récépissés sont timbrés; ils ne donnent lieu pour l'enregistrement qu'à un droit fixe de 1 fr.

Sont applicables aux warrants endossés séparément des récépissés les dispositions du tit. I de la loi du 5 juin 1850, et de l'art. 69, § 2, nº 6, de la loi du 22 frim. an VII.

L'endossement d'un warrant séparé du récépissé non timbré et non visé pour timbre conformément à la loi ne peut être transcrit ou mentionné sur les registres du magasin, sous peine, contre l'administration du magasin, d'une amende égale au montant du droit auquel le warrant est soumis.

Les dépositaires des registres des magasins généraux sont tenus de les communiquer aux préposés de l'enregistrement, selon le mode prescrit par l'art. 54 de la loi du 22 frimaire an VII et sous des peines y énoncées.

Art. 14. Un règlement d'administration publique prescrira les mesures qui seraient nécessaires à l'exécution de la présente loi.

Art. 15. Sont abrogés le décret du 21 mars 1848 et l'arrêté du 26 mars de la même année.

Est également abrogé, en ce qu'il a de contraire à la présente loi, le décret des 23-26 août 1848.

70

28 *mai* 1858. — Loi sur les ventes publiques de marchandises en gros.

Article premier. La vente volontaire aux enchères, en

gros, des marchandises comprises au tableau annexé à la présente loi, peut avoir lieu par le ministère des courtiers, sans autorisation du tribunal de commerce.

Ce tableau peut être modifié, soit d'une manière générale, soit pour une ou plusieurs villes, par un décret rendu dans la forme des règlements d'administration publique et après avis des chambres de commerce.

Art. 2. Les courtiers établis dans une ville où siège un tribunal de commerce ont qualité pour procéder aux ventes régies par la présente loi, dans toute localité dépendant du ressort de ce tribunal où il n'existe pas de courtiers.

Ils se conforment aux dispositions prescrites par la loi du 22 pluviôse an VII, concernant les ventes publiques de meubles.

Art. 3. Le droit de courtage pour les ventes qui font l'objet de la présente loi est fixé, pour chaque localité, par le ministre de l'agriculture, du commerce et des travaux publics, après avis de la chambre et du tribunal de commerce ; mais, dans aucun cas, il ne peut excéder le droit établi dans les ventes de gré à gré, pour les mêmes sortes de marchandises.

Art. 4. Le droit d'enregistrement des ventes publiques en gros est fixé à dix centimes pour cent francs.

Art. 5. Les contestations relatives aux ventes sont portées devant le tribunal de commerce.

Art. 6. Il est procédé aux ventes dans les locaux spécialement autorisés à cet effet, après avis de la chambre et du tribunal de commerce.

Art. 7. Un règlement d'administration publique prescrira les mesures nécessaires à l'exécution de la présente loi.

Il déterminera notamment les formes et les conditions des autorisations prévues par l'article 6.

Art. 8. Les décrets du 22 novembre 1811 et du 17 avril 1812, et les ordonnances des 1er juillet 1818 et 9 avril 1819, sont abrogés en ce qui concerne les ventes régies par la présente loi ; ils sont maintenus en ce qui touche les ventes publiques de marchandises faites par autorité de justice.

TABLEAU ANNEXÉ.

1° *Marchandises exotiques*. Denrées alimentaires, matières premières nécessaires aux fabriques et tout produit quelconque destiné à la réexportation ;

2° *Marchandises indigènes*. Grains, graines et farines, légumes et fruits secs ; cires et miel ; sucres bruts ; laines ; chanvres et lins ; soies ; racines et produits tinctoriaux ; huiles ; vins et esprits ; savons ; produits chimiques ; cuirs et peaux bruts ; poils, crins et soies d'animaux ; graisse, suif et stéarine ; houille et coke ; bois de construction ; matériaux de construction ; métaux bruts.

71

7 *novembre* 1858. — DÉCRET qui fixe les droits de courtage à percevoir par les courtiers d'assurances maritimes de Morlaix (v. *Bull. des lois*, 1858, n° 6075).

72

12 *mars* 1859. — Règlement d'administration publique concernant les lois du 28 mai 1858.

Titre I. — *Dispositions communes aux magasins généraux et aux salles de ventes publiques.*

Art. 1. Toute demande ayant pour objet l'autorisation d'ouvrir un magasin général ou une salle de ventes publiques est adressée au ministre de l'agriculture, du commerce et des travaux publics, par l'intermédiaire du préfet, avec l'avis de ce fonctionnaire et celui des corps désignés dans les lois du 28 mai 1858 ;

Le ministre des finances est consulté, lorsque l'établissement projeté doit être placé dans des locaux soumis au régime de l'entrepôt réel, ou recevoir des marchandises en entrepôt fictif.

Les autorisations sont données par décrets rendus sur l'avis de la section des travaux publics, de l'agriculture et du commerce du conseil d'Etat.

L'établissement peut être formé spécialement pour une ou plusieurs espèces de marchandises.

Art. 2. Toute personne qui demande l'autorisation d'ouvrir un magasin général ou une salle de ventes publiques doit justifier de ressources en rapport avec l'importance de l'établissement projeté.

Les exploitants de magasins généraux ou de salles de ventes publiques peuvent être soumis, pour la garantie de leur gestion, à un cautionnement dont le montant est fixé par l'acte d'autorisation, et proportionné, autant que possible, à la responsabilité qu'ils encourent.

Ce cautionnement est versé à la caisse des dépôts et consignations. Il peut être fourni en valeurs publiques françaises, dont les titres sont également déposés à la caisse des dépôts et consignations.

Art. 3. Les propriétaires ou exploitants sont responsables de la garde et de la conservation des marchandises qui leur sont confiées, sauf les avaries et déchets naturels provenant de la nature et du conditionnement des marchandises ou des cas de force majeure.

Art. 4. Il est interdit aux exploitants de magasins généraux et de salles de ventes de se livrer directement ou indirectement, pour leur propre compte et pour le compte d'autrui, à aucun commerce ou spéculation ayant pour objet les marchandises.

Ils peuvent se charger des opérations et formalités de douane et d'octroi, déclaration de débarquement et d'embarquement, soumissions et déclarations d'entrée et sortie d'entrepôt, transferts et mutations ;

Des règlements de fret et autres entre les capitaines et les consignataires, sous réserve des droits des courtiers et de leur intervention dans la mesure prescrite par les lois ;

Des opérations de factage, camionnage et gabarrage extérieur.

Ils peuvent également se charger de faire assurer les marchandises dont ils sont détenteurs au moyen, soit de polices collectives, soit de polices spéciales, suivant les ordres des intéressés.

Ils peuvent, en outre, être autorisés à se charger de

toutes opérations ayant pour objet de faciliter les rapports du commerce et de la navigation avec l'établissement.

Art. 5. Il leur est interdit, à moins d'une autorisation spéciale de l'administration, de faire directement ou indirectement, avec des entrepreneurs de transports, sous quelque dénomination ou forme que ce puisse être, des arrangements qui ne seraient pas consentis en faveur de toutes les entreprises ayant le même objet.

Les règlements particuliers prévus par l'art. 9 doivent contenir les dispositions nécessaires pour assurer la plus complète égalité entre les diverses entreprises de transport, dans leur rapport avec chaque établissement.

Art. 6. Les exploitants des magasins généraux et des salles de ventes sont tenus de les mettre, sans préférence ni faveur, à la disposition de toute personne qui veut opérer le magasinage ou la vente de ses marchandises, dans les termes des lois du 28 mai 1858.

Art. 7. Les magasins généraux et les salles de ventes publiques sont soumis aux mesures générales de police concernant les lieux publics affectés au commerce, sans préjudice des droits du service des douanes, lorsqu'ils sont établis dans des locaux placés sous le régime de l'en-trepôt réel, ou lorsqu'ils contiennent des marchandises en entrepôt fictif.

Art. 8. Les tarifs établis par les exploitants, afin de fixer la rétribution due pour le magasinage, la manutention, la location de la salle, la vente, et généralement pour les divers services qui peuvent être rendus au public, doivent être imprimés et transmis, avant l'ouverture des établissements, aux préfets et aux corps entendus sur la demande d'autorisation.

Tous les changements apportés aux tarifs doivent être d'avance annoncés par des affiches et communiqués au préfet et aux corps ci-dessus désignés. Si ces changements ont pour objet de relever les tarifs, ils ne deviennent exécutoires que trois mois après qu'ils ont été annoncés et communiqués, comme il vient d'être dit.

La perception des taxes doit avoir lieu indistinctement et sans aucune faveur.

Art. 9. Chaque établissement doit avoir un règlement particulier, qui est communiqué à l'avance, ainsi que tous les changements qui y seraient apportés, comme il il est dit à l'article précédent.

Art. 10. La loi, le présent décret, le tarif et le règlement particulier sont et demeurent affichés à la principale porte et dans l'endroit le plus apparent de chaque établissement.

Art. 11. En cas de contravention ou d'abus commis par les exploitants, de nature à porter un grave préjudice à l'intérêt du commerce, l'autorisation accordée peut être révoquée par un acte rendu dans la même forme que cette autorisation, et les parties entendues.

Art. 12. Les propriétaires ou exploitants de magasins généraux et de salles de ventes publiques, qui veulent céder leur établissement, sont tenus d'en faire d'avance la déclaration au ministre de l'agriculture, du commerce et des travaux publics, et de faire connaître le nom du concessionnaire.

Titre II. — *Dispositions particulières aux magasins généraux, récépissés et warrants.*

Art. 13. Les récépissés de marchandises et les warrants y annexés sont extraits d'un registre à souche.

Art. 14. Dans le cas où un courtier est requis pour l'estimation des marchandises, il n'a droit qu'à une vacation dont la quotité est fixée, pour chaque place, par le ministre de l'agriculture, du commerce et des travaux publics, après avis du tribunal de commerce.

Art. 15. A toute réquisition du porteur du récipissé et du warrant réunis, la marchandise déposée doit être fractionnée en autant de lots qu'il lui conviendra, et le titre primitif remplacé par autant de récépissés et de warrants qu'il y aura de lots.

Art. 16. Tout cessionnaire du récépissé ou du warrant peut exiger la transcription, sur les registres à souche dont ils sont extraits, de l'endossement fait à son profit, avec indication de son domicile.

Art. 17. A toute époque, l'administration du magasin général est tenue, sur la demande du porteur du récépissé ou du warrant, de liquider les dettes et les frais énumérés à l'art. 8 de la loi du 28 mai 1858 sur les négociations des marchandises et dont le privilège prime celui de la créance garantie sur le warrant. Le bordereau de liquidation délivré par l'administration du magasin général relate les numéros du récépissé et du warrant auxquels il se réfère.

Art. 18. Sur la présentation du warrant protesté, l'administration du magasin général est tenue de donner, au courtier désigné pour la vente par le porteur du warrant, toutes facilités pour y procéder.

Elle ne délivre la marchandise de l'acheteur que sur le vu du procès-verbal de la vente et moyennant : 1° la justification du paiement des droits et frais privilégiés,

ainsi que du montant de la somme prêtée sur le warrant; 2° la consignation de l'excédent, s'il en existe, revenant au porteur du récépissé, dans le cas prévu par le
dernier paragraphe de l'art. 8 de la loi.

Art. 19. Outre les livres ordinaires de commerce et le
livre des récépissés et warrants, l'administration du
magasin général doit tenir un livre à souche destiné à
constater les consignations qui peuvent lui être faites en
vertu des art. 6 et 8 de la loi.

Tous ces livres sont cotés et paraphés par première et
dernière, conformément à l'art. 11 du Code de commerce.

TITRE III.

DISPOSITIONS PARTICULIÈRES AUX VENTES PUBLIQUES DE MARCHANDISES EN GROS.

Art. 20. Il est procédé aux ventes publiques à la
Bourse ou dans les salles autorisées conformément au
présent décret; toutefois le courtier est autorisé à vendre
sur place, dans le cas où la marchandise ne peut être
déplacée sans préjudice pour le vendeur, et où en même
temps la vente ne peut être convenablement faite que
sur le vu de la marchandise.

Art. 21. Le lieu, les jours, les heures et les conditions
de la vente, la nature et la quantité de la marchandise
doivent être trois jours au moins à l'avance publiés, au
moyen d'une annonce dans l'un des journaux désignés
pour les annonces judiciaires de la localité, et, en outre,
au moyen d'affiches apposées à la Bourse, ainsi qu'à la

porte du local où il doit être procédé à la vente, et du magasin où les marchandises sont déposées.

Deux jours au moins avant la vente, le public doit être admis à examiner et vérifier les marchandises, et toutes facilités doivent lui être données à cet égard.

Art. 22. Avant la vente, il est dressé et imprimé un catalogue des denrées et marchandises à vendre, lequel porte la signature du courtier chargé de l'opération. Ce catalogue est délivré à tout requérant.

Art. 23. Le catalogue, énonce les marques, numéros, nature et quantité de chaque lot de marchandises, les magasins où elles sont déposées, les jours et les heures où elles seront vendues.

Sont mentionnées également les époques de livraison, les conditions de paiement, les tares, avaries et toutes les autres indications et conditions qui seront la base et la règle du contrat entre les vendeurs et les acheteurs.

Art. 24. Lors de la vente, le courtier inscrit immédiatement sur le catalogue, en regard de chaque lot, les nom et domicile de l'acheteur, ainsi que le prix d'adjudication.

Art. 25. Les lots ne peuvent être, d'après l'évaluation approximative et selon le cours moyen des marchandises, au-dessous de cinq cents francs.

Ce minimum peut être élevé ou abaissé, dans chaque localité, pour certaines classes de marchandises, par arrêté du ministre de l'agriculture, du commerce et des travaux publics, rendu après avis de la chambre de commerce ou de la chambre consultative des arts et manufactures.

Art. 26. Les enchères seront reçues et les adjudications faites par le courtier chargé de la vente.

Le courtier dresse procès-verbal de chaque séance sur un registre coté et paraphé conformément à l'art. 11 du Code de commerce.

Art. 27. Faute par l'adjudicataire de payer le prix dans les délais fixés, la marchandise est revendue à la folle enchère à ses risques et périls, trois jours après la sommation qui lui a été faite de payer, sans qu'il soit besoin de jugement.

Art. 28. Nos ministres secrétaires d'Etat aux départements de l'agriculture, du commerce et des travaux publics et des finances sont chargés, chacun en ce qui le concerne, de l'exécution du présent décret.

73

9 *juin* 1860. — DÉCRET concernant l'exercice des fonctions d'agent de change, de courtier de marchandises et d'assurances, de courtier interprète conducteur de navires à la Guadeloupe et dépendances.

Art. 1. Les fonctions d'agent de change, de courtier de marchandises et d'assurances, de courtier interprète et conducteur de navires, peuvent être exercées cumulativement à la Guadeloupe et dépendances.

Ces agents sont nommés et révocables par le ministre de l'Algérie et des colonies.

Art. 2. Les dispositions des art. 7, 8, 9, 10, 11, 12, 13, 14, 15, 16 et 18 du décr. du 28 nov. 1851, sur l'institution de courtiers agents de change à la Martinique, sont applicables à la Guadeloupe.

Art. 3. Le nombre des courtiers est provisoirement fixé à neuf, savoir : Quatre pour La Pointe-à-Pitre, un pour la Basse-Terre, un pour le Moule, un pour Port-Louis, un pour Grand-Bourg (Marie-Galante) et un pour Saint-Martin.

Dans le cas où, parmi les courtiers régulièrement institués, il ne se trouverait pas d'interprète ou de traducteur, le gouverneur de la colonie pourra commissionner des interprètes ou traducteurs suppléants.

Ces interprètes traducteurs cesseront leurs fonctions aussitôt qu'ils seront remplacés par des courtiers.

Art. 4. Les agents de change et courtiers sont assujettis à un cautionnement, lequel est affecté, par privilège, à l'acquittement des condamnations prononcées ou des contraintes décernées contre les titulaires, à raison de leurs fonctions.

Les cautionnements sont, suivant les localités, fixés ainsi qu'il suit : La Pointe-à-Pitre, 8,000 ; Basse-Terre, 5,000; Moule, 5,000 ; Port-Louis, 2,500 ; Grand-Bourg, 2,500; Saint-Martin, 2,500.

Le cautionnement est constitué en numéraire, en titres de rentes ou en actions de la Banque de la colonie. Il peut aussi être constitué en immeubles d'une valeur libre double des sommes respectivement déterminées par ce tarif.

Ce cautionnement est reçu et discuté par le directeur de l'intérieur, concurremment avec le contrôleur colonial; inscription en est prise à la diligence de ce dernier.

Les agents de change et courtiers ne seront admis à

prêter le serment devant le tribunal de commerce de leur arrondissement qu'après avoir rapporté le certificat de dépôt du cautionnement ou de l'inscription prise sur les immeubles y affectés.

74

30 *juin* 1860. — Décret concernant l'exercice des fonctions d'agent de change, de courtier de marchandises et d'assurances, de courtier interprète et conducteur de navires à la Guyane française.

Art. 1. Les fonctions d'agent de change, de courtier de marchandises et d'assurances, de courtier interprète et conducteur de navires, peuvent être exercées cumulativement à la Guyane française. Ces agents sont nommés et révocables par le ministre de l'Algérie et des colonies.

Art. 2. Les dispositions des art. 2, 3, 4, 5, 6, 7, 8, 9, 10, 11, 12, 13, 14, 15, 16 et 18 du décret du 28 nov. 1851, sur l'institution des courtiers agents de change à la Martinique, sont applicables à la Guyane française.

Art. 3. En l'absence d'une chambre de commerce, une commission instituée auprès de l'administration locale est chargée de la surveillance à exercer sur les courtiers agents de change pour tous les actes relevant de leurs fonctions.

Art. 4. Cette commission est composée ainsi qu'il suit : le maire de Cayenne, trois négociants patentés de pre-

mière classe, un chef de bureau de la direction de l'intérieur, secrétaire.

Art. 5. Le nombre des courtiers est provisoirement
fixé à deux pour Cayenne.

Art. 6. Les agents de change et courtiers sont assujettis à un cautionnement, lequel est affecté, par privilège, à l'acquittement des condamnations prononcées ou
des contraintes décernées contre les titulaires à raison
de leurs fonctions.

Le cautionnement est fixé à 10,000 fr. Il est constitué
en numéraire, en titres de rentes ou en actions de la
Banque de la colonie. Il peut aussi être constitué en
immeubles d'une valeur libre double de la somme ci-
dessus déterminée.

Ce cautionnement est reçu et discuté par le directeur
de l'intérieur, concurremment avec le contrôleur colonial ; inscription en est prise à la diligence de ce dernier.

Les agents de change et courtiers ne seront admis à
prêter serment devant le tribunal de première instance
de leur arrondissement qu'après avoir rapporté le certificat de dépôt de cautionnement ou de l'inscription prise
sur les immeubles y affectés.

75

30 *juillet* 1860. — ARRÊTÉ du ministre de l'agriculture,
du commerce et des travaux publics.

Art. 1. Le droit de courtage pour les ventes publiques

de marchandises en gros, qui font l'objet de la loi du 28 mai 1858, est provisoirement fixé, pour le ressort du tribunal de commerce de la Seine :

A un demi pour cent du prix de la vente pour les alcools, les farines de céréales, les huiles fixes pures, les métaux bruts, les sucres bruts, les suifs et les savons ;

A un pour cent du prix de la vente pour toutes autres marchandises.

76

30 *juillet* 1860. — ARRÊTÉ du ministre de l'agriculture, du commerce et des travaux publics.

Art. 1. Le droit de vacation prévu par l'article 14 du décret impérial du 12 mars 1859 est fixé à vingt-cinq francs pour les courtiers de Paris.

77

8 *mai* 1861. — DÉCRET portant énumération des articles ajoutés au tableau des marchandises, annexé à la loi du 28 mai 1858.

Art. 1. Sont compris au tableau des marchandises qui peuvent être vendues aux enchères publiques, conformément à la loi du 28 mai 1858, dans tout l'Empire, quelle que soit leur provenance :

Les navires, agrès et apparaux ;

Les sucres raffinés.

78

23 *juin* 1861. — Loi de finances.

Art. 17. Le délai pour faire enregistrer les procès-verbaux des ventes publiques de marchandises faites par les courtiers est fixé à dix jours.

79

29 *juin* 1861. — Décret portant modification à l'art. 25 du décret du 12 mars 1859.

Art. 1. Il est ajouté à l'art. 25 du décret du 12 mars 1859, un troisième paragraphe ainsi conçu :

« Les marchandises avariées peuvent être vendues par lots d'une valeur inférieure à 500 fr. ; mais sous la condition d'une autorisation donnée sur requête par le président du tribunal de commerce du lieu de la vente ou par le juge de paix, dans les lieux où il n'y a pas de tribunal de commerce. Le magistrat peut toujours, s'il le juge nécessaire, faire constater l'avarie par un expert qu'il désigne.

80

3 *juillet* 1861. — Loi relative aux ventes publiques ordonnées par la justice consulaire.

Art. 1. Les tribunaux de commerce peuvent, après
décès ou cessation de commerce, et dans tous les autres
cas de nécessité dont l'appréciation leur est soumise, autoriser la vente aux enchères en gros des marchandises
de toutes espèces et de toutes provenances.

L'autorisation est donnée sur requête ; un état détaillé
des marchandises à vendre est joint à la requête.

Le tribunal constate par son jugement le fait qui donne
lieu à la vente.

Art. 2. Les ventes autorisées en vertu de l'article précédent, ainsi que toutes celles qui sont autorisées ou
ordonnées par la justice consulaire, dans les divers cas
prévus par le Code de commerce, sont faites par le ministère des courtiers.

Néanmoins, il appartient toujours au tribunal ou au
juge qui autorise ou ordonne la vente de désigner, pour
y procéder, une autre classe d'officiers publics ; dans ce
cas, l'officier public, quel qu'il soit, est soumis aux dispositions qui régissent les courtiers, relativement aux
formes, aux tarifs et à la responsabilité.

Art. 3. Les dispositions des art. 2 à 7 inclusivement
de la loi du 28 mai 1858, sur les ventes publiques, sont
applicables aux ventes autorisées ou ordonnées, comme
il est dit dans les deux articles qui précèdent.

81

24 *juillet* 1861. — Arrêté ministériel fixant le droit de courtage pour les ventes publiques des sucres raffinés.

Art. 1. Le droit de courtage pour les ventes publiques en gros des sucres raffinés, conformément à la loi du 28 mai 1858, est fixé à un demi pour cent ($\frac{1}{2}$ %) du prix de la vente, dans tout le ressort du tribunal de commerce de la Seine.

82

7 *mars* 1863. — Décret qui ajoute les fils et tissus de coton au tableau des marchandises pouvant faire l'objet des ventes publiques.

Art. 1. Sont compris au tableau des marchandises qui peuvent être vendues en gros, aux enchères publiques, conformément à la loi du 28 mai 1858, dans les villes de Paris, Rouen, Mulhouse et Colmar :
Les fils et tissus de coton.

83

9 *mars* 1863. — Arrêté ministériel qui fixe le minimum

des lotissements dans les ventes publiques des fils et tissus de coton.

Art. 1. Le minimum des lots pour les fils et tissus de coton est fixé à quatre cents francs pour les villes de Paris, Rouen, Mulhouse et Colmar.

84

23 *mai* 1863. — Décret relatif aux ventes publiques mensuelles de cuirs verts.

Art. 1. Par dérogation aux art. 20, 21, 22 et 23 du décret du 12 mars 1859, les ventes publiques en gros des cuirs verts, à Paris, pourront avoir lieu mensuellement et d'avance, sans exhibition matérielle, ni exposition préalable, mais après autorisation donnée sur requête par le président du tribunal de commerce.

85

30 *mai* 1863. — Décret qui modifie le tableau des marchandises pouvant être mises en ventes publiques.

Art. 1. Peuvent être vendues en gros, aux enchères publiques, conformément à la loi du 28 mai 1858, dans tout l'Empire : 1° les marchandises de toute provenance portées au tableau annexé au présent décret, lequel rem-

placera le tableau annexé à ladite loi ; 2º toutes les marchandises exotiques quelconques destinées à la réexportation.

Art. 2. Les art. 20, 21, 23 et 25 du règlement d'administration publique du 12 mars 1859 sont modifiés ainsi
qu'il suit :

Art. 20. Il sera procédé aux ventes publiques, à la
Bourse ou dans les salles autorisées, conformément au
présent décret ; toutefois, le courtier est autorisé à vendre sur place, dans le cas où la marchandise ne peut être
déplacée sans préjudice pour le vendeur, et où, en même
temps, la vente ne peut être convenablement faite que
sur le vu de la marchandise.

Le courtier peut également vendre sur place, s'il
n'existe pas de Bourse ni de salle de vente autorisée dans
la commune où la marchandise est déposée.

Art. 21. Le lieu, les jours, les heures et les conditions
de la vente, la nature et la quantité de la marchandise
doivent être, trois jours au moins à l'avance, publiés au
moyen d'une annonce dans l'un des journaux désignés
pour les annonces judiciaires de la localité et, en outre,
au moyen d'affiches apposées à la Bourse, ainsi qu'à la
porte du local où il doit être procédé à la vente et du magasin où les marchandises sont déposées.

Deux jours au moins avant la vente, le public doit être
admis à examiner et vérifier les marchandises, et toutes
facilités doivent lui être données à cet égard.

Toutefois, le président du tribunal de commerce du
lieu de la vente peut, sur requête motivée, accorder
dispense de l'exposition préalable prescrite par le paragraphe précédent, lorsqu'il s'agit de marchandises qui,

à cause de leur nature ou de leur état d'avarie, ne pourraient pas y être soumises sans inconvénients. Mais, en tous cas, des mesures doivent être prises pour que le public puisse examiner les marchandises avant qu'il soit procédé à la vente.

Art. 23. Le catalogue énonce les marques, numéros, nature et quantités de chaque lot de marchandises, les magasins où elles sont déposées, les jours et les heures où elles peuvent être examinées, et le lieu, les jours et les heures où elles seront vendues.

Sont mentionnées également les époques de livraison, les conditions de paiement, les tares, avaries et toutes les autres indications et conditions qui seront la base et la règle du contrat entre les vendeurs et les acheteurs,

La formation préalable de lots distincts n'est pas obligatoire pour les marchandises en grenier ou en chantier. Si elle n'a pas lieu, le catalogue doit mentionner la cause qui empêche d'y procéder et la manière dont s'opérera la livraison. La même mention doit être reproduite dans le procès-verbal de la vente.

Art. 25. Les lots ne peuvent être, d'après l'évaluation approximative et selon le cours moyen des marchandises, au-dessous de 500 fr.

Ce minimum peut être élevé ou abaissé dans chaque localité, pour certaines classes de marchandises, par arrêté du ministre de l'agriculture, du commerce et des travaux publics, rendu après avis de la chambre de commerce ou de la chambre consultative des arts et manufactures.

En cas d'avaries, les marchandises peuvent être vendues par lots d'une valeur inférieure au minimum fixé pour chacune d'elles, mais après autorisation donnée sur requête par le président du tribunal de commerce du lieu de la vente. Le magistrat peut toujours, s'il le juge nécessaire, faire constater l'avarie par un expert qu'il désigne.

Le minimum de la valeur des lots est fixé à 100 fr. pour les ventes après protêt de warrant de marchandises de toutes espèces.

Art. 3. Sont abrogés les décrets susvisés des 8 mai et 29 juin 1861, dont les dispositions sont remplacées par celles du présent décret.

86

30 *mai* 1863. — ARRÊTÉ ministériel fixant le minimum des lotissements en matière de ventes publiques.

Art. 1. Le minimum de la valeur des lots à établir pour la vente des marchandises portées au tableau annexé au décret du 30 mai 1863 est fixé, pour chacune de ces marchandises, conformément aux indications du tableau annexé au présent arrêté.

Art. 2. Les préfets feront publier et afficher ledit arrêté partout où besoin sera et veilleront à son exécution.

NOMENCLATURE *des marchandises qui peuvent être vendues en gros aux enchères publiques et minimum de la valeur des lotissements.*

Abaca, 300. — Absinthe en balles, 100. — Acide ar-

sénieux, 300. — Acide benzoïque, 500. — Acide bori-
que, 300. — Acide citrique, 500. — Acide hydrochlo-
rique, 300. — Acide hydrochloro-nitrique, 300. — Acide
nitrique, 300. — Acide oléique, oxalique, 300. — Acide
phosphorique, 300. — Acide stéarique en masse, 300. —
Acide stéarique ouvré, 300. — Acide sulfurique, 300. —
Acide tartrique, 300. — Agates brutes, 100. — Agates
ouvrées, ». — Agaric, 100. — Agrès et apparaux de
navires, 200. — Ail, 100. — Albâtre, 100. — Alcalis,
cendres végétales, 300. — Alcool et spiritueux de toute
espèce, 300.—Alizari, 300.—Aloès, 100.—Alpiste, 100.
— Alquifoux, 100. — Alun, 100. — Amadou, 100. —
Amandes, 100. — Ambre, 200. — Ambrette, 100. —
Amidon, 100. — Amomes, 100. — Ammoniaque, 100.
— Amurca, 100. — Anchois, 100. — Ancres, 100. —
Anis, 100. — Anisette, 100. — Antimoine, 300. — Ara-
chides, 300. — Ardoises, 100. — Argent non ouvré, 500.
— Argile, 100. — Aristoloche, 100. — Arrow-root, 100.
— Arséniate de potasse, 100. — Arsenic, 100. — As-
phalte, 200. — Aspic, 100. — Assa fœtida, 100. — Ave-
lanèdes, 100. — Avoines, 300. — Azur, 100. — Bab-
lah, 100. — Badiane, 100. — Baies de genièvre, 100.
— Baies de laurier, 100. — Bambou, 100. — Barille ou
soude, 300. — Basane, 200. — Bastin brut, 200. —
Baume, 100. — Benjoin, 100. — Bestiaux et autres
animaux vivants, 100. — Betterave, 300. — Beurre, 100.
— Bière, 200. — Biscuits, 100. — Bismuth, 100. — Bi-
tume, 200. — Blanc de baleine et de cachalot, 300. —
Blanc d'Espagne, 100.—Blanc de zinc, 100. — Blé, 300.
— Bleu de Prusse, 100. — Bœuf salé, 100. — Bois à
brûler, 300. — Bois de construction de toute sorte, 300.

— Bois d'ébénisterie, 300. — Bois de teinture, 300. — Bois en éclisses, 100. — Bois feuillard, 300. — Bois odorant, 100. — Borax, 300. — Bouchons de liége, 200. — Bourre ou poils d'animaux, 100. — Bourre de soie en balles, 300. — Boyaux frais et salés, 100. — Brai gras ou sec, 300. — Briques de toute espèce, 100. — Bronze non ouvré, 300. — Brou de noix, 100. — Cabillaud, 100. Câbles et grelins, 200. — Cacao, 500. — Cachemires de l'Inde, par 4 châles. — Cachou en masse, 300. — Cadmium brut, 100. — Café, 500. — Camphre, 100. — Canéfice ou casse, 100. — Cannelle, 100. — Cantharides, 100. — Caoutchouc non ouvré, 300. — Câpres en barils, 100. — Carbonates, 300. — Cardamome, 100. — Caret, 100. — Carreaux, 100. — Cascarille, 100. — Carmin, 200. — Carthame (fleur de), 100. — Cassave, 100. — Cassia, 100. — Cauris, 100. — Cendres et regrets d'orfèvre, 300. — Cendres bleues ou vertes, 300. — Céruse, 100. — Champignons, 100. — Chanvre, 300. — Chapeaux de fibres de palmier, 200. — Chapeaux de paille, d'écorces et de sparte, 200. — Charbons de bois et de chènevottes, 300. — Chardons cardères, 200. — Châtaignes, 100. — Chaux, 100. — Chènevis, 100. — Cheveux non ouvrés, 100. — Chiendent en balles, 100. — Chiffons en balles, 300. — Chromate de plomb et de potasse, 500. — Cidre, 200. — Ciment, 100. — Cinabre, 100. — Cire non ouvrée, 300. — Civette, 100. — Citrons, 100. — Coaltar, 200. — Cobalt, 300. — Cochenille, 300. — Cocos, 100. — Coke, 200. — Colle de poisson, 100. — Colle-forte, 100. — Coloquinte, 100. — Colza, 300. — Confitures, 100. — Conserves alimentaires, 100. — Coquillages, 100. — Corail, 500. — Coriande, 100. — Cornes de bœuf et de buffle, 300. — Cornes de cerf, 100. — Coton, 500. — Couleurs non dénommées, 100. — Couperose, 100. — Craie, 100. — Crème de tartre, 100. — Crins non ouvrés, 300. — Cristal de roche, 300. — Cubèbe, 100. — Cuirs bruts ou apprêtés, 300. — Cuivre non ouvré, 300. — Cumin, 100. — Curcuma, 300. — Dattes, 100. — Dégras de peaux, 200. — Dents d'éléphant, d'hippopotame, 300. — Derle, 100. — Dibidivi, 100. — Drilles, 300. — Eaux minérales, 100. — Eaux-de-vie (Voir Alcools et spiritueux de toute espèce), » — Écailles d'ablette, 100. — Écailles de tortue, 300. — Échalas, 100. — Écorces à tan, 300. — Écorces autres de toute sorte, 100. — Édredon, 300. — Ellébore (racine d'), 100. — Émeri, 100. — Embarcations et canots, 100. — Encens, 100. — Engrais de toute sorte, 100. — Éponges, 300. — Esprit-de-vin (Voir Alcool, etc.), ». — Essence de parfumerie, 200. — Essence de térébenthine, 100. — Essence de houille, 100. — Étain non ouvré, 300. — Étoupes de cordages, 200. — Euphorbe, 100. — Extrait de sumac liquide, 100. — Fanons de baleine, 300. — Farine, 300. — Fèces d'huile, 100. — Fécule de pommes de terre, 300. — Fenouil, 100. — Fer non ouvré, fer en massiaux ou en barres, 300. — Feuilles de laurier, 100. — Feuilles médicinales, 100. — Feuilles tinctoriales non dénommées, 100. — Feutre à doublage, 200. — Fèves, 100. — Féveroles, 100. — Figues, 100. — Filasse, 300. — Filets de pêche, 100. — Fleurs de cannelle, 100. — Fleurs de lavande, 100. — Fleurs médicinales, 100. — Fleurs de tilleul et de tamarin, 100. — Fleur de soufre, 100. — Foin, 300. — Follicules, 100. — Fonte brute, 200. —

Fromages, 100. — Froment, 300. — Fruits frais ou secs, confits ou tapés de toute espèce, 100. — Galanga, 100. — Galbanum, 100. — Galipot, 100. — Galle (noix de), 100. — Gambier de l'Inde, 100. — Garance, 300. — Garancine, 500. — Garou (racine de), 100. — Gaude, 100. — Gélatine, 100. — Génestrolle ou genêt des teinturiers, 100. — Genièvre (graine de), 100. — Gentiane, 100. — Gingembre, 100. — Ginseng, 100. — Girofle (clous de), 200. — Girofle (griffes de), 100. — Gomme ammoniaque, 300. — Gomme d'Arabie, 300. — Gomme copal, 300. — Gomme élastique, 300. — Gomme gutte, 100. — Gomme laque, 100. — Gomme de sandaraque, 100. — Goudron, 300. — Gousses tinctoriales, 100. — Grabeau de séné et de cochenille, 200. — Graines de toute espèce, 300. — Grainettes, 100. — Grains, 300. — Grains de verre ou rassade, 100. — Grains durs à tailler, 100. — Graisse de toute espèce, 200. — Graphite, 100. — Grapins, 100. — Groisil, 100. — Gruau, 300. — Guano, 100. — Guède, 100. — Gutta-percha, 200. — Harengs salés et saurs, 100. — Haricots secs, 100. — Herbes médicinales vertes ou sèches, 100. — Houblon, 300. — Houille, 200. — Huile de toute espèce, 300. — Indigo, 500. — Iode, iodure de potassium, 100. — Ipécacuanha, 100. — Iris, 100. — Itzlle, 300. — Ivoire, 300. — Jais, 100. — Jalap, 100. — Jambon, 100. — Jarrosse, 100. — Jaune de chrome, 100. — Jaune de Naples, 100. — Joncs, 100. — Jujubes, 100. — Jus de citron, 100. — Jus de réglisse, 100. — Jute, 300. — Kaolin, 500. — Kermès, 100. — Lac-dye, 300. — Laines en suint ou lavées, 500. — Langues de bœuf, 100. — Langues et noves de morues, 100. — Laque plate, 100.

— Lard, 100. — Latanier, 100. — Lattes, 100. — Lau-
danum, 100. — Lauriers pour cannes, 100. — Légumes
secs ou confits, 100. — Lentilles, 100. — Levure de
bière ou levain, 100. — Lichens de toute espèce, 100.
— Lie d'huile ou de vin, 100. — Liège, 200. — Lin, 500.
— Liqueurs, 300. — Litharge, 100. — Lycopodium, 100.
— Macaroni, 100. — Macis, 100. — Magnésie, 100. —
Maïs, 300. — Manganèse, 300. — Maniguettes, 100. —
Manioc (farine de), 300. — Manne, 100. — Maquereau
salé, 100. — Marbre brut, 100. — Marc d'huile, 100. —
Marc de raisin, 100. — Marne, 100. — Marrons, 100. —
Mastic en larmes, 100. — Matériaux propres à la cons-
truction non dénommés, 100. — Mâture, 300. — Mau-
relle, 100. — Mélasse, 300. — Mercure, 500. — Mer-
rains, 300. — Métaux bruts non dénommés, 300. —
Métaux précieux, 500. — Meules, 100. — Miel, 100. —
Mil (graine de), 100. — Mine de plomb, 100. — Mine-
rai, 300. — Minium, 300. — Mitraille, 100. — Mo-
mie, 100. — Morfil, 100. — Morue et autres poissons
salés, 100. — Mousse, 100. — Moutarde, 100. — Musc, 100.
— Muscade, 100. — Myrobolans, 100. — Myrrhe, 100.
— Nacre, 200. — Natron, 300. — Nattes, 100. — Navires et autres bâtiments, 500. — Nerfs de bœufs et d'autres animaux, 100. — Nerprun, 100. — Nickel métal-
lique non ouvré, 200. — Nitrate de potasse et de
soude, 300. — Noir de fumée, 100. — Noir animal et
résidus de raffinerie, 100. — Noix et noisettes, 100. —
Noix vomiques, 100. — Noyaux cassés, 100. — Objets
de collection hors de commerce, 100. — Ocre, 100. —
Œufs, 100. — Oignons de toute sorte, 100. — Olives, 100.
— Onglons, 200. — Opium, 200. — Or, 500. — Oran-

ges, 100. — Orangettes, 100. — Orcanette, 100. — Oreillons et rognures de peaux, 100. — Orge, 300. — Orpiment, 100. — Orseille, 300. — Orties de Chine, 100. — Os et sabots de bétail, 200. — Osier en bottes, 100. — Outremer, 300. — Oxalate acide de potasse, 300. — Paille, 300. — Parchemin, 100. — Pastel (feuilles et tiges), 100. — Pastel (pâte de), 200. — Pâtes d'Italie, 100. — Pavés, 100. — Peaux brutes, fraîches ou sèches, 300. — Pelleteries fines, 300. — Pelures de cacao, 300. — Perches, 100. — Perlasse, 200. — Perles fines de toute pêche, 500. — Phormium tenax, 300. — Pierre servant aux arts et métiers, 100. — Pierres précieuses brutes, 500. — Piment, 100. — Pistaches, 100. — Pite, 100. — Planches de sapin, 300. — Plantes alcalines, 100. — Plants d'arbres, 100. — Plâtre, 100. — Plomb non ouvré, 300. — Plombagine, 100. — Plumes d'oie, 100. — Plumes à lit, de parure et autres, 300. — Poils d'animaux, 300. — Poires sèches ou vertes, 100. — Pois, 100. — Poissons salés. (Voir Morue). — Poivre, 100. — Poix, 100. — Pommes de terre, 100. — Pommes vertes et sèches, 100. — Porc salé, 100. — Potasse, 200. — Potin, 300. — Poudre de marbre, 100. — Poudrette sèche, 100. — Poutres et poutrelles, 300. — Pouzzolane, 100. — Produits chimiques non dénommés, 300. — Produits tinctoriaux non dénommés, 300. — Prunes vertes et séches, 100. — Prussiate de potasse non cristallisé, 500. — Quercitron, 300. — Queues de girofle, 100. — Quinquina (écorces de), 100. — Racines médicinales et autres, 100. — Raisins verts et secs de toute espèce, 100. — Rassades, 100. — Ratafia, 300. — Redoul en feuilles, 100. — Résidu de raffinerie (Voir Noir animal). — Résine, 300.

— Rhubarbe, 100. — Rhum, 300. — Riz, 300. — Rocou, 300. — Rognures de papier, 300. — Rogues de morue, 100. — Roseaux, 100. — Rotins, 100. — Sables, 100. — Safran, 100. — Safranum, 100. — Sagou, 100. — Saindoux, 100. — Salep, 100. — Salpêtre, 300. — Salsepareille, 100. — Sandaraque, 100. — Sangdragon, 100. — Sanguine, 100. — Sarcocolle, 300. — Sardines, 100. — Sarrasin, 300. — Saumon confit, 100. — Savons, 300. — Scammonée, 100. — Scille, 100. — Seigle, 300. — Sel, 100. — Sel ammoniacal, 300. — Sel de cobalt, 300. — Sel médicinal de Kreutznach, 100. — Soie écrue ou grége, 500. — Soies d'animaux, 300. — Solives, 300. — Son, 200. — Soude, 200. — Soufre, 100. — Spiritueux (Voir Alcool), ». — Squine, 100. — Stéarine, 300. — Stil de grun, 100. — Stockfish, 100. — Storax, 100. — Suc de réglisse, 100. — Succin, 200. — Sucre brut et raffiné, 500. — Suif, 300. — Sulfate de baryte, 300. — Sulfate de cuivre, 300. — Sulfate de fer, 300. — Sulfate de magnésie, 300. — Sulfate de potasse, 300. — Sulfate de soude, 300. — Sulfate de zinc, 300. — Sulfures d'arsenic et de mercure, 300. — Sumac, 300. — Tabacs en feuilles et en côtes, 500. — Tafia, 300. — Talc, 100. — Tamarins confits, 100. — Tan, 300. — Tapioca, 100. — Tartrates divers, 100. — Tartre, 100. — Térébenthine, 100. — Terre d'ombre ou de Sienne, 100. — Terre de pipe et à poterie, 100. — Terres pyriteuses, dites cendres noires, 100. — Thé, 300. — Thon, 100. — Tiges de millet pour balais, 100. — Tourbes ou mottes à brûler, 100. — Tournesol, 100. — Tourteaux de graines, 100. — Tripoli, 100. — Truffes, 100. — Tuiles, 100. — Turbitte, 100. — Vanille, 500.

— Verdet ou vert-de-gris, 100. — Vermillon, 300. — Vernis, 200. — Vesces, 300. — Vessies de poissons et autres, 100. — Vétiver, 100. — Viandes fumées et salées, 100. — Vif argent, 500. — Vins de toute sorte, 300. Zinc non ouvré, 200.

87

6 *juin* 1863. — DÉCRET qui applique aux ventes publiques ordonnées par la justice consulaire le règlement du 12 mars 1859.

Art. 1. Les dispositions des articles 3, 6 et 20 à 27 inclusivement du règlement d'administration publique du 12 mars 1859 sont applicables aux ventes prévues par la loi du 3 juillet 1861, sauf les additions et modifications ci-après.

Art. 2. Les annonces et affiches prescrites par l'article 21 du décret du 12 mars 1859, ainsi que le catalogue qui est dressé et imprimé en exécution de l'article 22 du même décret, doivent énoncer la décision judiciaire qui a autorisé ou ordonné la vente.

La même énonciation doit être insérée au procès-verbal de la vente.

Art. 3. Le minimum de la valeur des lots est fixé à cent francs pour les ventes de marchandises de toutes espèces, ordonnées ou autorisées dans les cas prévus par la loi du 3 juillet 1861.

Ce minimum peut être abaissé par le tribunal ou le juge qui ordonne ou autorise la vente.

88

29 *août* 1863. — DÉCRET qui applique les articles y énumérés du règlement d'administration publique du
12 mars 1859 aux ventes prévues par la loi du
23 mai 1863.

Art. 1. Les dispositions des articles 3, 6 et 20 à 27
inclusivement du règlement d'administration publique
du 12 mars 1859, modifié par le décret du 30 mai 1863,
sont applicables aux ventes prévues par la loi du 23 mai
1863, sauf les additions et modifications ci-après :

Art. 2. Lorsque, en exécution du paragraphe 2 du
nouvel article 93 du code de commerce, le président du
tribunal de commerce aura désigné pour la vente une
autre classe d'officiers publics que les courtiers, il en
sera fait mention dans les annonces, affiches et catalo-
gues prescrits par les articles 21 et 22 du décret du
12 mars 1859.

Art. 3. Le minimum de la valeur des lots est fixé à
100 fr. pour les ventes de marchandises de toute espèce
faites dans les cas prévus par la loi du 23 mai 1863.

89

18 *juillet* 1866. — LOI sur les courtiers de marchandises.

TITRE 1er. — *De l'exercice de la profession de courtier de*
marchandises.

Art. 1. A partir du 1er janvier 1867, toute personne

sera libre d'exercer la profession de courtier de marchandises, et les dispositions contraires du Code de commerce, des lois, décrets, ordonnances et arrêtés actuellement en vigueur seront abrogées.

Art. 2. Il pourra être dressé par le tribunal de commerce une liste des courtiers de marchandises de la localité qui auront demandé à y être inscrits.

Nul ne pourra être inscrit sur ladite liste s'il ne justifie : 1o de sa moralité par un certificat délivré par le maire; 2o de sa capacité professionnelle par l'attestation de cinq commerçants de la place faisant partie des notables chargés d'élire le tribunal de commerce; 3o de l'acquittement d'un droit d'inscription une fois payé au Trésor. Ce droit d'inscription, qui ne pourra excéder trois mille francs, sera fixé, pour chaque place, én raison de son importance commerciale, par un décret rendu en la forme des règlements d'administration publique, et cessera d'être exigé à l'époque où sera amortie l'avance du Trésor, dont il sera parlé à l'article 17.

Aucun individu en état de faillite, ayant fait abandon de biens ou atermoiement sans s'être depuis réhabilité, ou ne jouissant pas des droits de citoyen français, ne pourra être inscrit sur la liste dont il vient d'être parlé.

Tout courtier inscrit sera tenu de prêter, devant le tribunal de commerce, dans la huitaine de son inscription, le serment de remplir avec honneur et probité les devoirs de sa profession.

Il sera également tenu de se soumettre, en tout ce qui se rapporte à la discipline de sa profession, à la juridiction d'une chambre syndicale, qui sera établie comme il est dit à l'article suivant.

Art. 3. Tous les ans, dans le courant d'août, les courtiers inscrits éliront parmi eux les membres qui devront composer, pour l'année, la chambre syndicale.

L'organisation et les pouvoirs disciplinaires de cette chambre seront déterminés dans un règlement dressé pour chaque place par le tribunal de commerce, après avis de la chambre de commerce ou de la chambre consultative des arts et manufactures.

Ce règlement sera soumis à l'approbation du ministre de l'agriculture, du commerce et des travaux publics.

La chambre syndicale pourra prononcer, sauf appel devant le tribunal de commerce, les peines disciplinaires suivantes :

L'avertissement;

La radiation temporaire ;

La radiation définitive, sans préjudice des actions civiles à intenter par les tiers intéressés, ou même de l'action publique, s'il y a lieu.

Si le nombre des courtiers inscrits n'est pas suffisant pour la constitution d'une chambre syndicale, le tribunal de commerce en remplira les fonctions.

Art. 4. Les ventes publiques de marchandises aux enchères et en gros qui, dans les divers cas prévus par la loi, doivent être faites par un courtier, ne pourront être confiées qu'à un courtier inscrit sur la liste dressée conformément à l'article 2, ou, à défaut de liste, désigné, sur la requête des parties intéressées, par le président du tribunal de commerce.

Art. 5. A défaut d'experts désignés d'accord entre les parties, les courtiers inscrits pourront être requis pour l'estimation des marchandises déposées dans un magasin général.

Si le courtier requis dans le cas prévu par le paragraphe qui précède réclame plus d'une vacation, il sera statué par le président du tribunal de commerce, sans frais et sans recours.

Art. 6. Le courtier chargé de procéder à une vente publique, ou qui aura été requis pour l'estimation de marchandises déposées dans un magasin général, ne pourra se rendre acquéreur, pour son compte, des marchandises dont la vente ou l'estimation lui aura été confiée.

Le courtier qui aura contrevenu à la disposition qui précède sera rayé par le tribunal de commerce, statuant disciplinairement et sans appel, sur la plainte d'une partie intéressée ou d'office, de la liste des courtiers inscrits, et ne pourra plus y être inscrit de nouveau, sans préjudice de l'action des parties en dommages-intérêts. ·

Art. 7. Tout courtier qui sera chargé d'une opération de courtage pour une affaire où il avait un intérêt personnel, sans en prévenir les parties auxquelles il aura servi d'intermédiaire, sera poursuivi devant le tribunal de police correctionnelle et puni d'une amende de cinq cents francs à trois mille francs, sans préjudice de l'action des parties en dommages-intérêts. S'il était inscrit sur la liste des courtiers dressée conformément à l'article 2, il en sera rayé et ne pourra plus y être inscrit de nouveau.

Art. 8. Les droits de courtage pour les ventes publiques et la quotité de chaque vacation due au courtier, pour l'estimation des marchandises déposées dans un magasin général, continueront à être fixés, pour chaque localité, par le ministre de l'agriculture, du commerce et des travaux publics, après avis de la chambre et du tribunal de commerce.

Art. 9. Dans chaque ville où il existe une Bourse de commerce, le cours des marchandises sera constaté par les courtiers inscrits, réunis, s'il y a lieu, à un certain nombre de courtiers non inscrits et de négociants de la place, dans la forme qui sera prescrite par un règlement d'administration publique.

TITRE II. — *De l'indemnité à payer aux courtiers de marchandises actuellement en exercice.*

Art. 10. Les courtiers de marchandises actuellement en exercice seront indemnisés de la perte du droit de présenter leur successeur, qui avait été accordé par l'article 91 de la loi du 28 avril 1816.

Art. 11. Dans chaque place l'indemnité sera égale à la valeur des offices de courtiers de marchandises de la place, déterminée d'après le prix moyen des cessions d'offices de cette catégorie, effectuées dans les sept années antérieures au 1er juillet 1864.

Toutefois, dans les villes où la commission dont il sera ultérieurement parlé aura constaté que la clientèle était habituellement comprise dans les éléments qui servaient à déterminer le prix de cession des offices, la commission pourra décider qu'une quote-part des indemnités fixées comme il est dit ci-dessus, qui ne pourra excéder vingt pour cent, sera mise en commun et répartie entre les différents courtiers de la place, au prorata des produits de leur office de courtiers de marchandises pendant les sept années antérieures au 1ᵉʳ juillet 1864.

Art. 12. Dans les villes où aucune cession d'office n'aurait eu lieu dans les sept années, ainsi que pour les offices qui, au 1ᵉʳ juillet 1864, étaient encore entre les mains d'un titulaire de la création, la commission fixera l'indemnité, sans qu'elle puisse être supérieure à quatre fois la moyenne annuelle des produits de l'office pendant les sept années antérieures au 1ᵉʳ juillet 1864.

Art. 13. Dans le cas où le même individu aurait été autoriséàcumuler les fonctions de courtier de marchandises avec celles d'agent de change, de courtier d'assurances ou de courtier conducteur et interprète de navires, et où il exercera ces diverses fonctions en vertu d'un titre unique, l'indemnité, déterminée conformément aux articles précédents, sera réduite dans la proportion de la valeur du titre réduit aux fonctions non supprimées.

Art. 14. Les droits privilégiés existant aujourd'hui sur le prix des offices s'exerceront sur les indemnités allouées en vertu de la présente loi.

Art. 15. Le montant de l'indemnité à payer aux courtiers sera fixé sur les bases ci-dessus indiquées, la chambre syndicale entendue, et après avis du préfet, de la chambre de commerce et du tribunal de commerce, par une commission instituée à Paris par un décret de l'Empereur et composée de neuf membres.

Trois membres seront désignés par le ministre des finances.

Trois autres seront choisis dans chaque département, et pour les affaires de ce département, par les courtiers faisant partie des chambres syndicales, réunis par les soins et sous la présidence du préfet.

Les trois derniers membres nécessaires pour compléter la commission devront être choisis à l'unanimité par les six premiers.

Faute par ceux-ci de s'entendre dans le mois de la notification à eux faite de leur nomination, le choix de ceux des trois derniers membres qui n'auront pas été désignés à l'unanimité sera fait par le premier président et les présidents réunis de la Cour impériale de Paris.

Ses opérations commenceront dans les trois mois qui suivront la promulgation de la présente loi.

Art. 16. Le décret impérial qui instituera la commission en nommera le président et le secrétaire.

La commission ne pourra délibérer si elle ne compte au moins sept membres présents. En cas d'égalité de voix, celle du président sera prépondérante.

Art. 17. Les indemnités dues aux courtiers de marchandises en vertu des décisions de la commission nommée conformément à l'article 5 seront payées :

1° Un quart comptant le 1er janvier 1867 ;

2° Et les trois autres quarts valeur au 1er janvier 1867, en dix annuités négociables, composées chacune de l'intérêt à quatre et demi pour cent et du fonds d'amortissement nécessaire pour opérer en dix ans, au même taux, la libération de l'Etat.

Art. 18. Le paiement du quart des indemnités effectué par le Trésor lui sera remboursé en capital et intérêts à quatre pour cent à partir de l'année 1867, et le service des annuités sera assuré au moyen des ressources suivantes :

1º Le montant des droits d'inscription qui seront payés par les courtiers inscrits, par application de l'article 2;

2º L'excédent du produit en principal et centimes additionnels établis au profit de l'Etat, des taxes des patentables mentionnés en l'article 20, réglées conformément audit article sur le produit des taxes des mêmes patentables réalisées en 1866.

En cas d'insuffisance desdites ressources, il sera pourvu aux voies et moyens par une loi spéciale.

Art. 19. Il sera dressé, tous les ans, dans la forme à déterminer par un règlement d'administration publique, un compte spécial dans lequel les ressources énoncées au précédent article seront appliquées :

1º Aux services des annuités;

2º Aux intérêts de l'avance faite par le Trésor pour le quart payé comptant;

3º A l'amortissement de ladite avance jusqu'à concurrence du montant des ressources de l'année.

Ce compte sera l'objet d'un rapport à l'Empereur, qui sera communiqué au Corps législatif.

Art. 20. Les patentables qui sont actuellement compris dans la législation des patentes sous la dénomination de *commissionnaires en marchandises, courtiers de marchandises, facteurs de denrées et marchandises et représentants de commerce*, ainsi que tous les individus qui prêtent leur entremise pour l'achat et la vente des marchandises, ou qui achètent ou vendent des marchandises pour le compte de tiers, et dont la profession n'est pas spécialement dénommée dans les tableaux annexés aux lois de patentes, seront assujettis, à partir de 1867, aux droits de patente fixés comme il suit :

A Paris. . . . . 400 fr.

Dans les villes de cinquante mille âmes et au‑dessus. 300

Dans les villes de trente mille à cinquante mille âmes et dans les villes de quinze mille à trente mille âmes qui ont un entrepôt réel. . . 200

Dans les villes de quinze mille à trente mille âmes et dans les villes d'une population inférieure à quinze mille âmes qui ont un entrepôt réel. 150

Dans les autres communes. 75

Droit proportionnel au quinzième.

Si les opérations que font les patentables ci-dessus énumérés ou auxquelles ils prêtent leur entremise ont pour objet habituel la vente aux marchands détaillants et aux consommateurs, les droits de patente seront ceux de la quatrième classe du tableau A annexé à la loi du 25 avril 1844.

———

90

13 *décembre* 1866. — Décret qui institue une commission chargée de fixer l'indemnité à payer aux courtiers de marchandises du département de la Seine. (V. *Bull. des lois*, n° 14, 768).

N. B. Un grand nombre de décrets publiés au *Bulletin des lois* a institué des commissions semblables pour les autres départements.

91

15 *décembre* 1866. — Règlement déterminant l'organisation et les pouvoirs disciplinaires de la chambre syndicale des courtiers de marchandises inscrits sur la liste dressée par le tribunal de commerce du département de la Seine (1).

CHAPITRE PREMIER.

ORGANISATION DE LA CHAMBRE SYNDICALE.

Art. 1. Les courtiers inscrits, lorsqu'ils seront au nombre de six au moins, se réuniront tous les ans, dans le courant du mois d'août, au palais de la Bourse, en assemblée générale, pour élire parmi eux les membres qui devront composer, pour l'année, la chambre syndicale.

Cette assemblée sera convoquée, huit jours à l'avance, par le président de la chambre syndicale. Elle sera présidée par lui, avec l'assistance de deux scrutateurs et d'un secrétaire, qui seront les deux plus âgés et le plus jeune des membres présents.

---

(1) A titre de modèle et de renseignement pour les autres places, nous reproduisons ici le *Règlement du tribunal de commerce de la Seine*, et un peu plus loin, à leur date, le *Règlement intérieur de la Compagnie des courtiers assermentés au tribunal de commerce de la Seine*, et celui de la *Compagnie des courtiers d'assurances près la Bourse de Paris*.

Le bureau, ainsi composé, décidera toutes les ques-tions relatives à l'élection ; la voix du président est pré-pondérante, en cas de partage.

Il sera dressé procès-verbal des opérations électorales. Ce procès-verbal sera porté sur le registre des délibéra-tions de la chambre syndicale, et signé par tous les membres du bureau.

Par exception, la première assemblée aura lieu dans le courant de janvier ou de février 1867 ; elle sera convo-quée et présidée par le président ou l'un des membres du tribunal de commerce délégué à cet effet, et les cour-tiers élus n'exerceront leur mandat que jusqu'au mois d'août de la même année.

La chambre syndicale sera composée de trois mem-bres au moins, et de douze membres au plus, parmi les-quels seront nommés un président, un syndic rappor-teur et un secrétaire, sans toutefois que le nombre total des membres de la chambres puisse excéder la moitié de celui des courtiers inscrits.

La nomination des membres de la chambre syndicale sera faite au scrutin secret et à la majorité des membres présents à l'assemblée générale.

Le président, le syndic rapporteur et le secrétaire se-ront nommés au scrutin individuel, et les autres mem-bres au scrutin de liste. Ces derniers prendront rang, dans la chambre, dans l'ordre des suffrages obtenus, et, en cas d'égalité, la priorité appartiendra au plus âgé.

Art. 2. En cas d'empêchement, le président sera rem-placé par le syndic rapporteur, et, à défaut de celui-ci, par un membre de la chambre, en suivant l'ordre d'élec-tion ci-dessus indiqué.

Art. 3. Nul ne pourra être élu membre de la chambre s'il n'est inscrit depuis deux ans. Le président devra compter au moins quatre ans d'inscription.

Cette disposition ne sera pas applicable avant 1871 pour le président, et avant 1869 pour les autres membres de la chambre.

Tout courtier frappé d'une peine disciplinaire ne pourra faire partie de la chambre, pendant l'année qui suivra la décision, si cette peine est celle de l'avertissement, et pendant deux années, s'il s'agit de la radiation temporaire.

Celui qui aura été radié temporairement ne pourra être nommé président de la chambre.

Art. 4. La chambre syndicale ne peut valablement délibérer qu'autant que la moitié plus un des membres qui la composent sont présents.

Les délibérations sont prises à la majorité des voix ; en cas de partage, la voix du président est prépondérante.

Les procès-verbaux des délibérations sont transcrits sur un registre spécial, coté et paraphé par le président du tribunal de commerce, et sont signés par le président et le secrétaire de la chambre.

Art. 5. La chambre syndicale a pour mission de veiller à ce que les courtiers inscrits remplissent avec honneur et probité les devoirs de leur profession et à l'exécution des lois et règlements qui les régissent.

Elle est, en outre, chargée d'assurer, en ce qui concerne les courtiers inscrits, la constatation loyale et régulière du cours des marchandises, dans la forme prescrite par le règlement d'administration publique.

Elle veille à la défense des droits des courtiers inscrits.

Art. 6. La chambre syndicale proposera, dans le mois de sa constitution, les mesures nécessaires pour assurer le paiement de ses frais et dépenses et l'organisation de ses bureaux.

Les mesures intérieures ainsi arrêtées par la chambre syndicale seront par elle soumises à l'approbation de tous les courtiers inscrits, dans une assemblée spéciale par elle convoquée à cet effet.

Les décisions de cette assemblée seront prises à la simple majorité des voix des membres présents.

CHAPITRE II.

POUVOIRS DISCIPLINAIRES.

Art. 7. La chambre syndicale peut prononcer, sauf appel devant le tribunal de commerce, les peines disciplinaires suivantes :

L'avertissement ;

La radiation temporaire ;

La radiation définitive.

Art. 8. Est passible de l'avertissement le courtier qui ne s'est pas présenté pour la constatation du cours des marchandises à son tour d'inscription, ou lorsqu'il a été appelé par la chambre syndicale, s'il ne fournit point d'excuses valables ;

Le courtier qui refuse les renseignements qui lui sont demandés par la chambre pour la constatation du cours des marchandises ;

Le courtier convaincu d'irrévérence envers un ou plusieurs membres de la chambre dans l'exercice ou à l'occasion de leurs fonctions.

Art. 9. Est passible de la radiation temporaire, le courtier qui, indépendamment des livres prescrits par les articles 8 et 9 du Code de commerce, ne tient pas régulièrement un livre spécial, revêtu des formes prescrites par l'article 2 du même Code, et mentionnant, jour par jour et par ordre de date, sans ratures, interlignes ni transpositions, et sans abréviations ni chiffres, toutes les conditions des opérations de courtage faites par son entremise;

Celui qui se rend coupable d'injures graves envers un ou plusieurs membres de la chambre syndicale dans l'exercice ou à l'occasion de leurs fonctions;

Celui qui manque à l'observation des lois et règlements qui régissent les courtiers;

Celui qui, dans la même année, aurait déjà encouru trois fois la peine de l'avertissement.

La radiation temporaire ne peut être prononcée pour moins de quinze jours ni plus de trois mois.

Art. 10. Est passible de la radiation définitive, le courtier inscrit qui, sans en avoir prévenu les parties auxquelles il aura servi d'intermédiaire, se sera chargé d'une opération de courtage, pour une affaire où il avait un intérêt personnel;

Celui qui aura subi une condamnation pour une cause touchant à son honneur ou à sa considération;

Celui qui aura formé une association avec une personne autre qu'un courtier inscrit, pour l'exercice de la profession de courtier.

Celui qui aura déjà subi trois fois la peine de radiation temporaire pourra être radié définitivement.

Art. 11. Le courtier inscrit poursuivi disciplinairement est entendu par la chambre, après avoir été appelé devant elle par lettre du syndic rapporteur.

Il lui est donné connaissance de la décision par le président en présence de la chambre assemblée.

S'il le requiert, il lui est délivré expédition de la décision.

Toute décision de la chambre doit être motivée.

Art. 12. L'appel des décisions disciplinaires prononcées par la chambre syndicale sera porté devant le tribunal de commerce par voie de requête adressée aux président et membres qui le composent, contenant les motifs à l'appui de l'appel.

Cet appel sera communiqué par le greffier au secrétaire de la chambre syndicale, et par lui visé et mentionné sur le registre des délibérations.

Art. 13. Lorsqu'il y aura lieu de retrancher de la liste un courtier inscrit, soit à raison de son décès, soit pour toute autre cause, le président de la chambre syndicale transmettra au président du tribunal de commerce tous les renseignements nécessaires.

Art. 14. La chambre syndicale fera imprimer et afficher le présent Règlement dans le local de ses séances et dans l'intérieur du tribunal de commerce et de la Bourse.

Un exemplaire sera remis à tout courtier inscrit au moment de son entrée en fonctions.

———

92

22 *décembre* 1866. — Décret portant règlement d'admi-

nistration publique pour l'exécution de l'art. 9 de la loi du 18 juillet 1866, sur les courtiers de marchan-. dises.

Art. 1. Dans les villes où il existe une liste de courtiers de marchandises dressée par le tribunal de commerce, le cours des marchandises est constaté par les courtiers inscrits sur ladite liste.

Art. 2. Toutefois, dans le cas où les courtiers inscrits ne représenteraient pas suffisamment tous les genres de commerce ou d'opérations qui se pratiquent sur la place, la Chambre de commerce, après avis de la chambre syndicale des courtiers inscrits, peut décider qu'un certain nombre de courtiers non inscrits et de négociants de la place se réuniront aux courtiers inscrits pour concourir avec eux à la constatation du cours des marchandises. Elle fixe, en ce cas, le nombre de courtiers non inscrits et de négociants de la place qui feront partie de la réunion chargée de constater le cours, et les désigne.

Art. 3. Il est procédé chaque année à l'exécution du précédent article.

Les courtiers non inscrits et les négociants de la place, désignés conformément aux dispositions qui précèdent, ne peuvent faire partie que pendant une année de la réunion chargée de constater le cours des marchandises. Ils peuvent être désignés de nouveau après un intervalle d'une année.

Art. 4. Si, dans le cours de l'année, un des courtiers non inscrits et des négociants de la place désignés pour procéder, avec les courtiers inscrits, à la constatation du cours, vient à décéder, à donner sa démission ou n'assiste pas à trois réunions successives sans s'être fait excuser, il en est donné immédiatement avis à la Chambre de commerce, qui procède à une nouvelle désignation.

Art. 5. Dans les villes où il n'existe pas de courtiers inscrits, le cours des marchandises est constaté par des courtiers et des négociants de la place, désignés chaque année par la Chambre de commerce.

Le deuxième paragraphe de l'article 3 et l'article 4 sont applicables au cas prévu par le paragraphe qui précède.

Art. 6. La Chambre de commerce détermine les marchandises dont le cours doit être constaté, ainsi que les jours et les heures où la constatation doit avoir lieu.

Art. 7. La constatation du cours est faite, pour chaque spécialité de marchandises, par les membres de la réunion qui la représentent, réunis en section. Le tableau des membres qui composent chaque section est arrêté tous les ans par la Chambre de commerce, sur la proposition de la chambre syndicale des courtiers inscrits.

La Chambre de commerce peut, si elle le juge convenable, décider que la constatation du cours sera faite par la réunion générale, sans division par spécialité.

Art. 8. La présidence de la réunion générale des membres chargés de constater le cours des marchandises appartient au président de la chambre syndicale des courtiers inscrits.

S'il n'y a pas de chambre syndicale, le président de la réunion générale est désigné chaque année par la Chambre de commerce.

Le président de la réunion générale désigne celui qui le remplace en cas d'absence.

Art. 9. Lorsque la réunion se divise par sections, conformément aux dispositions du paragraphe 1er de l'ar-

ticle 7, le président de la réunion générale préside la
section dont il fait partie et désigne les présidents des
autres sections.

Art. 10. Les décisions sont prises, dans les réunions
générales ainsi que dans les réunions de sections, à la
majorité des membres présents.

En cas de partage, la voix du président est prépondérante.

Art. 11. Les mesures d'exécution que pourrait exiger
l'application des règles ci-dessus prescrites seront prises
par arrêté du préfet, sur la proposition de la Chambre de
commerce, après avis du tribunal de commerce et de la
chambre syndicale des courtiers inscrits.

Art. 12. Jusqu'à ce que l'organisation du service de la
constatation du cours des marchandises soit établie sur
les bases ci-dessus déterminées, il sera pourvu à ce service par les courtiers de marchandises actuellement en
exercice et suivant le mode en usage.

93

22 *décembre* 1866. — Décret impérial portant règlement
d'administration publique pour l'exécution de l'article 2 de la loi du 18 juillet 1866, sur les courtiers de
marchandises.

Art. 1. Le droit d'inscription à payer par les courtiers
de marchandises inscrits sur la liste dressée par le tribunal de commerce, en exécution de l'art. 2 de la loi
du 18 juillet 1866 est fixé, conformément au tableau

annexé au présent décret, pour les différentes places de commerce dans lesquelles il existait des offices de courtiers de marchandises supprimés par ladite loi.

Pour les autres places, le droit d'inscription sera ultérieurement fixé, sur la demande du tribunal de commerce, après avis de la Chambre de commerce et du préfet.

TABLEAU ANNEXÉ.

Droit d'inscription sur la liste des courtiers de marchandises.

1re classe. — Droit de 3,000 fr.

Bordeaux (Gironde). — Le Havre (Seine-Inférieure). — Lyon (Rhône). — Marseille (Bouches-du-Rhône). — Paris (Seine).

2e classe. — Droit de 2,500 fr.

Lille (Nord). — Mulhouse (Haut-Rhin). — Nantes (Loire-Inférieure). — Reims (Marne). — Rouen (Seine-Inférieure). — Saint-Etienne (Loire).

3e classe. — Droit de 2,000 fr.

Amiens (Somme). — Béziers (Hérault). — Boulogne (Pas-de-Calais). — Caen (Calvados). — Cette (Hérault). — Dieppe (Seine-Inférieure). — Dunkerque (Nord). — La Rochelle (Charente-Inférieure). — Saint-Malo (Ille-et-Vilaine).

4° classe. — Droit de 1,500 fr.

Abbeville (Somme). — Arras (Pas-de-Calais). — Brest (Finistère). — Clermont-Ferrand (Puy-de-Dôme). — Colmar (Haut-Rhin). — Douai (Nord). — Honfleur (Calvados). — Libourne (Gironde). — Lunel (Hérault). — Metz (Moselle). — Montauban (Tarn-et-Garonne). — Morlaix (Finistère). — Narbonne (Aude). — Nice (Alpes-Maritimes). — Nîmes (Gard). — Orléans (Loiret). — Pézenas (Hérault). — Saint-Brieuc (Côtes-du-Nord). — Saint-Servan (Ille-et-Vilaine). — Strasbourg (Bas-Rhin). — Toulon (Var). — Tours (Indre-et-Loire). — Valenciennes (Nord).

5° classe. — Droit de 1,000 fr.

Agen (Lot-et-Garonne). — Aigues-Mortes (Gard). — Aix (Bouches-du-Rhône). — Ajaccio (Corse). — Angers (Maine-et-Loire). — Auch (Gers). — Aurillac (Cantal). — Barsac (Gironde). — Bastia (Corse). — Bayonne (Basses-Pyrénées). — Bergerac (Dordogne). — Blaye (Gironde). — Carbon-Blanc (Gironde). — Carcassonne (Aude). — Châtellerault (Vienne). — Cherbourg (Manche). — Fécamp (Seine-Inférieure). — Granville (Manche). — Grasse (Alpes-Maritimes). — Gravelines (Nord). — Harfleur (Seine-Inférieure). — Lamarque (Gironde). — Landerneau (Finistère). — Langoiran (Gironde). — Langon (Gironde). — La Nouvelle (Aude). — Le Tréport (Seine-Inférieure). — Luçon (Vendée). — Mâcon (Saône-et-Loire). — Marans (Charente-Inférieure). — Millau (Aveyron). — Mirande (Gers). —

Niort (Deux-Sèvres). — Pauillac (Gironde). — Perpi-
gnan (Pyrénées-Orientales). — Poitiers (Vienne). —
Port-de Bouc (Bouches-du-Rhône). — Rochefort (Cha-
rente-Inférieure). — Rodez (Aveyron). — Sainte-Foy
(Gironde).—Saint-Jean-d'Angely (Charente-Inférieure).
— Saint-Macaire (Gironde). — Saint-Omer (Pas-de-
Calais). — Saint-Valery (Somme). — Saint-Vaast-la-
Hougue (Manche). — Saumur (Maine-et-Loire). — Trou-
ville (Calvados).

_____

94

5 *janvier* 1867. — DÉCRET qui réunit dans chaque place,
  sous la juridiction d'une seule chambre syndicale,
  les courtiers d'assurances, les courtiers interprètes et
  conducteurs de navires et les agents de change autres
  que ceux institués près des Bourses départementales
  pourvues d'un parquet.

Art. 1. Les courtiers d'assurances, les courtiers interprètes et conducteurs de navires et les agents de change
autres que ceux institués près des Bourses départementales pourvues d'un parquet, sont réunis, dans chaque
place, sous la juridiction d'une seule chambre syndicale.

Art. 2. Le nombre des membres composant la chambre syndicale est fixé comme suit :

Sept membres, y compris le syndic, lorsque le nombre des titulaires appelé à nommer la chambre syndicale
est de quatorze et au-dessus ;

Cinq membres, y compris le syndic, lorsque le nombre des titulaires est de dix à treize.

Trois membres, y compris le syndic, lorsque le nombre des titulaires est de six à neuf.

Si le nombre des titulaires est inférieur à six, le tribunal de commerce remplit les fonctions de la chambre syndicale.

95

18 *avril* 1867. — Règlement pour déterminer l'organisation intérieure de la Compagnie des courtiers assermentés au tribunal de commerce de la Seine.

Titre premier. — *Des assemblées générales.*

Art. 1. L'assemblée générale des courtiers inscrits a lieu de droit dans le courant du mois d'août, en conformité de la loi du 18 juillet 1866 (Titre 1er, article 3).

L'assemblée générale est valablement constituée par la présence de la moitié plus un des membres inscrits au tableau.

Les délibérations sont prises à la majorité absolue des voix des membres présents. Le scrutin secret a lieu toutes les fois qu'il est demandé par le 1/4 des membres présents.

Indépendamment des membres de la chambre syndicale, l'assemblée nomme deux vérificateurs des comptes de l'année.

Elle se réunit extraordinairement sur la demande écrite et motivée du tiers des membres de la Compagnie, ou lorsque la chambre syndicale en reconnaît l'utilité.

Le mode de convocation est le même que pour l'assemblée générale du mois d'août.

Art. 2. Les assemblées générales se tiennent à la Bourse. Tous les courtiers doivent y assister.

Art. 3. Aucune expédition ni aucun extrait des procès-verbaux des délibérations ne peuvent être délivrés sans autorisation écrite de la chambre syndicale.

Art. 4. L'assemblée générale prononce :

1º Sur le budget présumé de l'année, sur la quotité des cotisations à payer par chaque membre de la compagnie et sur le délai pour la mise en recouvrement;

2º Sur le placement des fonds libres de la Compagnie, et sur toutes les affaires d'un intérêt général.

Toutes discussions politiques, sur les lois en vigueur, ou sur tout sujet étranger à la Compagnie, sont formellement interdites.

Art. 5. Chaque membre présent à l'assemblée générale a droit à un jeton de présence.

Tout membre absent, sans cause jugée légitime par la chambre syndicale, est passible d'une amende de quatre jetons.

Le droit de présence n'est acquis qu'aux membres qui, après avoir répondu au premier appel après la lecture du procès-verbal, répondront encore aux appels successifs qui pourront avoir lieu pendant la séance.

Les membres chargés de la vérification des comptes reçoivent chacun trois jetons.

Art. 6. Aucun membre ne peut prendre la parole que suivant l'ordre d'inscription tenu par le président. Tout courtier qui s'écarte de la question y est ramené par le président. Tout courtier qui excite du trouble dans l'assemblée est rappelé à l'ordrel; en cas de persistance ou de récidive, il peut être exclu de la séance par décision de l'assemblée.

Art. 7. Dans le cas où, pendant le cours de l'exercice, la cotisation votée serait insuffisante pour couvrir ·les dépenses de la Compagnie, une assemblée générale convoquée extraordinairement déterminera le supplément de cotisation à acquitter par chacun des membres de la Compagnie.

Art. 8. Chaque membre de la compagnie est tenu d'acquitter sa cotisation dans les délais fixés par la délibération de l'assemblée générale; en cas d'un retard de plus d'un mois, il est fait au retardataire une retenue de cinq jetons, et s'il ne s'est pas libéré dans les deux mois qui suivent l'expiration du délai fixé ci-dessus, après une mise en demeure en chambre syndicale, avis en est donné à M. le président du tribunal de commerce, et la chambre syndicale procède contre lui au recouvrement de sa cotisation par toutes les voies de droit, en vertu du présent règlement.

Titre II. — *De la chambre syndicale.*

Art. 9. La chambre syndicale est composée, en vertu de l'art. 1er de la loi du 18 juillet 1866 :

1o D'un président;

2o D'un syndic rapporteur;

3o D'un secrétaire ;

4o Et de deux membres au moins ou neuf membres au plus, qui prennent la qualification d'adjoints.

Les membres sortants de la chambre peuvent être indéfiniment réélus.

Art. 10. 1° Le président a voix prépondérante en cas · de partage d'opinions. Il a la police d'ordre dans la chambre. Il signe les convocations de la chambre et de la Compagnie. Il veille spécialement aux intérêts de la Compagnie.

2° Le syndic rapporteur est saisi des réclamations de toute nature qui sont portées devant la chambre. Il recueille les renseignements sur les affaires qui sont soumises à la chambre syndicale et lui en fait son rapport. Il poursuit l'exécution de ses délibérations. Il requiert l'application du règlement ;

3° Le secrétaire rédige les délibérations de la chambre. Il est gardien des archives et délivre toutes les expéditions ;

4° Le premier adjoint est trésorier de la Compagnie. Le deuxième adjoint est bibliothécaire.

Les adjoints sont chargés de juger les arbitrages qui sont soumis à la chambre syndicale. Ils sont gardiens des types.

Art. 11. Les membres de la chambre syndicale doivent garder le secret sur les affaires de la Compagnie soumises aux délibérations de la chambre.

Art. 12. La chambre syndicale peut, dans les circonstances où elle le juge convenable, appeler un ou plusieurs membres de la Compagnie à prendre part extraordinairement à ses délibérations ou à concourir au travail de ses commissions. Dans ce cas, les membres appelés ont voix délibérative et droit de vote, concurremment avec les membres de la chambre syndicale.

Art. 13. Les membres de la chambre syndicale et les membres de la Compagnie appelés extraordinairement, en vertu de l'article précédent, à prendre part à ses travaux, reçoivent un jeton de présence pour chacune des séances de la chambre ou des commissions auxquelles ils assistent.

Le président de la Compagnie, ou, en cas d'empêchement, le syndic rapporteur, sont de droit présidents de toutes les commissions.

Art. 14. La correspondance de la chambre, signée en minute par quatre membres au moins, est transcrite littéralement sur un registre spécial tenu à cet effet.

Les lettres expédiées sont signées par le président ou par le syndic-rapporteur, et, en cas d'empêchement, par le secrétaire ou l'adjoint qui le remplace.

Art. 15. La chambre syndicale a pour mission, en outre de celle que lui confère le règlement du tribunal :

1° De correspondre avec toutes autorités pour les questions qui intéressent la Compagnie ou qui sont déférées à son examen ;

2° De connaître comme amiables compositeurs, et dans les *limites déterminées* par l'art. 16 de l'arrêté du 29 germinal an IX, des contestations qui peuvent s'élever entre les membres de la Compagnie à l'occasion de leurs fonctions.

Art. 16. La chambre syndicale fait opérer les recettes. Elle autorise les dépenses, et en ordonnance le paiement.

Le trésorier est chargé de poursuivre le recouvrement des recettes de toute nature.

Art. 17. Le président présente tous les ans, à l'assemblée générale, au nom de la chambre syndicale, le compte des recettes et des dépenses. Il fait un rapport sur tout ce qui intéresse la Compagnie.

Art. 18. La chambre syndicale nomme les employés de la Compagnie. Elle fixe leur traitement. Elle choisit également les membres du conseil judiciaire de la Compagnie.

TITRE III. — *De l'inscription sur le tableau de la Compagnie des nouveaux courtiers assermentés.*

Art. 19. Les courtiers qui ont prêté serment au tribunal de commerce en donnent avis à la chambre syndicale dans un délai qui ne devra pas excéder cinq jours. Ils donnent leurs nom et prénoms, leur adresse et la désignation des marchandises dont ils s'occupent habituellement.

La chambre syndicale les invite à se présenter devant elle dans la quinzaine après la date de leur prestation de serment. Elle les reçoit et inscrit leur nom sur le tableau de la Compagnie. Ils participent dès lors aux charges communes. Ils sont redevables du droit d'entrée et de la cotisation votée à la dernière assemblée. Cette cotisation ne sera toutefois exigible que par fractions trimestrielles. Il leur est remis un exemplaire du présent règlement.

TITRE IV. — *Cours général et légal des marchandises.*

Art. 20. Le cours légal des marchandises est arrêté tous les jours à la Bourse dans les bureaux de la chambre syndicale des courtiers assermentés. Ils concourent tous successivement ou collectivement à la rédaction du cours dans les formes prescrites par le décret impérial du 22 décembre 1866.

Lorsqu'un ou plusieurs membres ne peuvent coopérer à la rédaction du prix courant, il est pourvu à leur remplacement par le président de la section.

Art. 21. Chaque courtier, présent à la rédaction du cours hebdomadaire, a droit à un jeton de présence.

Tout courtier absent, sans cause jugée légitime par la chambre syndicale, est puni d'une amende de deux jetons.

Art. 22. Les réclamations que la rédaction du cours peut faire naître, sont jugées par la chambre syndicale, qui entend la section et prend son avis avant de prononcer.

Art. 23. Le cours légal des marchandises est affiché à la Bourse. Un exemplaire est transmis chaque semaine au ministre de l'agriculture, du commerce et des travaux publics, au préfet de la Seine et aux présidents du tribunal et de la Chambre de commerce.

TITRE V. — *De l'honorariat.*

Art. 26. Le courtier qui se retire de la Compagnie peut obtenir le titre de courtier honoraire, s'il a exercé avec distinction sa profession pendant vingt années, ou s'il a rendu des services importants.

Les demandes de cette nature sont adressées à la Chambre syndicale, qui les soumet avec son avis à l'assemblée générale.

La décision est prise au scrutin secret; mais l'admission n'a lieu que si elle est prononcée à la majorité des trois quarts des voix des membres présents.

Pour les membres de l'ancienne Compagnie inscrits

aû tableau dans le cours de l'année 1867, les années passées dans la précédente Compagnie compteront pour l'honorariat.

Art. 27. Les noms des courtiers honoraires sont inscrits au tableau. Ils peuvent être appelés à donner leur avis à la chambre syndicale. Ils peuvent assister aux assemblées générales, où ils ont voix consultative.

Art. 28. Le titre de courtier honoraire peut se perdre comme il s'acquiert, par une décision de l'assemblée générale prise à la majorité des voix des trois quarts des membres présents.

TITRE VI.

Art. 29. La Compagnie pourra établir un fonds de réserve provenant de l'excédent des recettes sur les dépenses et en régler la forme et les dispositions.

Art. 30. Les modifications ultérieures, qui pourraient être apportées au présent règlement, ne seront faites qu'avec la sanction de l'assemblée générale des courtiers assermentés.

96

8 *octobre* 1867. — RÈGLEMENT de police intérieure et de discipline de la Compagnie des courtiers d'assurances près la Bourse de Paris.

TITRE PREMIER. — *Dispositions générales.*

Article premier. La Compagnie des courtiers d'assurances, conformément aux art. 15 et 16 de l'arrêté du 29 germinal an IX, 21 et 22 de l'arrêté du 27 prairial an X, et au décret du 5 janvier 1867, se place, pour tout ce qui concerne la police intérieure de la Compagnie et l'exécution des lois et règlements, sous l'autorité disciplinaire d'une Chambre syndicale.

La constitution et les attributions de cette chambre sont réglées par le titre III du présent règlement.

TITRE II. — Des assemblées générales.

Art. 2. La Compagnie des courtiers d'assurances est représentée par la réunion de ses membres en assemblée générale.

Sont membres de l'assemblée générale tous les courtiers nommés par l'Empereur, et qui ont justifié de l'accomplissement des formalités prescrites par les lois ou règlements pour leur installation.

Art. 3. L'assemblée générale a lieu de droit à la fin de chaque année.

Elle se réunit, en outre, extraordinairement, sur la demande écrite et motivée du tiers des membres de la Compagnie, et lorsque la chambre syndicale en reconnaît l'utilité.

Art. 4. Les assemblées générales ordinaires et extraordinaires sont convoquées par le syndic, en vertu d'une délibération de la chambre syndicale, et par lettres indiquant l'objet de la réunion.

Les lettres de convocation sont adressées à tous les membres de la Compagnie, ayant droit d'assister à l'assemblée générale, quatre jours au moins avant celui de la réunion.

Ce délai n'est pas de rigueur dans un cas d'urgence.

Art. 5. Les assemblées générales se tiennent à la Bourse. Tous les courtiers doivent y assister.

L'assemblée générale est valablement constituée par la présence de la moitié, plus un, des membres ayant droit d'y assister.

Art. 6. Les assemblées générales sont présidées par le syndic ou, à défaut, par le membre de la chambre syndicale qui le remplace, aux termes de l'art. 17 ci-après.

Art. 7. Les délibérations de l'assemblée générale sont prises à la majorité des voix des membres présents.

En cas de partage, constaté par un double scrutin, la voix du président est prépondérante.

Le scrutin secret a lieu toutes les fois qu'il est demandé par deux des membres présents.

Art. 8. Les procès-verbaux des délibérations de l'assemblée générale sont transcrits *in extenso*, sans blancs, ratures ni interlignes, sur un registre spécial tenu à cet effet, et qui est coté et paraphé par le syndic.

Les noms des membres présents à l'assemblée générale sont inscrits en tête de chaque procès-verbal. Les procès-verbaux sont signés par le président et par les autres membres de la chambre syndicale.

Aucune expédition ni aucun extrait des procès-verbaux ne peuvent être délivrés sans une autorisation écrite de la chambre syndicale.

Art. 9. L'assemblée générale prononce :

1° Sur la quotité, ou, en cas d'insuffisance, sur le supplément de quotité des cotisations à payer par chaque membre de la compagnie;

2° Sur le compte des recettes et des dépenses ;

3° Sur la nomination des membres de la chambre syndicale, du membre de la compagnie appelé à exercer les fonctions de trésorier, et des membres chargés de la vérification des comptes ;

4° Sur l'autorisation des dépenses dont le vote lui est réservé par l'art. 26 , et sur le compte spécial du fonds de secours ;

5° Sur la collation du titre de membre honoraire ;

6° Et sur toutes les affaires d'un intérêt général pour la compagnie.

Toutes discussions politiques ou étrangères aux intérêts de la compagnie sont formellement interdites.

Art. 10. Chaque membre présent à l'assemblée générale a droit à un jeton de présence.

Tout membre absent, sans cause jugée légitime par la chambre syndicale, est passible d'une amende de quatre jetons.

Le droit de présence n'est acquis qu'aux membres qui, après avoir répondu au premier appel après la lecture du procès-verbal, répondent encore aux appels successifs qui peuvent avoir lieu pendant la séance.

Les membres chargés de la vérification des comptes reçoivent chacun trois jetons.

Art. 11. Aucun membre ne peut prendre la parole que suivant l'ordre d'inscription tenu par le président.

Tout courtier qui s'écarte de la question y est ramené par le président. Tout courtier qui s'énonce d'une manière inconvenante est rappelé à l'ordre, et peut être privé de la parole par le président.

Tout courtier qui excite du trouble dans l'assemblée est également rappelé à l'ordre. En cas de persistance , ou de récidive, il peut être exclu de la séance par décision de l'assemblée.

Art. 12. L'assemblée générale détermine, chaque année, la quotité de la cotisation à demander à chacun des membres de la compagnie pour l'acquittement des dépenses communes.

En cas d'insuffisance pendant le cours de l'exercice, une assemblée générale, convoquée extraordinairement, détermine le supplément de cotisation à acquitter par chacun des membres de la Compagnie.

Art. 13. Chaque membre de la Compagnie est tenu d'acquitter sa cotisation dans les délais fixés par la délibération de l'assemblée générale. En cas de retard, il est fait au courtier retardataire une retenue de cinq jetons ; et s'il ne s'est pas libéré dans les deux mois qui suivent l'expiration du délai ci-dessus fixé, une nouvelle retenue de cinq jetons lui est appliquée, et la chambre syndicale procède contre lui au recouvrement de sa cotisation par toutes les voies de droit, en vertu du présent Règlement.

Les jetons revenant aux courtiers ne leur sont remis qu'après le paiement de leur cotisation.

TITRE III. — *De la chambre syndicale.*

Art. 14. La chambre syndicale est composée d'un syndic et de deux adjoints, nommés par les membres de la Compagnie réunis en assemblé générale.

Art. 15. Pour être élu syndic, il faut être inscrit sur le tableau de la Compagnie depuis trois ans, et pour être adjoint, depuis deux ans au moins.

Aucun membre ne peut refuser les fonctions de syndic ou d'adjoint, à moins que, dans le cours de l'année précédente, il n'ait fait partie de la chambre syndicale pendant six mois au moins.

Les membres sortant de la chambre syndicale peuvent être indéfiniment réélus.

Art. 16. La nomination des membres de la chambre syndicale a lieu chaque année, dans le courant du mois de décembre.

La nomination est faite au scrutin secret, et à la majorité absolue des membres présents à l'assemblée générale, savoir : celle du syndic par bulletins individuels, et celle des deux adjoints, par bulletins de liste.

Le nombre de voix obtenu par les adjoints élus détermine l'ordre de leur inscription au tableau.

En cas d'égalité de voix, l'inscription a lieu d'après l'ancienneté.

Art. 17. Dans le cas de décès ou de démission du Syndic, il est procédé immédiatement à son remplacement, en assemblée générale, pour tout le temps restant à courir sur la durée de ses fonctions.

Dans le cas de maladie ou d'empêchement, il est temporairement remplacé par le premier adjoint, et, à défaut, par l'adjoint inscrit après celui-ci au tableau.

Les membres adjoints décédés, démissionnaires ou empêchés, sont remplacés, soit définitivement, soit temporairement, suivant le cas, par les membres de la Compagnie qui, lors de l'élection, ont obtenu, après les adjoints élus, le plus grand nombre de suffrages.

Art. 18. Tout membre de la chambre syndicale qui aura encouru la peine de la suspension, ou celle de la dénonciation à l'autorité dont il sera parlé au titre VII, cessera immédiatement d'en faire partie.

Il en sera de même pour le cas d'inexactitude habituelle, sur le rapport de la chambre syndicale approuvé par l'assemblée générale.

Art. 19. Le syndic convoque la chambre syndicale toutes les fois qu'il le juge nécessaire, ou que la réunion est demandée par un adjoint.

Art. 20. La chambre syndicale ne peut délibérer qu'autant que tous ses membres ont été convoqués, et que deux d'entre eux au moins sont présents.

Les délibérations sont prises à la majorité des suffrages. En cas de partage, la voix du syndic est prépondérante.

Les procès-verbaux sont transcrits sur un registre tenu à cet effet : ils sont signés par les membres présents à la séance, sans exception, ni mention de réserves.

Art. 21. Les membres de la chambre syndicale doivent garder le secret sur les affaires de la Compagnie soumises aux délibérations de la chambre.

Art. 22. La chambre syndicale peut, dans les circonstances où elle le juge convenable, appeler un ou plusieurs membres de la Compagnie à prendre part extraordinairement à ses délibérations, ou à concourir au travail de ses commissions.

Les membres appelés, dans ce cas, ne peuvent refuser le concours pour lequel ils sont requis. Ils ont alors voix délibérative dans les commissions dont ils font partie; mais dans les réunions de la chambre syndicale, leur voix n'est que consultative.

Art. 23. Les membres de la chambre syndicale et les membres de la Compagnie appelés extraordinairement, en vertu de l'article précédent, à prendre part à ses travaux, reçoivent un jeton de présence pour chacune des séances de la chambre, ou des commissions auxquelles ils assistent.

Art. 24. La chambre syndicale doit avoir connaissance de toutes les lettres que le syndic reçoit en cette qualité.

Le syndic peut se charger seul des simples accusés de réception, de la correspondance sommaire, et de celle qui est adressée aux membres de la Compagnie.

La correspondance avec toutes les autorités dont relève la Compagnie, et celle qui concerne les affaires importantes, doit être, avant son envoi, communiquée en minute à la chambre syndicale et approuvée par elle.

Toutes les lettres doivent être copiées sur un registre tenu à cet effet.

Les lettres expédiées peuvent n'être signées que par le syndic, ou par l'adjoint qui le remplace.

Art. 25. La chambre syndicale est chargée :

1º De veiller à ce que tous les membres de la Compagnie se renferment strictement dans les limites légales de leurs fonctions, et se conforment exactement aux dispositions des lois et règlements qui la régissent;

2º D'exercer sur les membres de la Compagnie la surveillance et l'autorité d'une Chambre de discipline pour l'application des peines prononcées par le présent règlement;

3º De dénoncer à l'autorité les infractions aux lois et règlements commises par les membres de la Compagnie, et les faits qui seraient de nature à porter atteinte soit à son honneur ou à sa considération, soit aux intérêts ou aux droits du commerce;

4º De porter plainte contre les personnes qui s'immis-

ceraient indûment dans les fonctions de courtier d'assurances;

5° De correspondre avec toutes autorités pour les questions qui intéressent la Compagnie, ou qui sont déférées
à son examen par l'administration publique;

6° D'exercer toutes actions judiciaires dans l'intérêt
de la Compagnie;

7° D'assurer la constatation régulière du cours des
primes d'assurances;

8° D'émettre son avis sur l'aptitude, la moralité et la
capacité légale des candidats aux places de courtiers présentés à l'agrément du gouvernement;

9° De connaître comme arbitres amiables compositeurs, et dans les limites déterminées par l'article 16 de
l'arrêté du 29 germinal an IX, des contestations qui
peuvent s'élever entre les membres de la Compagnie à
l'occasion de leurs fonctions;

10° De gérer les finances de la Compagnie.

Art. 26. La chambre syndicale fait opérer les recettes
et effectue le placement des fonds libres de la Compagnie.

Elle autorise les dépenses ordinaires et extraordinaires, et en ordonnance le paiement.

Les dépenses ordinaires et extraordinaires doivent
être autorisées et ordonnancées par le syndic et un adjoint, au moins. Il en sera de même de la vente des
rentes sur l'État appartenant à la Compagnie.

Les décisions relatives à des dons, secours, souscriptions ou autres dépenses quelconques, d'une importance de plus de mille francs, ne peuvent être prises
qu'en assemblée générale de la Compagnie.

Art. 27. Le membre de la Compagnie appelé à remplir les fonctions de trésorier est chargé de poursuivre le recouvrement des recettes de toute nature. Il effectue les paiements d'après l'état des dépenses arrêté par la Chambre syndicale.

Il est garant et responsable des deniers qui lui sont confiés.

La Chambre syndicale peut appeler le trésorier à prendre part à ses délibérations, avec voix consultative.

Art. 28. Le syndic présente tous les ans, à l'assemblée générale, au nom de la Chambre syndicale, le compte des recettes et dépenses, et fait un rapport sur tout ce qui intéresse la Compagnie.

Art. 29. La chambre syndicale nomme son secrétaire et les autres employés de la Compagnie; elle fixe leur traitement.

Art. 30. La chambre syndicale choisit également les membres du conseil judiciaire de la Compagnie.

TITRE IV. — *De la transmission des charges de courtiers et de l'admission des nouveaux titulaires.*

Art. 31. Lorsqu'un courtier veut disposer de sa charge, il remet à la chambre syndicale :

1° Sa lettre au Ministre contenant sa démission, et la présentation de son successeur;

2° Sa commission de courtier;

3° L'acte de cession de sa charge, dûment enregistré;

4° L'acte de naissance de son successeur, les certificats constatant son stage commercial, et l'attestation du greffier du tribunal de commerce établissant qu'il ne se trouve pas dans le cas de faillite;

5º L'état des produits bruts de l'office pendant la dernière période quinquennale.

La chambre syndicale, après avoir pris connaissance de la demande et des pièces, les transmet au préfet de la Seine, avec son avis motivé sur l'aptitude, la moralité et la capacité légale du candidat présenté.

Dans le cas de décès du titulaire, l'acte de démission est remplacé par l'acte de décès et les pièces constatant le droit des héritiers à disposer de la charge du courtier décédé.

Art. 32. Les courtiers nommés par l'Empereur, et qui ont justifié du versement de leur cautionnement et de leur prestation de serment, sont reçus par la chambre syndicale, et inscrits sur le tableau général des membres de la Compagnie.

Il leur est remis un exemplaire du présent règlement.

Art. 33. Le courtier qui se retire de la Compagnie peut obtenir le titre de courtier honoraire, s'il a exercé avec distinction sa profession pendant dix années, ou s'il a rendu des services importants à la Compagnie.

Les demandes de cette nature sont adressées à la chambre syndicale, qui les soumet, avec son avis, à l'assemblée générale.

La décision est prise au scrutin secret, mais l'admission n'a lieu que si elle est prononcée à la majorité des trois quarts des voix des membres présents.

Art. 34. Les noms des courtiers honoraires sont inscrits au tableau.

Ils peuvent être appelés à donner leur avis à la chambre syndicale. Ils peuvent assister aux assemblées générales, où ils ont voix consultative.

Art 35. Le titre de courtier honoraire peut se perdre comme il s'acquiert, par une décision de l'assemblée générale, prise à la majorité des voix des trois quarts des membres présents.

TITRE V. — *Devoirs et obligations des courtiers.*

Art. 36. Les courtiers d'assurances sont tenus de se renfermer rigoureusement, pour l'exercice de leurs fonctions, dans les dispositions des lois et règlements qui les régissent.

Ils ne peuvent, en conséquence, faire aucune opération de commerce pour leur propre compte, ni s'intéresser directement ou indirectement dans une entreprise commerciale.

Il ne peuvent se rendre garants, pour la totalité ou partie, de l'exécution des contrats passés par leur ministère.

Il leur est interdit de prêter leur nom à des individus non commissionnés, ou de favoriser directement ou indirectement, ouvertement ou même tacitement, les opérations de ces derniers, ou d'y prendre aucun intérêt.

Art. 37. Les courtiers d'assurances sont tenus de justifier, à toutes réquisitions de la chambre syndicale, de la tenue régulière du livre d'opérations dont le Code de commerce leur impose l'obligation.

Tous les contrats faits par leur ministère doivent y être exactement consignés et transcrits *in extenso.*

Art. 38. Il est formellement interdit aux courtiers d'assurances de faciliter ou favoriser, par aucune participation personnelle, les opérations dans lesquelles ils s'entremettent.

Ils doivent percevoir la totalité de leurs droits de courtage, et ne peuvent se soumettre, pour le règlement de ces droits, à la réalisation d'aucune condition éventuelle. Tout abandon de courtage leur est formellement interdit.

Il leur est également interdit de rien recevoir au delà du taux réglementaire du droit de courtage.

Art. 39. Tous les membres de la Compagnie sont tenus de dénoncer à la chambre syndicale les faits de participation, de perception illicite ou d'abandon de courtage qui viennent à leur connaissance.

TITRE VI. — *Du cours général et légal des primes d'assurances.*

Art. 40. Le cours légal des primes d'assurances est dressé sous le contrôle de la chambre syndicale.

Art. 41. Chaque courtier présent à la rédaction du cours a droit à un jeton de présence.

Tout courtier absent, sans cause jugée légitime par la chambre syndicale, est puni d'une amende de deux jetons.

Art. 42. Les réclamations que la rédaction du cours peut faire naître sont jugées par la chambre syndicale.

TITRE VII. — *Des peines disciplinaires.*

Art. 43. Les peines disciplinaires ci-après peuvent être prononcées par la Chambre syndicale, savoir :

La censure ;

L'amende ;

La suspension de l'exercice des fonctions dans l'intérieur de la Bourse ;

La dénonciation à l'autorité.

Art. 44. La censure est le blâme prononcé par le syndic contre un courtier, soit en chambre syndicale, soit en assemblée générale. La censure est inscrite au procès-verbal et affichée dans la chambre des courtiers pendant une semaine au moins et quatre semaines au plus.

L'amende consiste dans la retenue d'un certain nombre de jetons de présence ou dans la condamnation au paiement d'une somme déterminée.

Si l'amende infligée n'est pas acquittée dans le mois de la décision, la chambre syndicale est autorisée à former opposition sur les intérêts du cautionnement, sans préjudice de toutes autres poursuites.

La chambre syndicale détermine l'emploi à faire des fonds provenant des amendes encourues. Elle peut notamment, suivant les circonstances, en disposer à titre de dommages-intérêts, ou les verser au fonds de réserve, ou enfin les distribuer entre les établissements de charité des différents arrondissements de Paris.

La suspension des fonctions dans l'intérieur de la Bourse peut être prononcée pour *trois jours* au moins et pour *quinze jours* au plus. La suspension est affichée pendant toute la durée de la peine dans la chambre des courtiers.

La dénonciation à l'autorité a lieu au moyen d'un rapport spécial adressé à M. le préfet de police pour l'application de l'art. 17 de l'arrêté du 29 germinal an IX.

Art. 45. Est passible de la censure :

Le courtier qui, dans sa conduite ou dans l'exercice de ses fonctions, donne lieu à des plaintes qui seraient reconnues de nature à porter atteinte à la considération de la Compagnie;

Le courtier qui, mandé au sein de la chambre syndicale pour y donner des explications, refuse de s'y rendre, ou d'y fournir les éclaircissements qui sont demandés;

Le courtier qui, ayant déjà subi une amende pour défaut de concours à la rédaction du cours légal des primes d'assurances, refuse ou néglige de concourir à ce travail;

Le courtier convaincu d'irrévérence envers un ou plusieurs des membres de la chambre syndicale dans l'exercice de leurs fonctions;

Le courtier qui ne tient pas régulièrement son livre d'opérations.

Art. 46. Est passible de l'amende :

Le courtier convaincu d'avoir perçu un courtage dépassant le taux réglementaire;

Le courtier convaincu d'avoir consenti un abandon de courtage, ou de s'être soumis, pour le règlement de ses droits, à la réalisation d'une condition éventuelle.

L'amende à prononcer, dans chacun des deux paragraphes qui précèdent, sera égale au montant de la totalité du droit de courtage dû sur l'affaire. Dans le cas de récidive, l'amende sera portée au double.

Art. 47. Est passible de la suspension des fonctions dans l'intérieur de la Bourse :

Le courtier qui, soit dans sa conduite, soit dans l'exercice de sa profession, donne lieu à des plaintes qui se-

raient reconnues de nature à porter atteinte à son honneur ;

Le courtier qui, ayant déjà subi deux condamnations
pour des faits passibles de censure ou d'amende, commet
une nouvelle infraction de même nature ;

Le courtier qui s'est rendu coupable d'insulte ou d'in-
jure grave envers l'un ou plusieurs des membres de la
chambre syndicale, dans l'exercice ou à l'occasion de
l'exercice de leurs fonctions.

Art. 48. Est passible de la dénonciation à l'autorité le
courtier qui est reconnu coupable :

D'avoir enfreint les lois où règlements d'administration publique qui régissent la profession ;

D'avoir fait des opérations pour son propre compte ;

D'avoir pris intérêt, ou donné sa garantie dans une
opération traitée par son entremise ;

D'avoir prêté son nom à des individus non commissionnés ; d'avoir favorisé, directement ou indirectement,
leurs opérations, ou d'y avoir pris intérêt ;

De n'avoir pas tenu le livre d'opérations mentionné
dans l'art. 37 ;

D'avoir volontairement faussé ou concouru à fausser le
cours légal des primes d'assurances.

Art. 49. Est passible de la même peine :

Le courtier qui a subi une condamnation en police
correctionnelle ;

Le courtier qui, ayant été puni d'une suspension de
fonctions dans l'intérieur de la Bourse, se met dans le
cas d'encourir une condamnation de même nature.

Art. 50. Les peines ci-dessus ne pourront être appliquées par la chambre syndicale qu'autant que le cour-

tier inculpé aura été mis à même, par une convocation, de venir présenter sa défense.

Titre VIII. — *Du fonds de secours.*

Art. 51. Il est prélevé annuellement, sur les fonds généraux appartenant à la Compagnie, une somme qui sera fixée chaque année en assemblée générale, laquelle est employée en achat de rentes sur l'Etat, immatriculées au nom de la Compagnie.

Le prélèvement de cette somme peut être suspendu par délibération de l'assemblée générale.

Les rentes ainsi acquises appartiennent proportionnellement à chacun des offices dont se compose la Compagnie.

Ce fonds se trouve dès à présent formé du prorata revenant aux offices de courtiers d'assurances dans le pareil fonds qui avait été constitué par l'ancienne Compagnie des courtiers de marchandises et des courtiers d'assurances près la Bourse de Paris.

Art. 52. Le revenu de ce fonds est irrévocablement destiné à être employé en secours à des courtiers titulaires ou retirés, à leurs veuves ou à leurs héritiers.

La chambre syndicale examine les demandes qui lui sont soumises, et statue sur les allocations de secours temporaires.

L'assemblée générale prononce sur la concession de secours annuels, ou sur le renouvellement des secours temporaires, et sur tous les secours qui excèdent mille francs.

Art. 53. Le compte spécial et l'état de situation du

fonds de secours sont soumis, chaque année, à l'assemblée générale.

Art. 54. La partie du produit des fonds de secours restée sans emploi dans le cours de l'année est appliquée à l'achat de nouvelles rentes, et réunie au capital de ce fonds.

97

26 *avril* 1871. — Arrêté fixant le droit d'inscription à payer par les courtiers de marchandises qui demanderont à être inscrits sur la liste dressée par le tribunal de commerce de Versailles.

Art. 1. Le droit d'inscription à payer par les courtiers de marchandises qui demanderont à être inscrits sur la liste dressée par le tribunal de commerce de Versailles, en exécution de l'art. 2 de la loi du 18 juillet 1866, est fixé à la somme de 1500 fr.

98

23 *août* 1871. — Loi qui établit des augmentations d'impôts et des impôts nouveaux, relatifs à l'enregistrement et au timbre.

Art. 2. Il est ajouté deux décimes au principal des droits de timbre de toute nature.

Art. 6. Tout contrat d'assurance maritime ou contre l'incendie, ainsi que toute convention postérieure contenant prolongation de l'assurance, augmentation dans la prime ou le capital assuré , désignation d'une somme en risque ou d'une prime à payer, est soumis à une taxe obligatoire, moyennant le paiement de laquelle la formalité de l'enregistrement sera donnée gratis toutes les fois qu'elle sera requise.

La taxe est fixée ainsi qu'il suit, savoir :

. 1° Pour les assurances maritimes, et par chaque contrat, à raison de 50 c. par 100 fr., décimes compris , du montant des primes et accessoires de la prime.

La perception suivra les sommes de 20 fr. en 20 fr., sans fraction , et la moindre taxe perçue pour chaque contrat sera de 25 c., décimes compris.

99

25 *novembre* 1871. — Décret portant règlement d'administration publique relatif à la taxe établie par la loi du 23 août 1871 , sur les assurances maritimes et sur les assurances contre l'incendie.

Art. 1. La perception de la taxe établie sur les assurances maritimes est faite pour le compte du trésor et au moment de la signature des polices, savoir :

Par les courtiers ou notaires qui auront rédigé les contrats ;

Par les compagnies, sociétés ou tous autres assureurs,

pour les contrats souscrits sans intervention de courtiers ou de notaires.

Si, dans ce dernier cas, le contrat est souscrit par plusieurs sociétés, compagnies ou assureurs, le montant intégral de la taxe est perçu par le premier signataire, désigné sous le nom d'*apériteur* de la police.

Néanmoins, toutes les parties restent tenues solidairement du paiement des droits qui n'auraient pas été versés au trésor aux époques ci-après.

Art. 2. Les polices provisoires et les polices flottantes ne donnent pas lieu au paiement immédiat de la taxe ; mais cette taxe est perçue au moment de la signature de la police définitive, connue sous le nom de police d'aliment, avenant, application, ou sous toute autre dénomination que ce soit.

A cet effet, les polices, avenants ou applications contiennent la mention expresse de la date, du numéro de la police provisoire ou flottante, ainsi que du nom de l'assuré et du navire ;

Pareille mention est inscrite sur le livre ou registre que les courtiers ou notaires doivent tenir, en exécution de l'art. 84, C. com., et de l'art. 47 de la loi du 5 juin 1850, ainsi que sur le répertoire tenu par les Compagnies, sociétés ou assureurs, conformément aux art. 44 et 45 de la loi précitée.

Les polices de réassurances doivent aussi faire mention expresse de la date et du numéro de la police primitive, ainsi que des noms du navire et de l'assureur primitif. Ces indications sont inscrites sur le répertoire tenu par le réassureur.

L'assureur primitif inscrit également en marge de son

répertoire la date et le numéro de la police de réassurances et le nom du réassureur.

Art. 3. Le versement du montant des taxes perçues
par les courtiers, notaires, sociétés, compagnies ou tous
autres assureurs a lieu dans les dix premiers jours qui
suivent l'expiration de chaque trimestre, et au moment
du dépôt des livres et répertoires assujettis au visa tri-
mestriel du receveur de l'enregistrement.

Il est déposé, à l'appui du versement, un relevé, article
par article, de toutes les polices inscrites pendant le trimestre précédent, soit au livre des courtiers ou notaires,
soit au répertoire des Compagnies, sociétés ou assureurs.

Ce relevé est totalisé, arrêté et certifié.

Il comprend, dans des colonnes distinctes :

Le numéro d'ordre du livre ou du répertoire ; le numéro de la police ; le nom de l'assuré ; le nom du navire ;
le montant des capitaux assurés ; le montant de la
prime ; le montant de la taxe perçue.

Les polices provisoires, les polices flottantes, les polices de réassurance non sujettes à la taxe sont portées au
relevé, mais pour mémoire seulement.

Par exception, le premier versement comprendra les
taxes afférentes aux polices souscrites depuis la promulgation de la loi du 23 août 1871, jusques et y compris le
31 décembre suivant.

Art. 4. Les polices souscrites sans intermédiaire de
courtiers ou de notaires sont inscrites avec mention de
la taxe perçue au répertoire des compagnies, sociétés et
assureurs.

La taxe afférente aux polices concernant plusieurs assureurs est inscrite pour son montant intégral sur le

répertoire du premier signataire ou apériteur, avec indication du nom des autres assureurs qui ont souscrit la
police commune.

Cette police figure, en outre, au répertoire de chacun
de ces assureurs, mais seulement pour mémoire.

Les polices de réassurances, lorsqu'elles sont exemptes
de la taxe, sont également inscrites pour mémoire avec
les annotations marginales prescrites par le dernier ali-
néa de l'art. 2.

Les polices provisoires et les polices flottantes sont
inscrites au répertoire à l'encre rouge.

Art. 10. Les compagnies, sociétés et assureurs étrangers qui feraient en France des opérations d'assurances,
soit maritimes, soit contre l'incendie, sont soumis aux
dispositions du présent règlement. De plus, ils doivent,
avant toute opération ou déclaration, faire agréer par
l'administration de l'enregistrement un représentant français personnellement responsable des droits et amendes.

Les compagnies, sociétés et assureurs étrangers établis en France au moment de la promulgation du présent règlement devront faire agréer ce représentant avant
le 1er janvier 1872.

100

28 *février* 1872. — Loi concernant la perception des droits
fixes et de certains droits proportionnels d'enregistrement.

Art. 5. Sont soumis au droit proportionnel, d'après les
tarifs en vigueur.

2º Les mutations de propriété de navires, soit totales, soit partielles. Le droit est perçu soit sur l'acte ou le procès-verbal de vente, soit sur la déclaration faite pour obtenir la francisation ou l'immatricule au nom du nouveau possesseur.

Les art. 56 et 64 de la loi du 21 avril 1818 sont abrogés.

101

22 *mai* 1872. — Décret qui fixe les droits à percevoir par les courtiers interprètes et conducteurs de navires du port de Bordeaux (V. *Bull. des lois*, nº 1197).

102

18 *novembre* 1874. — Décret fixant le droit d'inscription à payer par les courtiers de marchandises de Dijon, Roubaix et Nancy.

Art. 1. Le droit d'inscription à payer par les courtiers de marchandises qui demanderont à être inscrits sur la liste dressée par le tribunal de commerce, en exécution de l'art. 2 de la loi du 18 juillet 1866, est fixé, pour les villes de Dijon, Roubaix et Nancy, de la manière suivante :

Roubaix, 2,000 fr.; Dijon, 1500 fr.; Nancy, 1000 fr.

103

17 *janvier* 1876. — Décret concernant l'exercice de la profession de courtier maritime en Algérie.

Art. 1. Nul ne sera admis désormais aux fonctions de courtier maritime s'il n'est Français et ne remplit les conditions exigées par les paragraphes 2, 3, 4 et 5 de l'art. 14 de l'arrêté ministériel du 6 mai 1844.

Art. 2. Les courtiers maritimes ont la faculté de recourir, pour l'exercice de celles de leurs attributions qui nécessitent la connaissance de langues étrangères, à l'intermédiaire d'interprètes qui, après avoir justifié de leur aptitude devant les chambres de commerce, auront prêté serment devant le tribunal de commerce.

Lesdits courtiers peuvent exercer leur ministère à l'égard de tous navires, à quelque nation qu'ils appartiennent.

Art. 3. Le nombre des offices de courtier maritime est fixé ainsi qu'il suit pour chaque port de l'Algérie :

DÉPARTEMENT D'ALGER.

Alger, 4. — Dellys, 1. — Cherchell, 1. — Ténès, 1.

DÉPARTEMENT DE CONSTANTINE.

Bougie, 2. — Djidjelli, 1. — Philippeville, 4. — Bône, 3. — La Calle, 2.

Mostaganem, 2. — Arzew, 2. — Oran, 4. — Nemours, 1.

Il sera procédé par voie d'extinction à la réduction du nombre des offices de courtier dans les localités où ce nombre excède actuellement les limites des cadres fixés par le présent article.

Art. 4. Sont abrogées les dispositions de l'arrêté ministériel du 6 mai 1844 qui sont contraires à celles du présent décret.

104

8 *mai* 1877. — DÉCRET qui fixe les droits de courtage à percevoir par les courtiers interprètes conducteurs de navires, les courtiers d'assurances et les agents de change de Rouen. (V. *Bull. des lois*, n° 6035.)

105

15 *juillet* 1880. — LOI sur les patentes.

Art. 1. Tout individu, Français ou étranger, qui exerce en France un commerce, une industrie, une profession, non compris dans les exceptions déterminées par la présente loi, est assujetti à la contribution des patentes.

Art. 2. La contribution des patentes se compose d'un droit fixe et d'un droit proportionnel.

Art. 3. Le droit fixe est réglé conformément aux tableaux A, B, C annexés à la présente loi.

Il est établi..... eu égard à la population et d'après un tarif exceptionnel, pour les industries et professions portées dans le tableau B.

Art. 13. Le taux du droit proportionnel est fixé conformément au tableau D annexé à la présente loi.

Art. 14. Le droit proportionnel est payé dans toutes les communes où sont situés les magasins, boutiques, usines, ateliers, hangars, remises, chantiers et autres locaux servant à l'exercice des professions imposables.

Si, indépendamment de la maison où il fait sa résidence habituelle et principale, et qui, dans tous les cas, sauf l'exception ci-après, doit être soumise au droit proportionnel, le patentable possède, soit dans la même commune, soit dans des communes différentes, une ou plusieurs maisons d'habitation, il ne paie le droit proportionnel que pour celles de ces maisons qui servent à l'exercice de sa profession.

Si l'industrie pour laquelle il est assujetti à la patente ne constitue pas sa profession principale, et s'il ne l'exerce pas par lui-même, il ne paie le droit proportionnel que sur la maison d'habitation de l'agent préposé à l'exploitation.

DROIT FIXE

Tableau B (professions imposées eu égard à la population et d'après un tarif exceptionnel).

Taxe déterminée :
Courtier de marchandises :

A Paris. . . . . 200 fr.

Dans les villes de 50,001 âmes et au-dessus. 150

Dans les villes de 30,001 à 50,000 âmes et dans celles de 15,001 à 30,000 âmes qui ont un entrepôt réel. 100

Dans les villes de 15,001 âmes à 30,000 âmes et dans celles de 15,000 âmes et au-dessous qui ont un entrepôt réel. 75

Dans toutes les autres communes. . . . 50

Courtier d'assurances :

A Paris. . . . . 300 fr.

Dans les villes de 100,001 âmes et au-dessus. 250

Dans les villes de 50,001 à 100,000 âmes. . 200

Dans les villes de 30,001 à 50,000 âmes et dans celles de 15,001 à 30,000 âmes qui ont un entrepôt réel. 150

Dans les villes de 15,001 à 30,000 âmes et dans celles de 15,000 âmes et au-dessous qui ont un entrepôt réel. 100

Dans toutes les autres communes. . . . 50

Courtier de navires :

(Fixations semblables à celles qui concernent les courtiers d'assurances.)

*Taxe par personne employée, en sus du nombre de cinq, aux
écritures, aux caisses, à la surveillance, aux achats et
aux ventes intérieures ou extérieures.*

Courtier de marchandises :

A Paris. . . . . 10 fr.
Dans les villes de 50,001 âmes et au-dessus. . 8
Dans les villes de 30,001 à 50,000 âmes et
dans celles de 15,001 à 30,000 âmes qui ont un
entrepôt réel. 5
Dans toutes les autres communes. . . . 5
Courtier d'assurances :
A Paris. 15
Dans les villes de 100,001 âmes et au-dessus. 12
Dans les villes de 50,001 âmes à 100,000. . 10
Dans les villes de 30,001 à 50,000 âmes et
dans celles de 15,001 à 30,000 âmes qui ont un
entrepôt réel. 8
Dans les villes de 15,001 à 30,000 âmes et
dans celles de 15,000 âmes et au-dessous qui ont
un entrepôt réel. 5
Dans les villes de 15,001 à 30,000 et dans celles
de 15,000 âmes et au-dessous qui ont un
entrepôt réel. 5
Dans toutes les autres communes. 5
Courtier de navires :
(Fixations semblables à celles qui concernent les courtiers d'assurances.)

DROIT PROPORTIONNEL.

Tableau D.

Le droit proportionnel est fixé au 10ᵉ de la valeur locative de tous les locaux occupés pour les patentables compris dans le tableau B.

106

29 *janvier* 1881. — Loɪ sur la marine marchande.

Art. 3. Les actes ou procès-verbaux constatant les mutations de propriété de navires, soit totales, soit partielles, ne seront passibles à l'enregistrement .que du droit fixe de 3 francs.

L'art. 5, nᵒ 2, de la loi du 28 février 1872 est abrogé en ce qu'il a de contraire à la présente disposition.

FIN DU TOME SECOND.

TABLE DES MATIÈRES DU TOME SECOND

LIVRE III.

DES COURTIERS DE MARCHANDISES ASSERMENTÉS AU TRIBUNAL DE COMMERCE.

SECTION PREMIÈRE.

NOMINATION. — CARACTÈRE. — DISCIPLINE.

SECTION II.

ATTRIBUTIONS DES COURTIERS DE MARCHANDISES ASSERMENTÉS AU TRIBUNAL DE COMMERCE.

§ 1er.

Attributions en général. — Ventes publiques.

§ 2.

Estimation des marchandises déposées dans les magasins généraux. —
Constatation du cours des marchandises.

SECTION III.

OBLIGATIONS ET RESPONSABILITÉ DES COURTIERS DE MARCHANDISES ASSERMENTÉS AU TRIBUNAL DE COMMERCE

SECTION IV.

DROITS DES COURTIERS DE MARCHANDISES ASSERMENTÉS AU TRIBUNAL DE COMMERCE.

LIVRE IV.

DES COURTIERS DE MARCHANDISES LIBRES.

SECTION PREMIÈRE.

OPÉRATIONS DES COURTIERS DE MARCHANDISES LIBRES.

SECTION II.

OBLIGATIONS ET RESPONSABILITÉ DES COURTIERS DE MARCHANDISES LIBRES.

SECTION III.

DROITS DES COURTIERS DE MARCHANDISES LIBRES.

FIN DE LA TABLE DES MATIÈRES DU TOME SECOND.

TABLE CHRONOLOGIQUE

DES

ARRÊTS ET JUGEMENTS REPRODUITS OU CITÉS DANS L'OUVRAGE

N. B. — Les chiffres romains indiquent le volume ; les chiffres arabes indiquent la page.

FIN DE LA TABLE CHRONOLOGIQUE

TABLE ALPHABÉTIQUE ET ANALYTIQUE

DES

MATIÈRES CONTENUES DANS L'OUVRAGE

N. B. — Les chiffres renvoient aux numéros des paragraphes.

A

B

C

D

E

livres? 183. — Extraits délivrés par les courtiers d'assurances maritimes, 218. — Effet, *id*.

F

FACTEUR AUX HALLES ET MARCHÉS. — Tribunaux compétents pour juger les contestations entre facteurs et courtiers, 69. — Conflit d'attributions, en matière de ventes publiques, avec les courtiers assermentés, 445.

FACTEUR DES MARCHANDS ÉTRANGERS. — Fonctions du courtier maritime, 301.

FAILLI. — Peut-il recourir au ministère d'un courtier? 179. — Navires compris dans l'actif d'un failli, 285. — Ventes des meubles et effets mobiliers d'un failli, 397. — V. *Faillite*.

FAILLITE. — Incapacité qui en résulte, 10 et 15. — Conséquences de la faillite du courtier, 68. — Le droit de présentation du successeur est, en cas de faillite, exercé par le syndic, 160. — La faillite du courtier éteint le privilège du vendeur de l'office, 168. — Un failli non réhabilité ne peut être courtier assermenté au tribunal de commerce, 362. — Conséquences de la faillite du courtier assermenté, 367. — Ventes publiques de marchandises après faillite, 386. — A qui appartiennent-elles? 401.

FAITS DE CHARGE. — Ce qu'on entend par faits de charge, 31. — Le privilège pour faits de charge existe même en faveur des confrères du courtier, 32. — Ces faits engendrent-ils le privilège sur le prix de l'office? 37. — Ce privilège s'exerce par concurrence, 38. — Les créanciers pour faits de charge peuvent-ils exercer le privilège du vendeur de l'office? 166.

FAUTE. — Responsabilité du courtier en cas de faute, 482. — *Quid* des émoluments du courtier libre coupable de faute? 497. — V. *Responsabilité du courtier*.

FAUX. — *Quid* de l'altération des livres? 185. — Quelle nature de faux en résulte-t-il? *id*.

FOLLE ENCHÈRE. — Ventes sur folle enchère, 388. — A qui appartiennent-elles? 403.

FONCTIONNAIRE PUBLIC. — Le courtier est-il un fonctionnaire public, 66.

FONCTIONS DES COURTIERS. — Cumul, 7. — Conditions d'exercice, 10 et suiv. — Les courtiers doivent les remplir toutes, 171. — Peuvent-ils autoriser un tiers à en remplir une partie? 180 et suiv.

FORCE MAJEURE. — Le courtier, empêché par force majeure d'accomplir ses fonctions, n'a droit à aucun émolument, 89. — *Quid* du courtier libre ? 497. — V. *Ducroire.*

FORMALITÉS DES VENTES PUBLIQUES. —Ventes de navires, 295 et suiv. — Formalités à remplir pour procéder aux ventes publiques mobilières, 404 et suiv. — Présence d'un officier public, *id.* — Déclaration, 408. — Affiches et insertions, 409. — Exposition, 410. — Lotissement, 411. —.Catalogue, 412. — Enchères et adjudication, 413. — Procès-verbal, 414. — Son enregistrement, *id.* — Conséquences de l'omission de l'une ou de plusieurs de ces formalités, 415 et 434. — Formalités en cas de revente sur folle enchère, 417.

FRET. — Le courtier maritime peut-il sous-fréter le navire à un prix supérieur à celui que porte le contrat originaire ? 251. — Ce qu'on entend par fret ou nolis, 259. — Constatation du cours du fret, 259 et suiv. — Variation des cours du fret, 252. — Privilège du courtier maritime en matière de constatation du fret, 324.

G

GAGE. — Ventes après protêt de gage, 388. — A qui appartiennent ces ventes ? 401.

GARANTIE. — Le courtier garantit-il les conséquences des opérations qu'il fait faire ? 178.

GOUVERNEMENT. — Présentation à son agrément du candidat aux fonctions de courtier, 13. — Droit d'accepter ou de refuser le candidat présenté, 129. — Droit de contrôler le prix de l'office, 134. — Son droit en cas de destitution du courtier, 157. — *Idem* en cas de non-exercice du droit de présentation, 128.

GRACE. — Effets de la grâce obtenue par le courtier destitué, 18 et 192.

GREFFIER DE JUSTICE DE PAIX. — A-t-il le droit de vendre publiquement les navires ? 291. — Son rôle en matière de ventes publiques mobilières, 395 et suiv.; 399 et suiv.

H

HÉRÉDITÉ DES OFFICES. — Suppression, 74.

HÉRITIER DU COURTIER. — Ses droits, 10. — *Id.* en matière de présentation du successeur, 123. — A quels héritiers ce droit appartient-il ? *id.* — *Quid* s'il est mineur ? 125. — *Quid* s'il n'exerce pas le droit de présentation, 128.

L

M

MANIFESTE. — Manifeste d'un navire ; rédaction et dépôt par le capitaine, 269 et 282. — Rédaction par un tiers, *id.* et 273. — Irrégularité de forme; saisie du navire, 314. — V. *Capitaine de navire.*

MARCHANDISES. — Ce qu'on entend par marchandises, 377. — Tableau des marchandises à vendre, 381. — *Quid* des marchandises exotiques destinées à la réexportation? 382. — *Quid* de la vente des marchandises non inscrites au tableau? 384 et 400. — A qui appartiennent ces ventes? 392. — *Quid* des ventes en détail de marchandises? 396. — *Quid* des ventes de marchandises par lots inférieurs à ceux que fixe la nomenclature? 400. — Ventes des marchandises avariées par suite d'événements de mer, 402. — A qui appartiennent-elles? *id.* — Le courtier est-il responsable si la marchandise livrée ne répond pas à la marchandise vendue? 429. — V. *Echantillon*, *Vérification de la marchandise.*

MARCHÉ A TERME. — Le courtier libre peut-il s'interposer dans la conclusion d'un marché à terme ou d'opérations de jeu? 492.

MARRONNAGE. — V. *Courtage clandestin.*

MARSEILLE. — Usage de Marseille en matière d'émoluments dus aux courtiers libres, 497.

MINEUR. — Le mineur, héritier d'un courtier, peut-il exercer le droit de présentation? 125.

MINISTÈRE DU COURTIER. — Est-il obligatoire pour les parties? 95. — *Idem* pour les courtiers? 172. — Le courtier doit-il prêter son ministère à un failli? 179.

MINISTÈRE PUBLIC. — Peut intenter d'office la poursuite en matière de courtage clandestin, 118.

MONOPOLE DES COURTIERS. — Quels courtiers jouissent d'un monopole? 66 et 94. — Ce qu'est ce monopole, 94 et suiv.

MONT DE PIÉTÉ. — A qui appartiennent les ventes publiques d'objets déposés au mont-de-piété? 398.

N

NANTISSEMENT. — Ventes après protêt de nantissement, 388. — A qui appartiennent ces ventes? 401.

NAVIRE. — Privilège sur le navire, 218. — Courtier interprète conducteur de navire, 243 et suiv. — Contrat de location d'un navire, 247. — Conduite des navires, 262 et suiv. — *Quid* du capitaine? 270 et suiv. — Droit de l'armateur, du propriétaire de la cargaison ou du consignataire unique, en

O

P

R

quantité des marchandises, 482. — *Quid* en cas de dol ou de faute? 481. — **V.** *Echantillon, Vérification de la marchandise.*

RÉVOCATION. — Révocation du courtier maritime ; indispensable avant que le capitaine puisse s'adresser à un autre, 326. — *Quid* des émoluments ? 339.

RISQUES. — Le courtier d'assurances maritimes doit les bien connaître, 211. — Risques sur facultés et sur corps, 223.

📖

SALAIRES DU COURTIER. — **V.** *Emoluments du courtier.*

SALLE DE VENTES PUBLIQUES. — **V.** *Ventes publiques mobilières.*

SANCTIONS DES INFRACTIONS COMMISES PAR LES COURTIERS. — Pénale, disciplinaire ou civile, 189. — La peine prononcée indique de quelle sanction il s'agit, 190. — Sanctions civiles, 195. — Sanction des infractions commises par les courtiers d'assurances maritimes, 232 et suiv. — Sanctions disciplinaires édictées par les règlements particuliers, 233. — Sanction des infractions commises par les courtiers maritimes, 313. — Sanctions disciplinaires et pénales dont sont passibles les courtiers assermentés au tribunal de commerce, 369 et 441. — Sanctions des infractions commises par les courtiers libres, 476 et suiv.

SERMENT. — Prestation de serment, 59 et 60. — Pièces à produire et formalités, 60. — Formule, *id.* — Délai, *id.* — Le prix de l'office est payable après la prestation du serment, 136. — Le courtier maritime chargé de la traduction d'une pièce produite dans une contestation doit-il prêter serment? 256. — Serment des courtiers assermentés au tribunal de commerce, 362.

SIGNATURE. — *Quid* dans un contrat d'assurances maritimes? 213.

SINISTRE DE MER. — Rôle du courtier d'assurances maritimes, 210.

SOCIÉTÉ ANONYME. — Le courtier peut-il être actionnaire d'une société anonyme? 175.

SOCIÉTÉ ENTRE COURTIERS. — **V.** *Association entre courtiers.*

SOLIDARITÉ. — Y a-t-il lieu à condamnation solidaire contre plusieurs coupables de courtage clandestin? 114. — **V.** *Courtage clandestin.*

SUCCESSION BÉNÉFICIAIRE. — Ventes publiques de marchandises dépendant d'une succession bénéficiaire, 387. — A qui appartiennent-elles? 401.

SUPPRESSION D'OFFICES DE COURTIER. — Indemnité, 161.

T

W

FIN DE LA TABLE ALPHABÉTIQUE ET ANALYTIQUE.